丛书主编　刘晓鑫　龚奎林

井冈山大学人文学院汉语言文学省一流专业建设丛书

U0575347

刘梅珍　蔡筱芹　编著

中学语文教学设计与案例分析教程

江西高校出版社
JIANGXI UNIVERSITIES AND COLLEGES PRESS

图书在版编目(ＣＩＰ)数据

中学语文教学设计与案例分析教程/刘梅珍,蔡筱芹
编著.--南昌:江西高校出版社,2022.10（2024.9 重印）
（井冈山大学人文学院汉语言文学省一流专业建设
丛书/刘晓鑫,龚奎林主编）
ISBN 978 - 7 - 5762 - 3381 - 0

Ⅰ.①中…　Ⅱ.①刘…　②蔡…　Ⅲ.①中学语
文课—教学设计　Ⅳ.①G633.302

中国版本图书馆 CIP 数据核字(2022)第 187714 号

出版发行		江西高校出版社
社　　址		江西省南昌市洪都北大道 96 号
总编室电话		(0791)88504319
销售电话		(0791)88522516
网　　址		www.juacp.com
印　　刷		固安兰星球彩色印刷有限公司
经　　销		全国新华书店
开　　本		700mm×1000mm　1/16
印　　张		19.25
字　　数		300 千字
版　　次		2022 年 10 月第 1 版
		2024 年 9 月第 2 次印刷
书　　号		ISBN 978 - 7 - 5762 - 3381 - 0
定　　价		68.00 元

赣版权登字 -07 -2022 -1140

总　序

　　井冈山大学人文学院是学校办学历史最为悠久和重点发展的教学院系之一,下辖中文系、历史系和新闻系三个教学系,内设井冈山大学庐陵文化研究中心、井冈山大学非物质文化遗产研究中心、井冈山大学新闻与影视制作研究中心、井冈山大学江西文学评论与创研中心、井冈山大学书法研究院五个研究机构。其中,井冈山大学庐陵文化研究中心是江西省高校人文社会科学重点研究基地。汉语言文学专业为学校传统优势专业,1958 年学校建校时就创办了中文科,1997 年开始招收本科生;2005 年被列入江西高校品牌专业;2008 年被遴选为国家级特色专业;2012 年被遴选为江西省普通本科高校专业综合改革试点建设专业;2013 年在全国高校第一批录取线招生;2019 年被列入江西省一流专业建设名单;2020 年入选江西省一流本科专业建设点名单;2021 年,汉语言专业研究成果获批教育部首批"新文科"项目。

　　汉语言文学专业恪守"以文化人,以德铸魂"的办学理念和以"新文科"为导向的专业定位,坚持立德树人,坚持 OBE 成果导向,立足井冈,服务地方,培养具有道德规范和教育情怀、专业基础扎实、教学创新能力强、具有综合育人和终身学习发展能力的较高素质的教师教育及应用型人才。根据省一流本科专业和新文科项目建设要求,坚守"以生为本,全面发展"的理念,整合并优化课程结构,打造六大菜单式课程模块——课程思政模块、文学模块、语言模块、中学语文教学模块、创意写作模块与实践实训模块。老师们兢兢业业,勤勉教学,刻苦钻研,积极推进"学生主体"的教学改革,打造在线开放课程,加大新形态教材的探讨力度。

重视学生创作和研究能力的培养一直是学院的传统。在老师们的辛勤指导下,学生创作取得了不俗的成绩。学院建立江西文学评论与创研中心校级平台,恢复学生社团——露珠诗社,一直开展创意写作教学。在曾纪虎、龚奎林、汪剑豪等老师的指导下,学生在《十月》《诗刊》《星火》《作品》《青春》《名作欣赏》《西湖》《中州大学学报》《当代文坛》《现代艺术》《长江丛刊》等省级以上刊物发表文学评论和文学作品多篇。

为了推动汉语言文学专业的高质量发展,感谢老师们的辛勤付出,我们将多年探索的教学成果汇编为《井冈山大学人文学院汉语言文学省一流专业建设丛书》,作为我们主持的教育部首批新文科研究与改革实践项目"地方高校新文科'中文+'人才培养模式改革与实践——以井冈山大学汉语言文学专业为例"的阶段性成果。该丛书分为5类。第一类是特色教材(8本):《文秘写作》(朱中方、刘云兰、赵永君主编)、《口语表达实训教程》(张睫、吴翔明主编)、《诗歌写作与实训》(曾纪虎、龚奎林主编)、《中国古典文献学概论》(邓声国主编)、《语言调查导论》(田祥胜、龙安隆主编)、《文学评论写作与实训》(龚奎林、汪剑豪、赵庆超主编)、《庐陵文化概论》(邓声国、陈冬根主编)、《电影剧本写作实用教程》(汪剑豪主编);第二类是学生作品(2 本):《那山花开——井冈山大学人文学院学生文学作品集(2015—2018 年度)》(曾纪虎、龚奎林主编)、《时间的痕迹——井冈山大学人文学院学生文学作品集(2019—2021 年度)》(曾纪虎、陈冬根主编);第三类是师范技能教学书籍(2 本):《中学语文教学设计与案例分析教程》(刘梅珍、蔡筱芹编著)、《插上飞翔的翅膀——初中语文写作教程》(陈冬根、欧阳伟、朱宝琴编著);第四类是美育素养书籍(2 本):《文学欣赏》(刘晓鑫主编)、《影视欣赏》(龚奎林、许苏、张莹主编);第五类是学术专辑《庐陵学术》(邓声国、丁功谊主编)。期待以后有更多的人才培养成果,以展示学院的精气神。

　　是为序。

井冈山大学人文学院院长　刘晓鑫

2021 年 10 月

目 录
CONTENTS

第一章　语文教学设计的转向　/001

一、逆向语文教学设计　/002

二、理想语文课堂教学的表征　/007

三、语文教学设计的原则　/012

第二章　语文教学方案的类型与设计　/030

一、传统教案的基本样式与设计要领　/031

二、学历案的基本样式与设计要领　/037

第三章　语文教材分析　/059

第一节　语文教材整体分析　/059

一、语文教材的内涵　/060

二、语文教材的功能与地位　/061

三、语文教材的构成要素　/061

四、语文教材的结构类型　/062

五、语文教材分析的内容　/063

六、语文教材分析的原则　/064

七、语文教材整体分析的内容　/067

第二节　语文教材单元分析　/079

一、"单元"及其相关概念　/080

二、单元分析的基本原则　/083

三、单元分析的基本流程　/087

四、单元分析的基本方法　/088

第四章　语文教学目标设计　/096

一、语文教学目标的内涵与功能　/097

二、语文教学目标的确定依据　/101

三、语文教学目标的类型　/104

四、语文教学目标的表述　/106

第五章　语文课堂提问设计　/121

一、语文课堂提问的功能　/123

二、语文课堂提问的问题类型　/126

三、语文课堂提问的方法　/128

四、语文课堂提问设计的原则　/129

第六章　语文课堂呈示设计　/136

一、语文课堂板书的设计与呈示　/137

二、语文课件的设计与呈示　/144

第七章　语文作业设计　/153

一、语文作业的内涵　/154

二、语文作业的功能　/155

三、语文作业的类型　/156

四、语文作业设计的要求　/157

第八章　阅读教学设计 /165

第一节　课文解读 /165

一、"课文解读"的内涵 /166

二、课文解读的基本阶段 /166

三、课文解读的基本策略 /171

四、课文解读的基本方法 /172

第二节　阅读教学内容的确定 /178

一、依据文本体式确定阅读教学内容 /180

二、把握课文"篇性"特征确定教学内容 /181

三、根据选文功能类型确定阅读教学内容 /182

四、基于学生情况确定阅读教学内容 /185

第三节　实用文阅读教学设计 /192

一、实用文阅读的内涵 /194

二、实用文阅读的基本取向与基本类型 /199

三、实用文阅读教学设计的基本要领 /201

四、常见实用文体的阅读教学设计 /204

第四节　文学作品阅读教学设计 /217

一、文学作品阅读的基本取向 /218

二、文学作品阅读的基本过程 /219

三、文学作品的多元解读 /221

四、常见文学体裁的阅读教学设计要领 /222

第九章　表达与交流教学设计 /246

第一节　写作教学设计 /246

一、写作的本质与目的 /247

二、写作的过程 /250

三、写作教学的理念与过程　/252

四、写作教学设计要领　/256

第二节　口语交际教学设计　/267

一、口语交际的本质与特征　/268

二、口语交际教学的特点　/270

三、口语交际教学的课程内容类别及其实施　/270

四、口语交际教学的主要路径　/274

第十章　语文综合性学习教学设计　/280

一、语文综合性学习的本质　/281

二、语文综合性学习与听说读写的关系　/281

三、语文综合性学习的意义　/282

四、语文综合性学习的特征　/283

五、语文综合性学习教学设计要领　/286

后记　/294

第一章　语文教学设计的转向

学习目标

1.了解逆向语文教学设计的内涵,把握逆向语文教学设计的流程。

2.基于对逆向语文教学设计与理想语文课程教学二者特征的领悟,能够独立评析教学设计。

3.运用语文教学设计的原则评析与设计教学。

内容提要

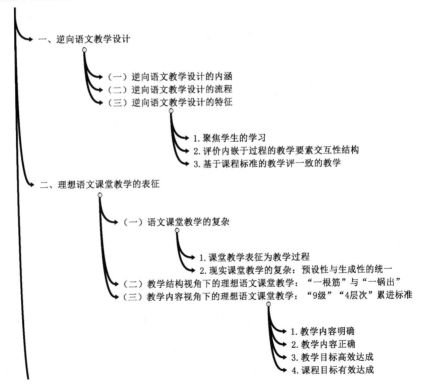

第一章　语文教学设计的转向

一、逆向语文教学设计

　（一）逆向语文教学设计的内涵
　（二）逆向语文教学设计的流程
　（三）逆向语文教学设计的特征

　　　1.聚焦学生的学习
　　　2.评价内嵌于过程的教学要素交互性结构
　　　3.基于课程标准的教学评一致的教学

二、理想语文课堂教学的表征

　（一）语文课堂教学的复杂

　　　1.课堂教学表征为教学过程
　　　2.现实课堂教学的复杂：预设性与生成性的统一
　（二）教学结构视角下的理想语文课堂教学："一根筋"与"一锅出"
　（三）教学内容视角下的理想语文课堂教学："9级""4层次"累进标准

　　　1.教学内容明确
　　　2.教学内容正确
　　　3.教学目标高效达成
　　　4.课程目标有效达成

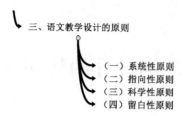

三、语文教学设计的原则

（一）系统性原则
（二）指向性原则
（三）科学性原则
（四）留白性原则

一、逆向语文教学设计

随着"新课改"的推进，课程标准成为"教材编写、评估和考试命题的依据"，教学需要依据课程标准来开展，以使课程标准所规定的预期的学生学习结果能够切实实现。传统的教学设计主要是依据教材和经验来设计教学，重在完成教材中既定的教学内容，在教材观上为"教教材"。而在基于课程标准的教学下，目标成为起点与归宿。尤其在从"知识导向"向"素养导向"转型的教学发展背景下，语文教学设计需要以逆向教学设计来加以指导，遵循"目标—评价—活动"的三步骤教学设计逻辑，这与传统的"目标—活动—评价"的正向教学设计逻辑相反。逆向教学设计的逻辑是以终为始，教师设计教学时，先是确立学习目标，再基于学习目标设计对学习的评价，以确定评价时以怎样的证据来证明学生达成了学习目标。而传统的正向教学设计则是在确定学习目标之后，紧接着便设计学习活动，最后才设计对学习的评价。

（一）逆向语文教学设计的内涵

语文教师要开展教学，首先需要设计教学。开展教学设计时，语文教师需要通过诊断学生的需求，以此来指导自己的教学，这样方能使自己、学生以及他人可检验教学是否达到预期的目标。语文教学设计是否有效，取决于学生对学习目标的达成程度。设计总是会受课程标准的指导与制约，语文教师开展教学设计时需要基于语文课程标准，同时需要考虑学生的兴趣差异、已有基础、班级规模等。教学设计时，教学内容的合理性、教学方法的适切性、教学过程的科学性等方面，都取决于对预期学生学习结果的清晰确定。教学设计时，必须明确阐述学生应理解什么和能够做什么。

教师在开展教学活动之前，首先需要对学生学习要达到的目标进行明晰的思考，并对哪些证据能够表明学生的学习达到了目标有着清晰的认识。与传统从输入端的教材、教法、教学活动等开始切入的正向教学设计相比，这种"以终为始"的从输出端的学习结果开始切入的结果导向的教学设计，称为"逆向教学设计"。逆向教学设计是由美国学者格兰特·威金斯和杰伊·麦克泰格提出的一种教学设计。逆向教学设计中,作为设计者的教师在开始时便对预期的学生学习结果进行详细明晰的阐述,教师在确定学习目标之后思考以下问题:什么可以用来证明学习目标的达成? 达到这些学习目标的证据是什么样的? 教与学所指向的、构成评估的表现性行为是什么样的? 这样,教师不再是首先思考"学生要学习什么,学生要开展什么样的活动,学生要讨论什么内容",而是思考下面的这些问题:不管组织什么活动或使用什么资源,学生怎样才能脱离活动或资源本身获得这种能力? 能够用什么来证明学生获得了这种能力? 哪些资源、活动和方法最有助于学生学习结果的达成? 教师对自我的角色定位发生了转变,不是将自己的理解告知学生的讲授者,而是培养学生以其自身表现来展示其能力的指导者。传统的正向教学设计为"内容导向",在教学过程中,师生由于缺乏清晰的目的和明确的表现性目标,导致学生缺乏明晰的学习方向,教师也无法对学生的学习进行有针对性的反馈。

(二)逆向语文教学设计的流程

逆向语文教学设计的流程大体分为三个步骤①,依次序呈现如图1－1:

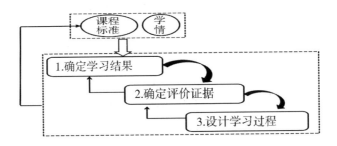

图1－1　逆向教学设计流程

1.确定学习结果

进行逆向教学设计时,需要确定学习目标,即预期的学生学习结果。教师需要明确:学生学习活动结束之后,他们应知道什么、理解什么和能够做什么? 什么内容值得理解? 什么是期望的持久理解? 此时,教师思考教学目标时,需要查看语文课程标准,检验教学预期结果。一般来说,要教学的内容比在一定

___

① 威金斯,麦克泰格.追求理解的教学设计[M].闫寒冰,宋雪莲,赖平,译.上海:华东师范大学出版社,2017:19.

时间内能够教学的内容要多得多,为此,语文教师需要有所选择。因此,逆向教学设计流程的第一步需要明确学习内容的优先次序。

2. 确定评价证据

预期的学生学习结果已确定,接下来就需要思考:如何知道学生是否达成了预期的学习结果?哪些结果能作为证据证明学生在目标达成程度方面的情况?为了检测学生的学习活动是否达成学习目标以及达成学习目标的具体程度,需要设计具体的评价任务来检测学生的学习活动对学习目标的达成程度,以证据来证明预期的学生学习结果的具体情况。寻找学习目标达成程度的证据的途径是多元的,除了传统的纸笔性作业、测试、日志,还有诸多其他形式的评价方式,尤其需要重视表现性评价,还可以是师生间非正式交谈、互动、倾听、互评中的系统性观察,通过观察学生在其中的具体表现来获得评价的证据,以客观评价学生的实际学习效果。对于学生这些表现的情况需要按其表现水平进行层级划分,设计表现性评价标准,更为客观有效地评价学生在目标达成过程中的行为表现水平与目标达成的情况。

3. 设计学习过程

学习过程的具体设计需要努力考虑学生的学习过程,要能够与作为预期的学生学习结果的学习目标、评价任务所对应的相关表现性评价标准一致。即,学习过程的设计要从预期的学生学习结果出发,基于评价任务以及相应的评价标准设计出最为恰当的学习过程。否则,若学习过程中相关学习活动的设计与预期的学习结果即学习目标无关或目标指向不明确,学习过程中的相关学习活动设计难以为学生的学习提供有效支撑,那么,学生将难以顺利达成预期的学习结果。

"目标""评价""活动"间的内在一致性是逆向教学设计的突出特点。逆向教学设计的三个基本步骤并非完全固定不变,其本质上是需要把目标、评价、活动三者依内在逻辑紧密关联、相互呼应、反复印证,以实现逆向教学设计的"教学评一体化"。

(三)逆向语文教学设计的特征

1. 聚焦学生的学习

逆向教学设计不再如传统的正向教学设计那般聚焦于教师的教,关注教什么和怎么教,而是以学生为本,以学习为中心,聚焦于学生的学习,重视情境因素的相关分析。逆向教学设计通过情境因素的综合分析,为学生的学习提供丰富的学习资源、创设多样的学习活动、设计多元的评价任务。教师的教学功能发生转变,旨在成为学习资源的提供者、学习活动的推进者和学习评价的反馈者;学生成为学习的主体,学生学习活动之前的已有基础、学习过程之中的实际表现和学习之后的自我反思等都受到关注。传统正向教学设计重教材分析,着眼于既定教学内容的完成,把教学本身视为目的,而非目标达成的手段。而逆向教学设计中,首先需要明确学习目标,再基于学习而设计评价任务,最后再设计学习过程。逆向教学设计中,评价不仅是为了诊断和甄别学生、对学生的学习结果达成程度加以评判,更是为了通过评价来促进学生的学习。

2. 评价内嵌于过程的教学要素交互性结构

教学是一个复杂的系统,涉及教学主体、教学情境、教学目标、教学过程、教学评价等要素。教学系统中的各要素相互关联,形成一定的结构,各要素各自的作用得到发挥而形成一个整体。教师开展教学设计时需要从整体出发,合理安排教学结构,使教学过程有序地开展。教学设计时,教师需要努力促进教学结构最优化,以实现最佳的教学成效。逆向教学设计中,教学系统中各要素间形成一种交互作用、相互依存的状态,而非传统教学的线性结构状态。传统教学的线性教学结构状态是将评价作为终点,而未将目标与评价建立实质关联,导致各要素之间缺乏交互性。而逆向教学设计中,作为目标的学生学习结果既是起点又是终点,评价是基于目标的,学习过程中的教学活动是在目标的指引下围绕评价任务而开展的,而情境因素则全程、全方位地发挥着其内在的制约作用。具体见图 1 - 2 和图 1 - 3。

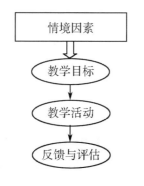

图 1 - 2　教学因素线性结构

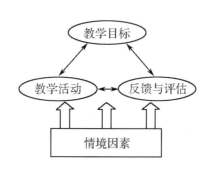

图 1 - 3　教学因素交互性结构

在教学因素交互性结构中,评价是在目标的指引下内嵌于整个过程之中的,它是一个持续性的活动,而非教学设计中的一个终点。评价持续内嵌于过程之中,而不是被孤立于教学设计的一个环节。在逆向教学设计中,教学各要素也因评价的这种地位而相互依存并成为一个相互联系的综合性整体。评价内嵌于学习过程,学生学习过程中教学活动的开展在一定意义上即成为发现学生学习结果达成程度的证据的过程,目标转化成学生的表现证据。发现学生学习结果达成的表现证据,即成为对目标达成的评价。

3. 基于课程标准的教学评一致的教学

"基于课程标准",是指目标源于课程标准,教学基于目标展开,评价指向目标是否达成,学生最终的学习结果以课程标准为质量底线,这是基础教育教学质量的基本保障。教学的出发点与归宿都是目标,而清晰的目标源于国家课程标准。国家课程标准是从学科的角度回应国家教育目的落实情况,对此,《基础教育课程改革纲要(试行)》明确指出:"国家课程标准是教材编写、教学、评估和考试命题的依据,是国家管理和评价课程的基础。"由此可见,教师要基于课程标准实施教学,教学的有效性也是基于课程标准来得到评价。逆向教学设计中,学习目标的确定需要基于课程标准,是结合具体相关情境因素的分析,是对课程标准的进一步细化和具体化。教师在确定学习目标时,需要在研讨课程标准的基础上,进一步结合学情等相关情境因素。教学设计时所确定的学习目标必须与课程标准内在关联,并进一步基于对学生个体差异的关注,针对学习过程,努力设计多元的学习活动,为不同个性的学生努力创造适当的学习机会与表现机会,促进每一个学生的学习,实现每一个学生的进步。

"教学评一致"指教学、学习与评价都是围绕共享的目标展开,目标是教学、学习和评价的灵魂。基于课程标准的教学评一致,落实到具体教学中,即指在课程标准的统领下基于课程目标而确立学习目标,并以此为基础围绕对应的共同性学习目标开展教学、学习、评价,所教即所学,所学即所教,所评即所教、所学。这反映了建立以目标为灵魂的"三位一体"教学的课程思维的本质要求。逆向教学设计中,教师教学的有效性是以学生学习结果的达成程度来体现的,学生学习结果的达成是以学生在评价任务的完成过程中其具体的实际表现作为证据的,而学生实际表现的证据又体现于其学习过程的种种学习活动中。教学、学习、评价三者内在一致,相互关联与融合。逆向教学设计中,无论是课堂中内部的形成性评价,还是课堂外的外部终结性评价,作为评价依据的最终基准都是对课程标准加以细化和具体化的作为预期学生学习结果的学习目标,内部评价与外部评价不再分离,共同围绕渗透和融合于课程标准中的学生核心素养以及学科核心素养的培育而展开。

二、理想语文课堂教学的表征

(一)语文课堂教学的复杂

1.课堂教学表征为教学过程

任何课堂教学总是由特定的教学主体即教师和学生,在一个特定的时空下,为实现特定的教学目标,围绕指向于教学目标的相关教学内容,运用与教学内容相适应的教与学的方法,即教师与学生对话、学生与学生对话、教师与文本对话、学生与文本对话等多重对话构成的实践活动。按照时间的纵轴来说,课堂教学这一实践活动是由一个个教学环节构成的,这些教学环节依托于教学目标,有着内在的关联,教学目标始终贯穿于各个教学环节的相关教学活动之中。这些教学环节的逐渐完成即意味着课堂教学活动的不断推进。也就是说,由教学目标贯穿而有着内在逻辑关联的不同教学环节所构成的整个课堂教学活动不断推进的时间历程,即教学过程。如果将课堂教学视为一个由纵切面和横切面构成的事物来隐喻,教学过程即课堂教学的纵切面,教学环节即课堂教学的横切面。作为横切面的教学环节,其总是指向于"教什么"的教学内容和指向于"怎么教"的教学方法二者的内在融合,也是教师的教与学生的学二者的相互契合。因而,从外在表象来看,课堂教学过程即体现为处于时间纵轴上的各个教学环节的聚合;从内在实质来看,课堂教学过程是作为教学主体的教师与学生,在确定合理教学目标的基础上,选择有效的教学内容,运用高效的教学方法,使各个教学环节连贯地推进的历程。在这一历程中,教学目标借由各个教学环节中具体的操作性的教学活动得到实现。每个教学环节即教学方法与教学内容间内在融合的体现。

2.现实课堂教学的复杂:预设性与生成性的统一

课堂教学是作为教学主体的教师与学生为了实现特定的教学目标而开展的实践活动,这一实践活动的最终实效是由学生的学习结果来判断的。而学生的学习结果是教学活动在作为学习主体的每个学生身上发生了一定积极变化的程度来体现的。学生自身作为主体,其在整体课堂学习过程中具有主观能动性,课堂教学能否和是否在具有主观能动性的作为主体的学生身上发挥作用,这不是由他人决定的,而是外在的活动经由学生自身的主动建构而得以实现的。在这一学生自我主动建构的过程中,顺应与同化的发生以及实现程度不仅受课堂教学中外因的影响,更由学生个体内因决定。课堂教学中,教师的教学设计作为对课堂教学的预设,充分的准备是一方面,同时,教师在课堂教学过程中充分地利用学生在课堂教学现场所生成的种种因素,不断因学生的现场反应与反馈而推进教学进程,这无疑是提高课堂教学实效的关键。而教师要能够全面地关注到课堂现场的种种,并充分地加以利用,这无疑意味着教师自身先对学情有充分精准的预估,对教材有着全面透彻的分析,对教学本身的开展有着系统性的充分预设。这样,课堂教学现场才能将更多的时间、精力等聚焦于学生的实时反应与表现,并给予合理及时的反馈与回应。这样,从教学内容的角度来看,课堂教学过程中,教师在教学设计时自己所确定的"想教什么"和教学中"实际教了什么"之间才不会出现过大的偏差,教师"实际教了什么"和"学生实际学了什么"之间也更为接近。

(二)教学结构视角下的理想语文课堂教学:"一根筋"与"一锅出"

依前所述,我们明确了:语文课堂教学从时间历程这一纵切面来说,是由不同教学环节构成的,而每个教学环节又是课堂教学的横切面。这一纵、横切面之间的相互关系即课堂教学的结构。语文教学设计需要依据理想的课堂教学的特征来开展。那么,从课堂教学结构视角来说,理想的语文课堂教学的特点是怎样的呢?我们以为,大体可以分别用"一根筋"和"一锅出"二者来隐喻:"一根筋"形容各教学环节间关系的特点;"一锅出"形容每个教学环节自身的特点。

从纵向的时间轴来看,课堂教学过程是由一个个教学环节构成的,这些教学环节不是相互割裂的,而是内在关联的。这种内在关联是借由教学目标来实现的。理想的语文课堂教学,从纵向教学过程来说,各个教学环节间必须在逻辑上呈现递进性且内在关联,各个教学环节所落实的教学内容在逻辑上呈现出递进性的关系,前一教学环节落实的教学内容总是为下一教学环节要落实的教学内容铺垫。各个教学环节间的内在关联即指其各自落实的教学内容之间在逻辑上不是割裂的,各个教学环节的组合由教学目标来串接,教学目标贯穿于课堂教学的始终。各教学环节之间在关系上呈现"一根筋"的特点,即指各个教学环节间借助核心教学目标串联起来,相互之间形成一种内在关联且不断递进的状态。

　　从横切面来说，每个教学环节都是作为教学主体的教师与学生在教学目标的引领下围绕特定的教学内容而以一定的教学方法来交互对话的，在这一交互对话的过程中实现教师与学生间情感上的沟通与思想上的交流，师生间呈现出一种精神融合的状态。在这种师生精神融合的状态下，学生得到全面的成长与提升，课程的三维目标皆得到实现，学生的语文核心素养得到培育。学生在如沐春风的课堂氛围中实现知识的掌握与能力的提升，在师生充分对话的浸润般的教学情境中实现情感态度与价值观的形成，在整个学习过程中轻松愉悦，自然而然地习得相关的语文学习方法与策略。每个教学环节的这种状态，我们以"一锅出"来加以比喻性描述。"一锅出"这种状态的形成需要各教学环节的教学方法能够内在契合着其所对应的教学环节的教学内容，教学方法得当以实现教学方法与教学内容的内在契合无疑是前提。学生在知识掌握与能力提升的过程中其在情感态度与价值维度的目标上达到与知识、能力相融合的状态。

（三）教学内容视角下的理想语文课堂教学："9 级""4 层次"累进标准

　　以美国学者古德莱德所提出的课程形态"五层次"理论而言，课堂教学作为运作层面的课程，其是由作为执教者的教师通过自己对国家相关教育政策的理解、对相关教育理论的理解和对相关课程标准等的解读，将自己所领悟的课程按照一定的教学设想对具体的教学加以设计并实施。具体学科的教师需要基于自己对该学科课程标准的解读，凭借教材这一特定的教学载体，将课程目标转化为具体的教学目标，再在教学过程中以一定的教学方法来落实相应的教学内容，进而切实地实现教学目标。对于具体某一学科的教学而言，师生在课堂教学中的种种活动最终总是需要指向于特定的教学目标，再经由这些具体课堂教学的教学目标的实现，最终实现课程目标。而课程目标能否切实实现，其依托的是教学目标的合理。教学的核心问题是"怎样教才是最有效的"。而有效的表现包括三个方面：首先是教学效果，即主要以学生所达到的成绩或程度为判断依据；其次是教学效率，即以学生的付出来判断；再次是教学吸引力，即以学生的学习持续性为判断依据。[①] 追求教学的有效，需要从两个方面加以考虑：一是目标合理，二是方法得当。目标合理，是从教学内容角度来把握；方法得

---

　　① 盛群力,李志强.现代教学设计论[M].杭州:浙江教育出版社,1998:6－7.

当,是从教学方法角度来把握。如果学生所学的合理性失去,即目标不合理,那具体的教学内容是否合适就失去了前提,方法得当的判断前提也就缺失了。因而,从教学内容视角来看,理想的语文课堂教学有两个最基本的特征:一是教学目标合理,其最终指向于语文课程目标的实现;二是教学方法得当,能够高效地实现其所确定的教学目标。

基于这两个方面的基本特征,王荣生教授从教学内容的角度提出了更为具体的语文"好课""9级""4层次"累进标准①,对此,我们以表格直观呈现,见表1-1。

表1-1 语文"好课"的"9级""4层次"累进标准

	9级	4层次
理想	9.教学内容切合学生的实际需要	课程目标有效达成
	8.想教内容与应教内容一致	
	7.教的内容与学的内容趋向一致	教学目标高效达成
	6.想教的内容与实际在教的内容一致	
	5.教学内容与学术界认识一致	教学内容正确
	4.教学内容与听说读写的常态一致	
	3.教学内容相对集中	教学内容明确
	2.教的是"语文"的内容	
最低	1.教师对所教内容有自觉的意识	

1.教学内容明确

第1、2、3级指向的是第一层次的要求,即语文教师的教学指向于明确的较为集中的语文教学内容。语文教师在教学中围绕着自己所选择的教学内容来推进教学过程,而不是"脚踩西瓜皮滑到哪里算哪里"。在此基础上,其所教的内容的确是"语文"的内容,而不是"荒了自己的田却种着别人的地"。由于时间有限,学生要真正有所学,就不能什么都是浅尝辄止的,因而,教学内容要少而精,课堂教学内容要比较集中。

2.教学内容正确

第4、5级指向的是第二层次的要求,即语文教师在第一层次要求的基础

① 王荣生.听王荣生教授评课[M].上海:华东师范大学出版社,2007:16-20.

上,其所落实的教学内容是正确的。第 4 级的"教学内容与听说读写的常态一致",指的是语文课所落实的学生听说读写在取向、姿态和方式上与生活、学习、工作中的所需、所用是一致的,是"常态"的,而非"异态"的,不是应试性的。第 5 级的"教学内容与学术界认识一致",是指语文教师所落实的教学内容需要与时俱进,不断更新。

3.教学目标高效达成

第 6、7 级指向的是第三层次的要求,即在第二层次的基础上,语文教师在课堂教学中所落实的教学内容能够切实地实现其所确定的教学目标。第 6 级的"想教的内容与实际在教的内容一致"指的是语文教师在课堂上所落实的教学内容是指向于其所确定的教学目标的,其所确定的教学目标内隐的想教的教学内容与其在课堂教学中实际的教学内容之间是一致的。第 7 级的"教的内容与学的内容趋向一致",指的是教师实际的教学内容确实与学生实际学到的内容之间相近。教是为了学,教的成效需要落实到学生的学上来。如果课堂教学只是教师单向地付出,却未能促进学生的学习,教师的教未能在学生身上产生自己所期待的成效,那意味着该课堂教学未能落实其所确定的教学目标或未能发挥其切实实效,而只是走了一次"过场"。为了使教师"想教的内容与实际在教的内容一致",语文教师需要努力剖析自己所选择的教学内容与所确定的教学目标间的内在关联,使教学内容能够聚焦于教学目标;而为了更进一步地使教师实际教的内容与学生实际学的内容一致,语文教师需要在教学内容能够聚焦于教学目标的基础上,根据所选择的相关教学内容去选择相应的得当的教学方法,并合理地安排教学内容与设计教学过程,进而高效地实现自己所确定的课堂教学目标。

4.课程目标有效达成

第 8、9 级指向的是第四层次的要求,即语文教师要在第三层次要求的基础上,使课堂教学切实有效地实现语文课程目标。课堂教学作为运作层次的课程是对作为正式层次的课程的实现,语文课程标准引领着语文课堂教学,对学生未来发展所需具备的语文核心素养从各个不同方面加以揭示,其在很大程度上体现着合理的语文教学课程内容的形态。通常情况下,语文课程标准总是规约着语文课堂教学,语文课堂教学需要切实地基于语文课程目标、语文课程内容等而确定合理的教学目标,并在此基础上选择合宜的教学内容。这即为第 8 级"想教内容与应教内容一致"的所指。当然,有时语文课程标准可能在某些方面有些滞后或不一定完美地体现语文课程内容,或者由于语文课程内容与语文教学内容间的落差,语文教师自身需要依据学生的具体情况而选择或创生更切合学生应需、应学的内容。也正因如此,第 9 级提出了"教学内容切合学生的实际需要"。这样,语文教师由于确定了合理的教学目标,语文课程目标也由此得到有效的实现。这是对语文教师在课堂教学内容方面的最高要求。

三、语文教学设计的原则

(一)系统性原则

不管是对整体大单元的教学进行设计,还是对具体课文的教学进行设计,或者对具体专题的教学进行设计,乃至因特定的需要如教师招聘面试或教师资格证面试或教学技能比赛中的模拟微课而设计 10 至 20 分钟的微课,语文教学设计都需要遵循系统性原则。无论何种情形,都需要将特定的教学设计置于一定的情境下,综合相关的各种制约因素而合理确定教学设计中的相关要素。

第一,在确定学习目标之前,需要系统全面地综合确定教学目标的相关依据,如课程标准、语文教材、学生情况等相关制约因素。为此,应深入研读课程标准,全面分析语文教材,精准把握学生情况等。分析语文教材时,需将具体课文置于其所属的单元来解读,对单元教材的分析需要把握单元中阅读领域的不同课文间的关系以及阅读领域与其他领域间的关系等,要把握单元中的选文系统、助读系统、作业系统以及知识系统间的关系。而分析单元教材时,又要将整册教材综合全面把握。

第二,在此基础上,合理确定和表述学习目标。为此,学习目标应全面关注知识与能力、过程与方法、情感态度与价值观三个维度,对知识、能力、情感三个类别都给予关注。

第三,学习目标确定之后,需要围绕学习目标而合理设计评价任务,要全面考虑评价任务是否能够切实地指向于学习目标的达成,既要考虑一定的情境,还要设计合理的评价量规,以使评价切实可行,使评价的证据确实能够与学习目标达成间形成真切的证明关系。

第四,在此基础上,进一步对学习过程进行科学的设计,使学生的学习能够循序渐进,教师对学生的引导能够深入浅出,通俗易懂。教师的教学思路清晰,学生的学习进程才会有序。

当然还有其他一些细节性因素需要在教学设计时加以考虑,如课堂的板书、教师的提问、环节间的过渡、对学生学习的反馈等,都需要适当地预设。教师活动的设计与学生学习活动的设计要综合考虑作为教学主体的教师与学生的具体情况,以及班级规模和教学软硬条件等。

(二)指向性原则

语文教学设计意味着对语文的教学加以设计。因此,语文教学设计是围绕着语文的教学的,指向于学生语文核心素养的提升,而非其他学科核心素养的提升。因而,语文教学设计时要时刻具有明确的"语文意识",教学设计要指向于"语文"。例如,在阅读教学中,课文作为教学的中介,其在文本内容上涉及诸多方面,一册教材中相关课文的内容可能涉及文史哲以及其他方面。其他学科课程基本不必关注文本的表达,而只关注文本的内容,教师要"教会学生"的内容具体直接体现在教材上,教师想要教会学生的东西与"教的是什么"往往是统一在一起的。而对于语文课程来说,一方面,语文教学内容是未定的,作为教学中介的课文只是教学内容的载体,真正的教学内容是隐含在课文里的,需要语文教师自身基于一定的课程目标来加以确定,不仅要关注课文的内容,更要关注课文内容是如何表达的以及内容背后所内隐的思想与情感。另一方面,与其他课程相比,语文课程内容相对不太成熟。与其他课程的"标准"比较,我国语文的"课程标准"在课程内容方面一直存在短板,21世纪初的语文课程标准中只有课程目标板块,语文课程内容内隐于语文课程目标之中;现行的语文课程标准以任务群的方式来呈现语文课程内容,语文老师不可能如其他学科的老师那般,从课程标准与教材间的对应便可明确相关教材所对应的课程内容。其他学科的课程内容、教材内容与教学内容间没有很大的鸿沟,但对于语文课程来说,语文课程内容、语文教材内容和语文教学内容三者间的巨大鸿沟需要语文教师去填补。语文教师自身需要基于学生语文核心素养的提升来"设计"每一单元、每一篇课文到底用它来"做什么"——"让学生学会什么"。语文教师在进行语文教学设计时需要避免只关注具体课文的内容而表现出"泛语文"的倾向,以致"耕了他人的地,荒了自己的田"。此外,对具体语文教学方案加以设计时,教学方案中相关要素的设计要指向于学习目标,要具有明晰的"目标意识"。教学方案中涉及的要素诸多,都应紧紧围绕学习目标。学习过程的设计和评价任务的设计都要指向于学习目标,学习目标的确定又需要指向于课程目标的实现。

(三)科学性原则

语文教学设计即语文教师在开展教学之前,根据学习目的与任务,依据课程论与教学论的相关原理,遵循教育的规律和原则,运用系统理论和方法,对教学中的各种因素进行分析和研究,具体确定教学内容,选择教学方法和教学媒体,对学生学习过程制定可操作的方案。课堂教学是作为教学主体的教师与学生为了实现一定的目标和完成一定的任务而展开的多重互动与多元对话的过程,这种互动与对话的过程总是在课堂教学现场即兴展开,其间有太多的动态生成的成分。正是因为课堂教学的这种动态生成性,教师在教学过程中需要时刻关注课堂教学现场学生的即兴反应,要将大量的注意力聚焦于学生,并根据学生的现场即兴情况而不断推进学生的互动与对话。因而,语文教师在课堂之前进行教学设计,对课堂教学的大体情况有一个初步的预测,往往基于既定教案的指引而不断自觉地进行动态调整,以实现课堂教学的预设性与生成性的完美统一。为了使教学设计能够对课堂教学的推进切实地起指引作用,要求教学设计在教学评三者间能够形成内在的一致,在这方面是科学合理的。这样,语文教师在课堂教学现场一般不需要临时调整学习目标,现场即兴设计评价任务和规划学习过程,因而,教师更能够将全部心力专注于学生课堂教学现场的情况,将更多的心力用于关注课堂教学中现场动态生成的诸多方面。

另外,对于学习过程的设计要基于脑的工作特点来加以设计,对学习进程以及相关的教与学的活动的设计不能违背大脑的工作特点。基于脑科学的相关研究,从生理、认知、情绪、社会性等方面努力依据大脑工作特点来加以设计。一是从生理的角度来看,教学设计要努力让学生的学习能够踏准大脑的节奏。学生需要有充足的睡眠和积极的休息,学习时其大脑才能学习得更高效。比如,为了使学生的睡眠充足,应合理设计课外学业任务的数量,不应陷入题海战术,挤压学生的睡眠时间;又如,依据大脑工作的首因效应与近因效应之峰谷效应,一堂课的课始与课末应安排重要内容,应将课堂分成多个时段,课堂中间部分重要内容的学习应有适当时间的间隔,并通过学习方式的多元,使学生的注意力的持续时间更长些;依据情绪与心理对生理的影响,教师应努力创造心理上安全愉悦的课堂氛围。二是从认知的角度来看,教学设计要努力使学生的学习有意义。教学设计基于多元智能理论,为适应不同学习风格与擅长不同学习方式的学生的学习需求,活动的设计要努力调动学生的多种感官,尽量合理应用多媒体,运用思维导图,重视外显学习的讨论、读、听、写、问答等方式与内隐学习的模仿、角色扮演、游戏等方式间的相互作用,以实现学生能够多通道参与学习。同时,基于认知与情绪的相互作用,教学的设计在课堂氛围的营设方面要着力于学生的心理安全感与归属感。三是从情绪的角度来看,教学设计能促进学生积极学习。如根据耶克斯－多德林定律,学生的学习动机与任务的挑战性程度呈倒 U 形,任务的挑战性过低或过高都不利于学生的学习,因而,教学设计时对于学习任务与评价任务的设计都应以学生的"最近发展区"为基准,以适度的挑战性任务来促进学生获得积极情绪,激发中等程度的学习动机。四是从满足学生的社会性发展需求角度来看,教学设计时应努力考虑合作学习、榜样学习、对话分享等相关的学习活动,以及设计一些能够让学生表现自我、交流展示、同伴教学类的学习活动,以充分利用学生的自我效能感来促进学生的学习。

(四)留白性原则

课堂教学总是预设性与生成性的统一,这是教师职业的独特所在。教师在课堂教学过程中总是自觉地以预设的教学设计作为指引,同时有意识地根据学生现场的生成性反应而不断地进行动态调整。课堂教学不是被动执行预设的教学方案的过程,语文教学设计只是为语文课堂教学的顺利和高效实施奠定一个良好的基础。课堂教学总是科学性与艺术性的统一,教学设计为课堂教学的科学性做了良好的铺垫,而现场教学过程中教师时时处处基于学生现场的反应与状况,不断地因学生的学习做出相应的组织与指引,这体现了课堂教学的艺术性。而课堂教学过程中,每一个学生都是有着其自身灵性的主体,一个班级几十个学生在课堂教学现场的互动与对话,这种思想与精神层面的互动与对话有如化学反应,学生间、师生间的这种人际互动与思想碰撞总是灵动的,任何一位老师都难以完全预测。因而,教学设计对于课堂现场教学而言,只是一个方案而已,只是对课堂教学进行一定的预设,以使教师能够对课堂教学有一个大概的设想与充分的准备。这样,教学现场不需要将太多的心力放在一些既定的成分,而可以全身心地专注于课堂现场的组织、引导与调控。所以,教学设计不宜过于生硬地将课堂教学的所有细节完全预设,不必对相关细节性的方面规定得过于死板,这样才能为课堂教学过程中的动态生成性成分留有一定的空间。

案例分析

由魏书生老师《统筹方法》教学实录改编的教学设计

课题	统筹方法	授课者	魏书生	授课时间	略
学校	略	年级/班级	七年级	学生人数	略
教学目标	1. 能够背出两个成语的含义。 2. 了解用图表说明事物的方法,能将课文事例办法甲的文字表述与图表1-1相互转化。 3. 理解课文内容,记忆"统筹方法"定义,能举出应用了统筹方法的、与课文事例相似的生活实例				
教学重点	了解用图表说明事物的方法				
教学难点	理解课文内容,举出与课文事例相似的生活实例				
教学方法	自主学习法、合作讨论法				
教学用具	略		教学课时	1课时	

教学过程				
教学环节	教学内容	教师活动	学生活动	
1. 释题导入,明确说明对象	1. 记忆"统筹方法"定义	1.1 板书课题,并提问"什么叫统筹方法",要求在自我思考的基础上从课文中找到定义并迅速记住	1.1 自我思考"统筹方法"意思后,从课文中找到定义并在1分钟内记住	
		1.2 提问"统筹方法"概念对应的是什么说明方法	1.2 学生回答	
		1.3 要求男女各一名字写得好的学生到黑板上默写定义	1.3 男女各一名学生默写,其他学生看	
2. 限时记忆,背诵词义	2. 背诵词义	2. 板书字词并限时1分钟造势,让学生背词义	2. 学生限时自问自答词义	

续表

3. 解析事例,体会说明方法	3. 描述泡茶工序事例,了解和运用配图表说明方法	3.1 要求学生限时1分钟找到并记忆泡茶过程	3.1 全体学生限时查找、记忆泡茶过程,单生复述泡茶过程
		3.2 提问要求学生概括泡茶工序	3.2 学生概括回答泡茶工序
		3.3 要求学生阅读课文中对应办法甲的图表	3.3 学生阅读对应办法甲的图表
		3.4 指示男女各一名学生到黑板上将乙、丙方法转化为图表,同时要求其他学生对照课文中图表复述图表对应内容	3.4 男女各一名学生到黑板上画图表,其他学生对照课文中图表复述图表对应内容
		3.5 指示学生评改黑板上学生所画图表	3.5 学生评改黑板上学生所画图表
4. 复述课文事例和列举生活事例,理解说明内容	4. 复述泡茶事例和列举生活事例,理解统筹方法原理	4.1 指示学生阅读全文,重点读末段	4.1 全体学生默读
		4.2 指示学生自我出声复述办法甲	4.2 全体学生自我出声复述
		4.3 指示学生回家后将自我的出声复述写下来	4.3 学生回家后写复述
		4.4 要求学生列举生活中应用统筹方法的事例并加以评析	4.4 学生自想或讨论列举相关事例
5. 归纳总结,说明统筹方法作用	5. 总结内容,明确统筹方法作用	5. 指示学生说明统筹方法作用和总结学习内容	5. 回答统筹方法作用和总结学习内容

附:《统筹方法》原文与《统筹方法》教学实录

统 筹 方 法

华罗庚

统筹方法,是一种为生产建设服务的数学方法。它的实用范围极为广泛,在国防、在工业的生产管理中和关系复杂的科研项目的组织与管理中,皆可应用。

比如,想泡壶茶喝。当时的情况是:开水没有。开水壶要洗,茶壶茶杯要洗;火已升了,茶叶也有了。怎么办?

办法甲:洗好开水壶,灌上凉水,放在火上;在等待水开的时候,洗茶壶、洗茶杯、拿茶叶;等水开了,泡茶喝。

办法乙:先做好一些准备工作,洗开水壶,洗壶杯,拿茶叶;一切就绪,灌水烧水;坐待水开了,泡茶喝。

办法丙:洗净开水壶,灌上凉水,放在火上;坐待水开,开了之后急急忙忙找茶叶,洗壶杯,泡茶喝。

哪一种办法省时间?谁都能一眼看出,第一种办法好,因为后二种办法都"窝了工"。

这是小事,但这是引子,引出一项生产管理等方面有用的方法来。

开水壶不洗,不能烧开水,因而洗开水壶是烧开水的先决问题。没开水、没茶叶、不洗壶杯,我们不能泡茶。因而这些又是泡茶的先决问题。它们的相互关系,可以用以下图1的箭头图来表示:

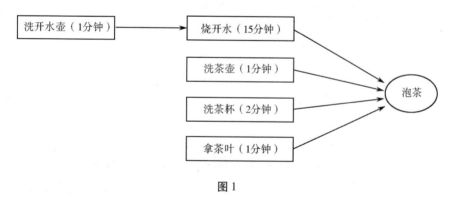

图1

从这个图上可以一眼看出,办法甲总共要16分钟(而办法乙、丙需要20分钟)。如果要缩短工时、提高工作效率,主要抓的是烧开水这一环节,而不是拿茶叶这一环节。同时,洗壶杯、拿茶叶总共不过4分钟,大可利用"等水开"的时间来做。

是的,这好像是废话,卑之无甚高论。有如,走路要用两条腿走,吃饭要一口一口吃,这些道理谁都懂得,但稍有变化,临事而迷的情况,确也有之。在近代工业的错综复杂的工艺过程中,往往就不能像泡茶喝这么简单了。任务多了,几百几千,甚至有好几万个任务;关系多了,错综复杂,千头万绪,往往出现"万事俱备,只欠东风"的情况,由于一两个零件没完成,耽误了一架复杂机器的出厂时间。也往往出现:抓得不是关键,连夜三班,急急忙忙,完成这一环节之后,还得等待旁的部件才能装配。

洗茶壶,洗茶杯,拿茶叶没有什么先后关系,而且同是一个人的活,因而可以合并成为图2;用数字表示任务,图2可以写成为图3。

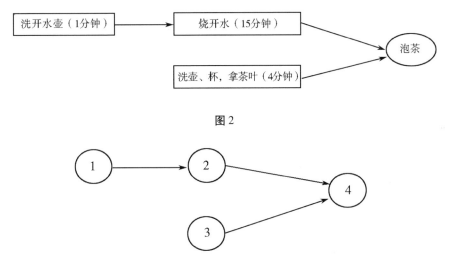

图2

1—洗开水壶；　2—烧开水；　3—洗壶、杯,拿茶叶；　4—泡茶

图3

看来这是"小题大做",但在工作环节太多的时候,这样做就非常有必要了。

这里讲的主要是有关时间方面的问题,但在具体生产实践中,还有其他方面的许多问题。这种方法虽然不一定能直接解决所有问题,但是,我们利用这种方法来考虑问题,也是不无裨益的。

当然,这种方法,需要通力合作,因而在社会主义制度下能更有效地发挥作用。

(有改动)

魏书生老师《统筹方法》教学实录

师:(全体起立,师生互相问好)老师要讲的这篇文章大家可能不愿学。同学们愿学小说、散文、诗歌,不愿学说明文。今天我们学一篇说明文,施加一个意念,带着轻松愉快的心情学。不愿学的文体学起来都快乐,那么语文学习不就成为一件乐事了吗?我们这节课学《统筹方法》。(用隶书体板书:《统筹方

法》)

师:先不要翻开书,同学们知道这篇文章是谁写的吗?

生:(集体)华罗庚。

师:华罗庚的身份?

生:(集体)我国著名的数学家。

师:我再提一个问题,什么叫"统筹方法"? 谁能不看书,凭自己独立思考,回答这个问题?

生:就是笼统说明事物的方法。

师:她敢于独立思考。

生:就是系统地完成一件事的方法。

师:有点接近正确答案。下面不再猜了,大家一定非常想知道什么是统筹方法吧? 那好,请同学们到书中去找答案。争取一分钟内找到并记住这个概念,现在开始! (学生看书,半分钟后陆续举手要求回答。)

师:请找到答案的同学一起回答。

生:(齐)统筹方法,是一种为生产建设服务的数学方法。

师:对,同学们没用一分钟就找到并记住了这个概念。同学们说,这叫什么说明方法?

生:下定义。

师:对。作者用下定义的方法说明什么是统筹方法。谁愿意到前面,在黑板上默写这个定义? 男女同学各推荐一个名字写得好的同学到前面来比赛好吗? (学生们热情推荐,被推荐的男生说:"我一定能取胜。"教师赞许,男生同女生上台板书。)

师:写得正确,字很工整,看上去男同学写得更好一些。 (男同学会心一笑)

师:学习这篇课文,教师准备教会大家哪几件事呢? (学生七嘴八舌,教师边重复边板书:学习重点:1.字词:万事俱备,只欠东风;不无裨益。)

师:大家听我喊"预备——起",用一分钟看课文下面的注释,然后自问自答,可以出声。 (学生迅速翻开书看)

师:我暂时不提问,下面做第二件事,老师想领着咱们思维的战舰驶向何方呢? (学生边思考边说,教师板书:1.字词:万事俱备,只欠东风;不无裨益。2.学习用图表说明事物的方法。3.读懂全文,会说、会写、会用。)

师：先学习用图表说明事物的方法。作者举了一个例子，同学们想用多长时间在课文中找到这个例子并记住它？

生：(齐)一分钟。(接着学生立即看教材，全神贯注，学习积极性极高。教师看表一分钟后。)

师：时间到。作者举了一个什么例子？

生：泡壶茶喝。(听众大笑)

师：(笑着纠正)是"烧开水泡茶"。请你把烧水泡茶的过程讲一遍好吗？(学生回答)

师：他说得对不对呀？

生：(齐)对！

师：他说泡茶有几道工序？(学生历数五道工序)

师：作者说这五道工序有三种安排方法，书上还画了图表说明。大家看书上图表是对哪一种方法的说明？

生：(集体)是对办法甲的说明。

师：办法乙和办法丙怎么样？

生：这两种办法都窝囊。

师：作者没说"窝囊"，他说的是"窝工"。好，下面准备把办法乙和办法丙也分别用图表加以说明，请男女同学各自推荐一名代表在黑板上画图。(男女生各一名到前面在黑板上画图表)

师：让他们两人先画，咱们看书上图表，大家想，如果文章没有文字解说，只有图表，能不能看得懂？

生：光有图表，我认为也可以看懂。因为图很清楚，图上又有文字。(学生指着图述说了一遍)

师：好！他说得很明白，的确只看图也能懂。现在大家看黑板。(女学生已经画完，教师对她小声说了句话，她转身在图上改了一处。)

师：同学们看，他们画得对不对？

生：办法乙我认为画对了，办法丙画得不对。(教师请他上黑板订正，并交代下面的同学可以商量，可以上讲台帮助修改。一男学生在座位上小声说图画得不对，教师亲切地拍拍他的头，笑着问："你怎么不上去改？"男同学站起来跑到黑板前修改。全班学生的积极性被调动起来，有的热烈商讨，有的跑上前去，黑板前有四五个学生争争抢抢,你擦我画,课堂气氛很是活跃。)

师:(男女生都已画完,回到座位)好,我们比较一下,看起来还是女同学画得好一些,一看图就一目了然。男同学的图表用序号表示,也算是一种创造。(女生们非常自豪,男生们也觉得公平。)

师:图表说明法同学们已经掌握了。现在我们思维的战舰距离第三个目标"读懂"还有多远呀?请同学们把全篇阅读一遍,重点读结尾一段。(学生读)

师:懂了没有?

生:(集体)基本懂了。

师:懂了,还要会说。每位同学都把办法甲说一遍,大声说,说错了也不要紧,要解放自己。(学生纷纷大声述说)

师:不仅会给别人讲,还要会写。今天这节课,我们没有时间用笔写了,课上我们说,其实是用"口"写,回去以后把说过的话整理出来,就是用笔写。同学们愿意的话,回去写一篇短文,作业我不检查,因为我明天就要回辽宁了。请同学们增强写作业的自觉性。除了会说、会写,还要会用。同学们思考一下,生活中我们应用统筹方法的实例,大家愿意商量还是愿意自己想?

生:自己想。

师:自己想也可以,商量也行。(过了两分钟,学生要求发言)

生:比方说打扫一间房子,有桌子、凳子,那就可以先踏着桌子、凳子去打扫天花板之类。

师:她说的例子属于统筹安排工作进程范畴,但跟今天所学的联系还不太紧密。谁能举一个做事窝工的例子?

生:比方说我星期天帮妈妈做饭做菜,我家有两个煤气灶,可我先择菜、淘米,然后才想起烧水煮饭,煮完饭,才想起炒菜,这样就窝了工。

师:怎样才不窝工呢?

生:我先烧水,等水开的这段时间,淘米、洗菜。水开后,米下锅,等饭熟的这段时间炒菜。这样就节省了不少时间。

师:他讲得很好,谁能让自己的思维从厨房和家庭中解放出来,举一个别的例子?

生:学校开运动会,总是在进行径赛项目的同时安排田赛和团体操,这就节省了时间。

师:这个例子举得好,大家如果细心,还可以发现更多的使用统筹方法的例子。同学们以后参加工作,就可以用作者教给我们的统筹方法去做好自己的工作,学会这样做工作就等于——

生:延长生命。

师:对! 延长生命。请同学们商议总结一下咱们这节课的学习重点与学习过程。(学生们兴高采烈地说出本节课三个学习重点及难忘的学习过程。)

师:今天这节课就上到这,盼望大家今后经常运用统筹方法,提高学习工作效率,为人民、为祖国多做实实在在的事情。

【分析】

结合魏老师的教学实录和前述基于其教学实录改编的表格式教案,我们进一步梳理出魏老师《统筹方法》教学的整体情况如下表:

想教目标	实教目标	教学环节	教学内容	教师活动	学生活动
字词	能够背出两个成语的含义	2. 限时记忆,背诵词义	2.记忆两个成语的含义	创设高效记忆的氛围	生自看注释,自问自答
学习用图表说明事物的方法	了解用图表说明事物的方法,能将文字和图表相互转化	3. 解析事例,体会说明方法	3.1 了解配图表例子(即办法甲)	创设高效记忆的氛围,依内容提问和纠正	生找并记,一生复述
			3.2 运用配图表方法	提议男女生代表画图比赛	一男一女画表,其他生评改
			3.3 用语言转述图表	提出尝试性任务	一生转述
读懂全文会说会写会用	感知全文,记忆"统筹方法"定义,能举生活中与文中例子相似的应用统筹方法的实例	1. 释题导入,明确说明对象	1.记"统筹方法"概念	让生猜,指示一分钟记住,提议男女生代表默写比赛	生找并记,再齐背男女生代表默写比赛
		4. 复述课文事例和列举生活事例,理解说明内容	4.1 阅读全文重读末段	指示学生行为	生自读
			4.2 说方法甲	鼓励学生大声说	生大声复述方法甲
			4.3 写下办法甲的自我复述	指示学生回家后将自我的出声复述写下来	生回家后写复述
			4.4 思考并讲述生活中应用统筹方法的实例	等待学生思考评价和引导学生思考方向	生思考或讨论主动发言讲述
		5.归纳总结,说明统筹方法的作用	5. 总结内容,明确统筹方法作用	指示学生总结	自我总结

基于上表的梳理,我们进一步来分析魏老师的教学。

1.课堂教学目标高效地得到实现

对此,我们来加以细析。教学伊始,魏老师在黑板上板书了上表中呈现的"想教目标",这是魏老师对该课设想要落实的概括性教学目标。根据教学实况,我们将魏老师的"想教目标"转化为表述更为具体明确的在表中呈现的"实教目标"。基于这一点来说,魏老师在教学伊始的教学目标的表述过于含糊笼统,从教学设计的明晰性原则来说,这方面还可以做得更好些。但是从教学过程的推进来看,魏老师自己内心对该课的教学目标是非常清晰明确的,并且整个教学过程始终紧紧围绕着相关教学目标非常紧凑地推进,也就是说魏老师的教学具有非常明确的目标意识。其各个教学环节所落实的教学内容紧紧围绕着教学目标,所运用的教学方法与各教学环节所要落实的教学内容非常匹配,努力高效地推动着学生扎扎实实地按照教师所指引的方向去学习与历练,相关的过程性评价任务也非常明确地指向于所教与所学,教学评之间形成内在的一致,很好地体现了教学设计的一致性原则。

全文的教学大体有五个教学环节,分别是:(1)释题导入,明确说明对象;(2)限时记忆,背诵词义;(3)解析事例,体会说明方法;(4)复述课文事例和列举生活事例,理解说明内容;(5)归纳总结,说明统筹方法的作用。其中,对"能够背出两个成语的含义"的目标,魏老师指示学生参看课文注释,通过板书、学生自问自答以及造势要求学生限时一分钟内背两个成语的含义,内容明确指向目标,多种方式促进学生专注地加以背诵;针对"了解用图表说明事物的方法,能将文字和图表相互转化"的目标,魏老师指示学生先是自己限时一分钟内找到并记住"烧水泡茶喝"的例子,然后让一个学生讲述烧水泡茶的过程;之后,魏老师指示一男一女两位学生到黑板上分别将办法乙和丙的文字表述转化成图,与此同时,其他同学则在老师的引导下听另一学生只看课文中对应办法甲的图1口头讲述办法甲,待两位学生在黑板上画完图后,全班一起评改。在此教学环节中,魏老师极其合理地分配教学时间,使全班学生每人都有任务,同时完成文字与图表之间相互转化的两个任务,而且充分利用初中生的性别意识,既让男女生之间产生竞争,又找到合适的点对男女生所画的加以肯定。魏老师对此教学环节的设计可谓是一举多得、一箭多雕,既让学生认识和体会了配图表说明方法的特点与优点,又让学生在这一过程中初步地实践运用图表,还让学生在这一过程中对课文所举的"烧水泡茶"的例子烂熟于心。这一教学环节的设计充分地体现了教学设计的系统性原则与科学性原则，学生切实地通过自己的画、说、听、评、改等活动，自我真正地进行理解与进行听说读写的言语实践活动。针对"感知全文，记忆'统筹方法'定义，能举生活中与文中例子相似的应用统筹方法的实例"的"读懂"这一目标，魏老师大体通过两个教学环节中的相关学习活动来落实。一是第一个教学环节"释题导入，明确说明对象"中的记忆"统筹方法"的定义。二是第四个教学环节"复述课文事例和列举生活事例，理解说明内容"中的相关事项：第一，阅读全文，重点读末段；第二，说"烧开水泡茶"方法甲；第三，思考并讲述与文中例子相似的应用统筹方法的实例。对于"阅读全文，重点读末段"，魏老师要求的是全体学生默读；对于"说'烧开水泡茶'方法甲"，魏老师要求的是全体学生各自大声自我复述；对于"思考并讲述与文中例子相似的应用统筹方法的实例"，魏老师采用的方式是先让学生自己思考或相互讨论，再让学生讲述正反实例而教师同时引导。此环节的教学，魏老师的目标意识是非常清晰的，其"读懂"指向的是要与课文事例在应用统筹方法策略上是一样的事例，要记住定义，因而，其所选择的方法便旨在促进学生快速记住"统筹方法"定义，为列举与课文中属性一致的事例，在教学操作上先是让学生口头复述甚至要求课后写下自己的复述，对课文中的事例深化理解，然后再要求学生基于对课文中所举事例的理解，举出与此一样为"合并工序"策略的统筹方法的应用事例。当学生所举事例非应用"合并工序"策略而是"调整工序"策略的打扫房间卫生的例子时，魏老师指出该例不属于"应用统筹方法的实例"。

因而，就教学内容与教学目标之间的关系来说，魏老师选择了对应于其所定位的教学目标的教学内容，教学内容聚焦于其教学目标；从教学方法与教学内容之间的关系来说，魏老师选择了适宜于教学内容的教学方法；从教师的教与学生的学的关系来说，魏老师在教学中期望学生达到的，学生实际上基本达到了。对于课文的理解，是学生自身的理解，而不是教师告知学生的；在教学过程中，教师活动基本上是指向于促进学生的学习，或创设氛围或组织指引学生，学生活动都是学生自身切实地在进行相关的言语实践活动。整个课堂中，学生的活动占了课堂的绝大部分时间，这些学习活动都是学生自身在开展阅读、理解与思考等。综合来看，教师的想教、实教和学生的实学三者之间大体一致，整个教学中教、学、评内在一致。从教学设计的角度来看,魏老师的这堂课充分地体现了教学设计的系统性、指向性、一致性、有序性原则。可以说,魏老师的教学非常高效地实现了其所确定的课堂教学目标。以王荣生所提出的教学内容视角的理想语文课堂教学"9 级 4 层次标准"来看,魏老师的该课教学已达第 7 级和第 3 层次。

2. 课程目标未能有效达成

从 21 世纪我国教育界提出基于课程标准的教学这种立场来看,从"课程目标有效达成"的第 4 层次来说,魏老师的此课在这方面则需要优化。我们从 21 世纪基于课程标准的教学这种视角来审视,从第 8 级的"想教内容与应教内容一致"和第 9 级的"教学内容切合学生的实际需要"这两个级别的标准来看,魏老师的此课教学在这两个级别上存在不足。当然,我们要明确,这不是魏老师的个人问题,而是当时的时代问题。这是 21 世纪新课改以来教师要正视的现实,并着力去改善的问题。

下面我们具体来做一些分析。在此,我们先提出一个值得思考的问题,那就是:魏老师的《统筹方法》教学教的是《统筹方法》这篇课文还是"统筹方法"这个原理或者是魏老师所理解的"统筹方法"这一原理?

首先,对于说明文的教学,我们大体可以明确,说明文教学的核心任务是体悟说明意图,把握说明对象,并在此基础上体悟说明顺序、说明方法与说明对象、说明意图间的内在一致性,体会说明文语言的准确性、严谨性、形象性等。对此,联系到《统筹方法》这篇课文,作为一篇事理说明文以及其自身的一些特点,该课的"应然"教学目标大体可做如下定位:(1)了解写作背景,明确读者对象和说明对象,理解说明意图,把握作者情感;(2)体会所举例子的典型性和易懂性,理解本文作为事理说明文的说明思路——从本质到现象回到本质、从抽象到具体回到抽象;(3)理解三个图表说明的内容与文字表述的内容间的内在关系,明确三个图表间的内在联系,基此理解说明对象——统筹方法,把握统筹方法本质;(4)比较图文效果差异,体会配图表方法的功能,把握其使用注意事项。《统筹方法》这一篇课文选自华罗庚先生所编写的小册子《统筹方法平话》。这一小册子是华先生回国后投入我们国家的社会主义建设事业之中,希冀将自己所学应用于社会主义经济建设之中而编写的。结合这一写作背景,对于《统筹方法》末段("当然,这种方法,需要通力合作,因而在社会主义制度下能更有效地发挥作用。")的教学时当如何处理,是无视还是如魏老师这样教学时在思想上给予重视? 这是需认真思考和慎重对待的。魏老师在教学意识上明确要求学生重点读末段,但仅此而已。当时华先生回国积极投入国家建设中,期待能将自己所学应用到国家的经济建设中去,将统筹方法推广到经济建设中去。而初中学生并不太了解 20 世纪 60 年代我国亟待进行经济建设的特殊情况,他们难以理解课文末段的用意及其所体现的华先生的这种家国情怀。因此,教师为了引导学生体会末段所内隐的作者的家国情怀,不能只是要求学生"重点读末段",而是有必要交代当时的社会背景、作者的身份与课文末段的意图。

其次,对于课文中的"烧水泡茶"之例,魏老师只是要求学生在明确各道工序的基础上各自大声读以及课后写上自己的复述,只是关注例子本身。但是从说明文教学的角度来说,基于本课文作为说明文中举例子的说明方法以及本身作为事理性说明文所举此例的精妙之处,需要在关注事例本身的基础上,进一步引导学生从这样一篇阐述统筹方法这一事理的事理性说明文角度来综合考虑,要基于全文视角从说明思路、说明意图这些角度来引导学生理解事例于事理的易懂性,并进一步理解举例子说明方法的使用情境以及例子的典型性等。

再次,对于课文中三个图表间的关系、图文关系的处理,需要基于"统筹方法"的本质和配图表说明方法的独特效果这样的高度来加以关注。对于本文"统筹方法"这一事理,魏老师只是从记忆"统筹方法"定义、复述"烧水泡茶"例子和举出与"烧水泡茶"例子一样策略的事例这些方面来落实。从这些教学活动及其指向来看,我们大体可以这样认识魏老师的教学行为背后的基本定位:一是将记住了"统筹方法"的定义与理解"统筹方法"事理等同;二是通过本课的学习理解"统筹方法"事理并加以运用等同于举出与"烧水泡茶"一样合并工序的例子。也正因如此,魏老师才会要求学生去记忆"统筹方法"的定义,才会在当学生举"调整工序"来节省打扫房间的时间、体现应用了"统筹方法"的例子时,而指出:"她说的例子属于统筹安排工作进程范畴,但跟今天所学的联系还不太紧密。谁能举一个做事窝工的例子?"魏老师对该生所举事例的反馈与评价表明:在魏老师看来,其要求的"读懂课文"、课文所阐述的"统筹方法"事理只是合并工序而节省时间。但实际上,"统筹方法"的本质在于应用系统思维从全局性视角去处理问题,策略上既可以是合并工序,也可以是调整顺序等,从结果上来说可以是节省时间，还可以包括减少空间、减少成本、改变结果等。学生在小学时便已学过的《田忌赛马》便是通过调整赛马的顺序而改变了结果的例子。

最后，从课文中三个图之间的关系来看，图1直观呈现了办法甲的各道工序及其所花费的时间和各工序的关系，而图2是合并了工序后的直观图示，图3则转化成了用"数字"这种抽象化的符号来呈现。这三个图实质上分别体现了统筹方法运用时的基本思维，即先明确工序，再抓住关键、合并工序，最后抽象性地类化，以使含有诸多复杂工序的事项能够简洁直观地呈示出来。但魏老师在本课教学中，只关注了图1，只从课文配图表这一说明方法单"点"的角度来加以处理，而未能从全文阐述"统筹方法"事理的整篇说明文的角度来关注这些图表间的内在关系以及这些图表与"统筹方法"事理间的关系。

当然，魏老师这堂课的教学中对两个成语的教学也有瑕疵。他只是让学生根据注释记忆成语的含义，关注的只是成语的词典义，而未能关注其中的"万事俱备，只欠东风"的语境义。该成语的词典义为"比喻什么东西都准备好了，只差最后一个重要条件"，可是在本文中，结合上文语境，可知其语境义却是"由于没有全盘周密地考虑各个环节，导致几乎全部的事项都准备好了，却仍差其中某一两个事项，以此体现统筹方法之重要"。从课文成语的教学来说，不关注语境义，不利于学生对课文内容的理解；而且从说明文教学角度来看，对此成语的语境义的关注，其实还可以进一步将对成语的理解与对说明对象的理解和说明语言的品味相结合。这就不是就字词学习而学习字词，而是就课文篇章视角以及语境来学习字词，这才是基于言语立场的语文学习，而非基于语言立场的语文学习。

综合上述分析，魏老师此课的教学可能主要教的是其理解的"统筹方法"这一事理，而非作者所阐述的"统筹方法"这一事理，也非真正意义的《统筹方法》这篇课文。从教学内容角度来看，结合王荣生教授所提出的理想语文课堂教学的"9级4层次标准"，虽然该课教学在"课程目标有效达成"这一层次上还存在一些不足，但在"教学目标高效达成"的层次则有诸多值得我们用心去学习和体悟的方面。

学习资源单

1. 威金斯,麦克泰格.追求理解的教学设计[M].闫寒冰,宋雪莲,赖平,译.上海:华东师范大学出版社,2017.

2. 王荣生.听王荣生教授评课[M].上海:华东师范大学出版社,2007.

3. 李金钊.基于脑的课堂教学:框架设计与实践应用[M].上海:华东师范大学出版社,2013.

4. 皮连生.教学设计:心理学的理论与技术[M].北京:高等教育出版社,2000.

5. 史密斯,雷根.教学设计:第3版[M].庞维国,屈程,韩贵宁,等译.上海:华东师范大学出版社,2008.

第二章　语文教学方案的类型与设计

学习目标

1. 知道语文教学方案的类型及其基本样式。
2. 能够独立运用相应类型的传统教案基本样式撰写教案。
3. 领悟学历案设计的基本要领,尝试撰写学历案。

内容提要

第二章　语文教学方案的类型与设计

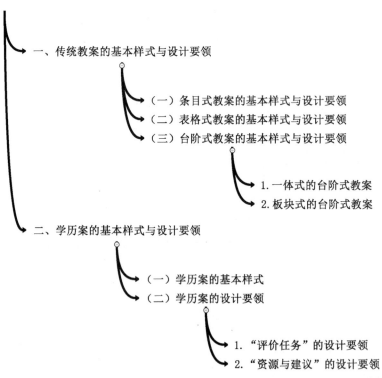

一、传统教案的基本样式与设计要领

（一）条目式教案的基本样式与设计要领
（二）表格式教案的基本样式与设计要领
（三）台阶式教案的基本样式与设计要领

1. 一体式的台阶式教案
2. 板块式的台阶式教案

二、学历案的基本样式与设计要领

（一）学历案的基本样式
（二）学历案的设计要领

1. "评价任务"的设计要领
2. "资源与建议"的设计要领

从事实形态和基于设计时所持的立场来看,语文教学方案大概有三类:一是基于教师立场的传统"教"案,侧重于从教师立场来加以表述的方案,主要涉及"教什么""怎么教""教到什么程度"等,即教师只关注自己的呈现与示范方式,不太关注学生是否学会。二是基于内容立场的"学"案,主要关注"教或学什么"的方案,不太关注目标或学习方式以及评价,即教师只关注自己找到了什么资源或努力寻找"教科书中没有的资源"等,不太关注目标是否合理、内容是否适当、学生是否有兴趣、内容和任务与目标达成有何关系等。"学案"或"导学案"大多可以归为"一课一练"即练习册一类。三是基于学生立场的"学历案",侧重于从学生立场加以表述,指向于学生何以学会的方案,即整个教学过程的设计都围绕或聚焦学生何以学会,从期望学生学会什么出发,设计何以学会的完整学习历程,配合指向目标监测的形成性评价,以确保至少2/3的学生学会。

结合当前现状和后续发展趋势,我们主要了解传统的"教"案和学历案这两种类型。

一、传统教案的基本样式与设计要领

在学历案出现之前,一般以传统教案的形式来呈现教学设计的结果。传统教案包括的主要内容有以下几个项目:

一是学习的主题或课题。学习的主题或课题一般呈现于教案的首行,置于首行的正中间。

二是基本信息,包括授课者(姓名与单位)、教学班级基本情况(学校、班级、人数等)、授课时间等。一般来说,如果教案只是授课教师自己使用,而不用于正式的交流或研讨等情形,基本信息可以省略不写。

三是教学准备,包括教材分析、学情分析、教学资源、教学目标、教学重点与难点、教学方法、教学用具、教学课时等,其中教学目标、教学重点与难点、教学方法、教学课时必写;教材分析、学情分析、教学资源、教学用具等这些可以视情况写或不写,但这些只是形式上不写,实际上进行教学设计时这些是一定需要重点关注与考虑的。由于教材与学情是教学目标、教学重点与难点确定的重要依据,因而,教材分析与学情分析如果撰写,需要置于教学目标之前、教学重点与难点之前;同时,教学目标是教学重点与难点确定的核心依据,因而,"教学重点与难点"紧接着"教学目标"呈现。教学方法旨在实现教学目标,因而,依据教学目标确定了"教学重点与难点"之后,接着呈现"教学方法"。这些相关要素的顺序需要依据其相互间的内在逻辑来呈现,不适宜随意打乱。

四是教学过程,教学过程需要具体区分出教学环节,每个教学环节需要涉及其对应的教学内容与师生活动,还要设计板书和作为总结性评价任务的课后作业等。教学过程是由多个教学环节构成的,为了将各教学环节的教学内容与教学方法及其内隐的教学意图能明确清晰地把握,各教学环节的名称要尽量以简洁到位的语言加以表述。在教学环节的名称中,尽量能够在语言表述上简明表达要落实的核心内容与方式,以体现"篇性"特征,尽量不用模板化的语言来表述,不要用导入、讲授新课、总结等这样适用于任何学科、任何课堂教学的语言来表述。

五是教学反思,这是教师在教学活动结束之后对教学设计与教学实施的反思,不是进行教学设计时便要落实的,而是教学结束之后再撰写的。

传统教案依据需要和目的不同,可以用不同形式来加以呈现。依据详略程度与对教学的辅助功能不同,教案大体有条目式、表格式和台阶式三种。下面我们来具体了解三种形式传统教案的基本样式与设计要领。

(一)条目式教案的基本样式与设计要领

条目式教案主要是以行列方式来呈现相关内容,便于对相关内容进行具体表述,最为详细。当然,教案撰写者可以根据需要而把握教案相关内容的详细程度。条目式教案的优势在于呈现的详略上易控,不足之处在于对教学过程的各个教学环节的教学内容与师生活动难以直观呈现。教学内容与教学活动混杂在一起加以表述,导致教学设计者对教学内容与教学目标间的内在关联以及教学内容间的内在逻辑难以直观地把握,对于教师活动与学生活动也是混杂在一起表述,因而,教学设计者较难直观地把握整个教学过程中是否较好地体现出学生的主体性,学生的活动是否充分,教师的相关活动又主要起什么样的作用等。

条目式教案的基本样式如下:

课　　题

授课者:姓名　　　　单位

授课班级:××学校　　××班　　××人

一、教材分析(非必写;所处教材的单元、单元整体情况、课文或专题的具体情况)

二、学情分析（非必写；学生已具有的相关基础、学生可能存在的困难之处）

三、教学资源（非必写；教学会用到的课本内外、课堂内外等各种资源）

四、教学目标（三维目标依次为：知识与能力目标、过程与方法目标、情感态度与价值观目标；或三类目标依次为：知识目标、能力目标、情感目标）

五、教学重点与难点

（一）教学重点

（二）教学难点

六、教学方法

七、教学用具（非必写）

八、教学课时

九、教学过程（最后一个教学环节之后呈现"作业"和"板书"）

（一）教学环节一名称：

意图：

教学操作：

（二）教学环节二名称：

意图：

教学操作：

（三）教学环节三名称：

意图：

教学操作：

…………

十、教学反思

条目式教案的相关项目大体按上述的先后顺序加以呈现,各个项目的构成要素的大体情况与顺序基本如上。具体示例见"案例分析"部分。

（二）表格式教案的基本样式与设计要领

与条目式教案相比,表格式教案呈现的内容基本相同,只是其以表格形式呈现,但对于教学过程的呈现二者差异很大。表格式教案对教学过程的呈现,是将每一个教学环节细析为教学内容与教学活动,并且教学活动中区分教师活动与学生活动,这样,教学设计者就能非常直观清晰地把握教学内容与教学目标间的关系,而不易出现教学内容偏离教学目标的情况;另外,各环节的教学内容独立出来,置于一列呈现,教学设计者可以一目了然地把握各教学环节的教学内容的顺序是否合理。而教师活动与学生活动区分后,教学设计者可以直观地把握教师在教学过程中主要起到什么作用,学生的相关活动安排与设计是否合理。如果教学课时为多个课时,"教学目标"项为总的教学目标,而各单个课时的教学目标可写于教学过程中,教学过程最好分课时撰写,这样便于把握每一课时的教学。有多少课时便分多少课时撰写。

表格式教案的相关项目大体按下面基本样式中的先后顺序加以呈现,如果多于两个课时可以以此类推地呈现。具体示例见"案例分析"部分。

表格式教案的基本样式如下:

课题					
授课者			授课时间		
学校		班级		学生人数	
教材分析	非必写				
学情分析	非必写				
教学资源	非必写				
教学目标					
教学重点					
教学难点					
教学方法					
教学用具	非必写		教学课时		
教学过程					
第一课时					
教学目标					
教学环节	教学内容		教师活动	学生活动	设计意图
环节一名称					非必写
环节二名称					非必写

续表

				非必写
环节三名称				非必写
……				非必写
板书				
教学反思				
第二课时				
教学目标				
教学环节	教学内容	教师活动	学生活动	设计意图
环节一名称				非必写
环节二名称				非必写
环节三名称				非必写
……				非必写
板书				
教学反思				

（三）台阶式教案的基本样式与设计要领

与表格式语文教案相比,台阶式语文教案在内容上更为简洁,在形式上更为直观。

台阶式教案主要是作为教案的简案来定位的,旨在以简洁直观的形式让教师自身对教学设计心中有数,教学思路清晰。台阶式教案中涉及的是教学设计的一些关键要素,主要包括教学目标、学情、教学内容、教学方法、过程性评价任务和总结性评价任务等。在台阶式教案中,相关要素的表述都要求语言简洁,形式上尽量直观明晰。根据核心目的是在于把握整体的教学思路还是在把握教学思路之余对各教学环节的教学操作也心中有数,台阶式教案分为一体式的台阶式教案和板块式的台阶式教案,前者旨在把握教学思路,后者则期望对教学思路和各教学环节的教学操作都有所把握。

1.一体式的台阶式教案

一体式的台阶式教案的基本样式如下:

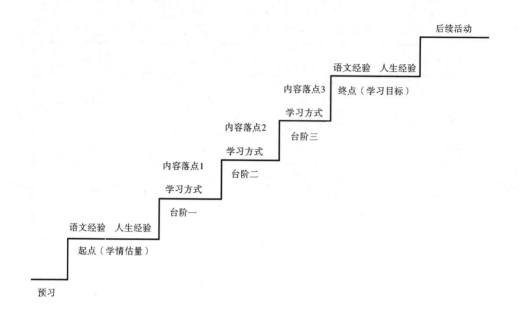

在呈现形式上,一体式的台阶式教案将教学的起点即学生的初始经验基础的学情预估作为教学环节前的一个台阶来呈现,而将作为预期的学生学习结果的学习目标作为教学的终点,置于教学环节后的一个台阶来呈现,而预习作为第一个台阶,学习该课文后的作业(即"后续活动")则作为最后一个台阶来加以呈现。整个教学设计的这些关键要素全部整合于这一级一级的台阶中,各教学环节要落实的教学内容在呈现对应教学环节的"台阶"上以"落点"来体现。一体式的台阶式教案中,各台阶未说明其具体的操作情况,只是极简洁地将要落实的教学内容及其对应所运用的教学方法加以说明,在教学方法方面不太具有特色时,甚至教学方法也不呈现,只呈现对应教学环节要落实的教学内容。

此台阶式教案的优势是简洁、清晰、直观地将教学思路呈现,一目了然;其相对的劣势是各教学环节的具体教学操作等未呈现。这种一体式的台阶式教案重在明晰直观简洁地呈现教学思路,而不关注课文的具体教学操作。当我们试图让自己的教学思路直观简洁地呈现时,可运用此种一体式的台阶式教案。

2.板块式的台阶式教案

板块式的台阶式教案,通常将整个教案分为教学目标、教学过程、学情预估和主要评价任务等板块。

在呈现的板块布局上,学情预估、教学目标以及过程性评价任务这些要素单独呈现,作为主体的台阶为教学过程的各个教学环节具体教学操作置于教学目标之下,学情和过程性评价任务置于台阶之下。教案中这些一级一级的台阶只呈现其主要教学环节。每个教学环节的名称和主要教学活动的极简表述分别置于台阶横线的上方与下方,每个教学环节的具体实施小步骤的极简表述呈现于主要教学活动的极简表述下方。课堂总结性评价任务即对应课后作业的"后续活动"置于最后一个教学环节的最下端。与一体式的台阶式教案相比,这种板块式的台阶式教案分板块呈现,将各个教学环节以一级一级的台阶呈现,既清晰地呈现了教学思路,也直观地呈现了各个教学环节的主要操作及其步骤。当我们试图既让自己对教学思路了然于胸,也期待对教学过程的各个教学环节的主要操作做到心中有数,此时,可以选用这种板块整合式的台阶式教案。

二、学历案的基本样式与设计要领

"学历案",通俗地说,即关于学习经历或过程的方案。"学历案"此词的来源,华东师范大学崔允漷教授解释如下:"学案在教育圈子中已有约定俗成的理解,与我们想表达的意思相异;导学案的立场还是教师立场,与我们倡导的学生立场相悖。治疗专业的方案叫病历,即医务人员对患者疾病的发生、发展、转归,进行检查、诊断、治疗等医疗活动过程的记录,是对采集资料加以归纳、整理、综合分析,按规定的格式和要求书写的患者医疗健康档案。考虑到治疗与教学的专业相近性,遂有'学历案'一词。"①而对于"学历案"的内涵,崔允漷教授界定如下:"学历案是指教师在班级教学情景下,围绕某一具体学习单位的主题、课文或单元,从期望学生学会什么出发,设计并展示学生何以学会的过程,以便学生自主建构或社会建构经验、知识的专业方案。它是教师设计的、规范或引导学生学习用的文本,是学生通向目标达成的脚手架;它是一种学校课程计划、学习的认知地图、可重复使用的学习档案,是师生、生生、师师互动的载体,也是学业质量监测的依据。学历案记录着每一个学生学习过程的学业表现。"②依据崔教授对"学历案"的界定,我们可以明确,学历案是教师预设的供

---

① 崔允漷.学历案:学生立场的教案变革[N].中国教育报,2016 – 06 – 09(6).
② 同①.

学生学习用的方案,用来帮助儿童自主或社会建构知识,让学生更好地"在(投入)学习"、经历"真学习"以实现意义与价值(经验增长),它呈现某一学习片段的完整历程:目标、过程(活动的内容与方法)、评价。作为学习经历的方案的"学历案",其体现学习经历的过程,呈现学生学习的全过程。它可以成为教师收集学生学习信息的有力依据,也是教师把握学生学习经验、有效实施教学的手段。

(一)学历案的基本样式

一份完整的学历案包括学习主题和课时、学习目标、评价任务、学习过程(资源与建议、课前预习、课中学习)、检测与作业、学后反思 6 个要素,其基本格式与相应的一些基本提示见表 2 - 1。

表 2 - 1 学历案的要素及其内涵与提示

要素	内涵		提示
一、主题或课题与课时	在多少时间内学习什么	内容	课文或主题、单元;不分课时,体现整体学习
		时间	1—6 课时,具体课时依据目标、教材、学情确定
二、学习目标	要学会什么	依据	课程标准、教材、学情、资源等
		目标	1. 3—5 条; 2. 可观察、可测量、可评价; 3. 每条指向学科关键能力或素养; 4. 相互之间有关联; 5. 三维叙写; 6. 可解成具体任务或指标; 7. 至少 2/3 的学生能完成
三、评价任务	何以知道是否学会	要求	必备要素:情境、任务、过程与结果;学生完成任务的表现与任务或指标一致;要让学生明白在什么情况下、做什么、怎么做、做出什么结果;主体是学生,呈现学生要做什么
		意义	检测学生"是否学会""学到什么程度""错在何处"。属于学习任务,通过完成此任务就会出现目标达成的信息(学情),但学习任务不一定都是评价任务

续表

要素	内涵		提示
四、学习过程	如何分小步子达到学会	资源与建议	达成目标的资源、路径、前备知识提示
		课前预习	定时间、有任务、有提示
		课中学习	1. 按目标完成逆向设计学习过程的进阶(递进或拓展); 2. 评价任务内嵌于学习过程; 3. 按教学评一致性设计以学定教的过程; 4. 体现学生自主建构或社会建构的真实过程
五、检测与作业	如何检测或巩固	要求	1. 包括课前、课中与课后作业,整体设计作业; 2. 论述或综合题要包括情境、知识点(可多个)与任务
		功能	检测题、巩固题与提高题
六、学后反思	反思与分享什么	要求	引导学生思考梳理已学知识和梳理学习策略
		策略	诊断自身问题和报告求助信息

(二)学历案的设计要领

设计学历案时,首先,基于对主题内容与学情的分析,明确期望学生学会什么;然后,再设计应该教或学什么、怎么教或学,怎样开展课堂中的形成性评价,以便做出新的教学决策;最后,设计课堂评估或作业评估任务以检测学生目标的达成情况。基于学生立场的关于学生"何以学会"的学历案,教师在整个方案的设计过程中,努力体现"教—学—评"的内在一致性,所教即所学,所学即所评。学历案基于学生立场,体现了以学习为中心的理念。

学历案的具体构成要素依次包括学习主题或课题与课时、学习目标、评价任务、学习过程、检测与作业、学后反思六项,对于如何设计学历案,这里我们不对每一项都做说明。评价任务在学历案中起着非常重要的作用,"评价任务"是将学习目标转化为检测项目,用以收集学生学习结果的相关信息,以帮助师生判断学生是否"学会"。其统领着整个学习过程,与传统教案的教学过程有些类似,最突出的不同在于学历案中多了"资源与建议"这一项目,另外语言表述的风格从学生立场来加以表达。因此,这里主要详细说明如何设计"评价任务"和如何编写"资源与建议"。

1."评价任务"的设计要领①

(1)明确设计顺序

学历案强调教学必须基于课程标准,学历案的设计遵循的是逆向教学设计路径,即学习目标—评价任务—学习过程。在设计学历案时,教师首先需要思考的是"学习目标",然后思考用怎样的和哪些评价任务去收集学生学习目标达成的证据,再基于"学习目标"和"评价任务"去设计达成学习目标的教与学的活动。因此,评价任务的设计先于教学活动的设计,并与作业设计一同进行,教师由此可以更加清楚目标达成的"标准"是怎样的,正确区分学习任务与评价任务,这样可以提高教学活动安排的针对性,充分发挥评价对学生学习的促进作用。

(2)基于教学全程

教学活动是围绕学习目标、展开评价任务、获取评价信息、利用评价信息以促进学生学习的过程,因此,在设计评价任务时,要基于教学的全部过程来进行,以实现"教学评的一致性"。让"评价任务"贯穿教学的全部过程,实现课前、课中、课后的一体化。利用"评价任务"获取评价信息的方式和途径主要有四种:一是从学生的"说"中获取;二是从学生的"写"中获得;三是从学生对测验与任务的完成情况和学生学习过程中的动作与神情等来获取;四是学生的作业或作品。

(3)多元化设计评价任务

效度与信度是"评价任务"设计的两个关键性指标。效度即指测量工具或手段能够准确测出所需测量事物的程度。"评价任务"的效度往往是借助"评价任务"本身的内容来体现的,主要是考察检测内容与目标的吻合度。而信度是指多次检测的结果具有一致性,是反映评价结果不受测量误差影响的程度,是衡量评价一致性的指标。要提高"评价任务"的效度与信度,需要多元化设计"评价任务"。对此,可以从以下方面努力:一是评价任务的设计要基于学生实际情况,设置合理的情境,确保命题背景的公平性和检测的针对性,以提高效度;二是同一学习可以从不同角度去设计评价任务,考查学生对概念的理解是否全面和深刻,是否能够在不同的情境下也能正确回答相关的问题,以提高信

---

① 王建峰.如何撰写与目标匹配的"评价任务"[J].教育视界,2016(6):19-22.

度;三是要设计能够充分体现学生差异性的评价任务。

(4)描述清晰且可执行

评价任务描述的是"要求学生做什么""怎么做"来确保能够知道学生"做得怎样",因此,对评价任务的描述一定要清晰,同时又便于执行。一方面,要表述好评价任务的指导语,如"请思考下列问题,再与同桌交流:观察表格内的数据,你有什么发现",让学生一看就能明白"要我做什么""要我怎样做";另一方面,语言要清晰,要基于学生的原有知识经验,情境真实,言简意赅。

2."资源与建议"的设计要领①

传统教案没有"资源与建议"这一项目,学生进入课堂学习后对本节课或本专题或本篇课文要学什么、为什么学和怎样学都是一头雾水,基本上是被动跟随教师而学习。学完之后,学生对所学缺乏整体性感知,也不明确自己的掌握程度是否达标。基于此,学历案中设计了"资源与建议"。"资源与建议"是引领学生学习的"导学图",为学生提供一个整体的学习思路。其旨在让学生明确:所学内容的地位与作用,怎样去学习;可能会遇到哪些困难,应怎样去克服;如何判断自己是否学会;等等。

由于"资源与建议"需要对学生的学习有指导意义,因而,首先应让学生能够读懂"资源与建议"的表述。所以,表述时要避免使用过于专业的语言,力求通俗易懂、简洁明了。"资源与建议"的构成要素一般来说至少包含以下几个:

一是标明资源的位置。要标明本学习主题内容在教材中所处的位置,有时还可进一步注明与本主题有关的教辅资料、补充材料、网络课程资源的位置等,以方便学生查找与使用。

二是阐明地位与作用。要阐明本主题所学内容在本学科知识体系中的地位与作用,包括前面学过什么、后面接着要学什么,其与过去和未来要学的内容之间的关系是怎样的,对学生以后的发展和形成学科核心素养与关键能力有什么影响等。

三是指明学习路径。要让学生预知整个知识学习的大致流程,如有哪几个教学环节、这些环节间有怎样的关系等。

四是说明重难点及其突破策略。这样,学生能够对学习的重点和难点心中

---

① 胡水林.如何撰写"资源与建议"以提供学习支架[J].教育视界,2016(6):23-25.

有数,为其进一步更有针对性的学习奠定基础。

五是说明评价标准。告知学生可以通过哪些评价任务来判断自己是否过关,清楚地认识自己的真实水平,减少盲目性。

案例分析

一、传统教案示例与分析
(一)条目式教案示例与分析

黄　河　颂①

授课者:姓名:略　　　单位:略

授课班级:××学校　　××班　学生人数:××个

一、教材分析

《黄河颂》是人教版七年级下册第二单元的第一篇课文。这个单元所选的五篇不同体裁的文学作品都是以祖国为主题的。学习这个单元,要求反复朗读,整体感知课文的思想内容,培养崇高的爱国主义情操,并揣摩精彩段落和关键词句,学习语言运用的技巧。《黄河颂》是著名音乐作品《黄河大合唱》第二乐章的歌词,也是一首反映抗日救亡主题的现代诗。这首诗以热烈的颂歌形式塑造了黄河的形象,展示了黄河桀骜不驯的血性和中华民族的英雄气概,情绪慷慨激昂。同时,歌词节奏鲜明、音节洪亮,长短句结合有自然和谐的韵律,并十分注意刻画黄河的形象,营造出了宏大壮阔的画面之美。学习《黄河颂》这首抗日救亡的诗,是为综合性学习本单元的《黄河,母亲河》做基础,由课内知识向课外知识深化拓展,可以让学生更深入地了解黄河。因此,这篇课文在这一单元中的地位是极其重要的。

二、学情分析

本诗的时代背景与学生距离较远,作为生活于21世纪和平年代的初一学生,一方面,他们对中华民族曾经的屈辱历史情况了解不多,对20世纪30年代我国的相关情况也不太了解;另一方面,初一学生刚刚学习一个学期的历史和地理,对于母亲河黄河在中华民族的发展历程中的重要意义了解不多,对于黄河的地理位置以及其他相关情况也了解不多。同时,初一学生的朗读能力还不

---

① 《黄河颂》条目式教案改编自:刘梅珍.《黄河颂》说课稿[J].现代语文,2012(2):45-46.

够强,对于诗歌的节奏、语气、重音等把握不准。

三、教学资源

1937 年七七事变的简况与相关视频、黄河的相关历史知识、《长江之歌》《黄河大合唱》八个乐章简况。

四、教学目标

(一)知识目标:了解黄河的地理位置及其在中国历史上的文化地位等相关知识;

(二)能力目标:在把握全诗主要内容和结构层次的基础上,借助背景了解、朗诵聆听、自我朗读和想象,深刻感悟宏大壮阔的黄河形象,深刻领悟黄河的英雄气概;

(三)情感目标:深入理解中华民族的坚强品格,体会作者炽烈的情感,对祖国有强烈的热爱之情。

五、教学重点与难点

(一)教学重点:深刻感悟宏大壮阔的黄河形象,深刻领悟黄河的英雄气概;

(二)教学难点:体会作者炽烈的情感,深入理解民族的坚强品格。

六、教学方法

多媒体辅助法、朗读体味法、互文补充法、小组讨论法

七、教学用具

黑板、多媒体

八、教学课时

1 课时

九、教学过程

(一)话说黄河史,铺垫情感基础

意图:此环节意在拓宽学生视野,激发学生情感,给课文教学铺垫一个厚实的背景。

教学操作:

1. 了解背景:(多媒体演示)战争画面及八路军战士在黄河岸边行军的画面,在此基础上,利用声音和画面,再加上老师的讲述,来唤起学生的兴趣而且震撼学生的心灵。

【教师讲述】1937 年,七七事变爆发后,日本帝国主义向中国发动了全面进

攻,中国军民奋起抗战。当抗日烽火燃遍中华大地时,诗人随军行进在黄河岸边。雄奇壮丽的山河、英勇抗战的战士,使他感受到了中华民族顽强的奋斗精神与不屈的意志。于是,他向着黄河母亲,唱出了豪迈的颂歌。

【背景画面】汹涌奔腾的黄河(画面直观、醒目,让学生内心的豪壮之情油然而生。)

2.简介黄河相关历史知识:主要关注其他表述中华民族的词语,引导学生明确中华民族祖先炎帝、黄帝当时于黄河流域群居,借此切换到黄河在中华民族历史和文化中的地位。同时,教师深情讲述:"黄河是我们中华民族的母亲河,我们有着五千多年的悠久历史,文化源远流长。黄河流域自古就是古文化的发源地,每一个中华儿女都对这条河流有着深厚的感情。"

3.学生介绍、教师补充其他与黄河相关的知识。

(二)吟《黄河颂》,把握内容与层次

意图:此环节重在借助朗读和赏析,让学生把握课文内容和结构层次,初步感悟和体会作者情感和诗歌意蕴。

教学操作:

1.学生聆听名家朗诵后,自由说说感受。

2.配乐自由朗读,把握诗歌表达视角并理解其效果。学生配乐自由读完后,提示学生关注"啊,朋友"中的"朋友"、"我站在高山之巅"的"巅"、"啊! 黄河! 你……"中的"你",让学生思考或相互讨论,体会这些词及其效果和在朗读层面的合适处理。

3.把握课文结构层次。引导学生紧扣"啊! 黄河!"的三次重复,同时关注课文中的"朗诵词""歌词"等字眼,把握课文结构层次。

(三)探究黄河魂,理解主旨和体会情感

意图:这一环节重在理解课文主旨,感悟作者情感,体会民族品格。

教学操作:

1.屏幕展示并合作探讨以下问题:

(1)黄河有着怎样的气势和精神? 你是从哪些字词或句子中体会到的?

(2)结合时代背景,你认为作者描绘黄河一往无前、无坚不摧的特点,歌颂它伟大坚强的精神,是要表达怎样的情感?

(3)请用相似的短语来替换诗歌结尾的"伟大坚强"这个词,发出你的誓言。

2.深化理解,体悟情感。引入《长江之歌》,引导学生类比体会两个文本情感层面的一致性,以深化理解和升华爱国情感。

(四)咏唱黄河曲,深化情感体悟

意图:与课始呼应,以歌唱深化学生的情感体悟。

教学操作:

师生齐唱《保卫黄河》后,教师结课:在漫长的历史岁月里,伟大的黄河,哺育了中华民族;英雄的儿女,维护了祖国的尊严,我们为民族自豪,为祖国歌唱。今天我们仍然要以黄河为榜样,学习它的伟大和坚强,团结奋斗,振兴中华,为使我们的民族跻身世界强国之林而贡献自己的力量!

板书:

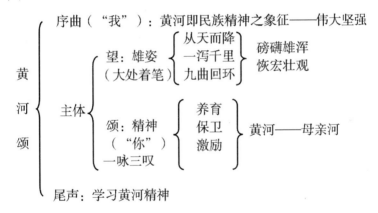

【分析】

《黄河颂》这篇课文的条目式教案中,相关的构成要素都按照合理的顺序加以呈现。教案中的相关内容大体情况如下:

一是教材分析分别从课文的位置、单元的题材与目标在内的整体情况、课文本身的内容与表达等方面的情况、课文的地位等方面加以说明。

二是学情分析从学生对课文内容的理解、体悟与课文表达的赏析等方面加以说明;教学资源从课文教学过程涉及的课文之外的主要材料加以说明。

三是教学目标以三类目标按知识目标、能力目标、情感目标的顺序依次表述。

四是教学重点与难点分别依据实现教学目标时要围绕的关键性方面和学生存在的最大困难加以表述。

五是教学方法主要是将教学过程中各主要教学环节运用的具有语文特色的比较重要的教学方法或体现"新课改"理念的相关教学方法加以列举,而对于适用于任何学科或课堂的问答法、讲授法、点拨法等则不加列举。

六是教学用具和教学课时依据实情进行说明。

七是教学过程将《黄河颂》教学的四个教学环节按顺序加以表述。每个教学环节的表述具有如下特点:(1)教学环节的名称都以简洁精确的语言进行表述,这些教学环节的名称不仅揭示了各个环节的主要内容、主要方式和意图,并且在语言的表述上比较讲究,都紧扣课文题目中的"黄河",加以"史""颂""魂""曲"等相关词语来表明各教学环节的主要内容,并且用"话说""吟读""探究""咏唱"这些动词来与前述的名词性短语进行搭配,构成动宾结构来加以表述,再以动宾结构的短语进一步更为直接地言明各教学环节的核心意图。(2)各教学环节对意图的具体说明在教学环节名称的下一行便加以呈现,以此对各教学环节的具体教学操作做出指向。(3)在具体说明各教学环节意图之后,各教学环节的具体教学操作按照对应教学环节的各个教学小步骤依序表述,每个小步骤的表述大体为先以动宾结构简述教学事件,在此基础上再进一步加以具体说明。

八是板书。由于该课的教学未设计总结性评价任务,因而没有布置课后作业,教学过程的最后只呈现了板书。该板书紧扣核心教学内容以简洁的语言加以表述,并以直观、巧妙的布局把诗歌的内在结构等加以呈现。

(二)表格式教案示例①与分析

课题	安塞腰鼓				
授课者	略		授课时间	略	
学校	略	年级	七年级	学生人数	略
教学目标	1. 在感受和比较视频中的腰鼓特点与作者笔下的腰鼓特点的基础上,多角度品析课文语言表达,体会课文语言特点;2. 体味本文情感与表达的一致性,感受作者的深厚情怀				
教学重点	多角度品析课文语言表达,体会课文语言特点				
教学难点	体味课文情感与表达的一致性,感受作者的深厚情怀				

---

① 《安塞腰鼓》表格式教案改编自:郑桂华.《安塞腰鼓》教学实录[J].语文学习,2006(5):5-9.

续表

教学方法	情境创设法、比较分析法、朗读体味法		
教学用具	黑板、多媒体	教学课时	1课时
教学过程	略		
教学环节	教学内容	教师活动	学生活动
1. 师生交谈，了解学情，铺垫教学	1. 了解学生课文预习状况	检查生字词的预习情况，了解课文朗读情况	学生回应与展示
2. 观看录像，描述感觉，初步感受腰鼓	2.1　直观感受腰鼓	播放擂打安塞腰鼓的录像，并提出要求：观看过程中请细细感受安塞腰鼓的气势	观看录像
	2.2　描述观看感受	(1)提问：看完录像后有什么感受？ (2)概括并板书学生所答关键词；同时依据学生的回答有针对性地引导学生细化感受	自由描述观看录像后对安塞腰鼓的感受
3. 自由朗读，整体感知，深入感受腰鼓	3.1　感受作者所描写的腰鼓	提出要求：自由朗读课文，引导学生比较观看录像时的安塞腰鼓和课文描述的安塞腰鼓带给自己的感受是否一致，并要求学生尝试用一些词语概括课文所描述的安塞腰鼓带给自己的感受	自由朗读
	3.2　描述阅读课文后的感受	基于学生对课文描述的安塞腰鼓带给自己的感受的相关用词加以引导，让学生细化感受	自由描述感受
4. 讨论交流，品析语言，体会情感与表达关系	4.1　寻找文中表现腰鼓气势的语言	(1)提问并提出指示：朗读时哪些语句让你们强烈地觉觉到安塞腰鼓的热烈奔放、轰轰烈烈和雄健？请圈画出来。(2)学生圈画后，请学生朗读相关语句	自由言说并自己朗读相关语句
	4.2　发现表现腰鼓气势的语言的特征	提出思考方向和学习方式，巡视并参与讨论。提问：为什么找到的是这些语句？这些语句在句式上和词语选用上有什么特征？	小组讨论交流

续表

4. 讨论交流,品析语言,体会情感与表达关系	4.3 交流语言品析结果,体会情感与表达一致之特点	4.3.1 句式:排比	(1)引导学生关注句间关系并从用词方面和描写角度分析,引导学生相互启发;(2)适时范读和小结并板书;(3)引导学生以朗读传达自我品析结论并确切表达	自由表达,自主思考,相互启发,应教师要求朗读
		4.3.2 修辞手法:比喻	(1)提问:为什么第7节的相关比喻能突出豪迈的气势?(2)在落实提问的过程中引导学生从喻体特点分析比喻效果,并适时讲析	自由表达,自主思考,自由朗读
		4.3.3 表现手法:对比	适时引导学生关注对比,预设需要从事物特点与地域特点及对象与作者关系两层面关注	
		4.3.4 标点符号:感叹号	提问:课文为什么用这么多感叹句?感叹句擅长表达什么样的情感或内容?引导学生关注感叹句的表达效果	
		4.3.5 句式:短句	直接点明文中短句多,并引入《荷塘月色》中相关长句,引导学生对比体会短句的效果	
		4.3.6 体会课文情感与表达形式的一致性	提出朗读要求以深化对表达效果的体会	
5. 总结回顾,由文及人,理解情感与表达关系	5. 回顾文中腰鼓特点和表达特点,理解人与文的关系		(1)提问:总结作者所描述的安塞腰鼓有什么特点?(2)联系作者的出生地,引导学生理解作者的情感	回答和跟随教师引导

【分析】

《安塞腰鼓》的表格式教案是依据郑桂华老师的《安塞腰鼓》课堂实录改编而成的。这一表格式教案条理清晰地将郑老师对《安塞腰鼓》教学的各方面以简洁的语言和直观的形式加以梳理。通过表格式教案的内容,可以明确郑老师基于《安塞腰鼓》这篇诗意化的抒情散文,围绕着课文如何以个性化的语言表达作者的独特情感来开展教学。从教学过程来看,郑老师此课的教学设计极具弹性,她以学生预习情况作为学生学习的起点,通过引导学生观看视频初步体会安塞腰鼓的气势,为学生对课文个性化的语言表达奠定良好的感知基础;而在赏析语言与体会语言表达和作者情感间的内在一致性的过程中,郑老师的教学活动全程都在顺应学生的学情,主要是给学生指引学习的方向和创设研讨交流的平台,给予学生充分的时空。整堂课中,学生的学习活动非常丰富,形式多元。教师对自我的教学目标、教学内容和活动方式等了然于胸,自始至终顺应学生现场的即兴反应与交流而不断地推进学生的学习,引导学生不断地深化自己的理解、赏析、体悟,学生在整个学习过程中主动充分地研讨、思考与交流。教师在整个课堂教学过程中,行云流水,拿捏有度,感知、研读、赏析、体悟有序推进,不断深化,收放自如。对教学实录加以梳理的表格式教案直观地将教学实况展示与呈现出来,细析教案中梳理的相关要素,真切地体现出郑老师极其强烈的自觉的目标意识,相关教学内容紧扣目标而层层递进,学生活动充分多元,学生的主体地位得到保障。

(三)台阶式教案示例与分析

1. 一体式的台阶式教案示例与分析①

外婆的手纹

【分析】

《外婆的手纹》这篇课文的台阶式教案是一体式的,其对作为教学起点的学

_____

① 王荣生.阅读教学设计的要诀:王荣生给语文教师的建议[M].北京:中国轻工业出版社,2014:160.

情预估从学生对人物形象的把握和对课文的朗读两个方面加以关注,既简说了其已具有的初步基础,又简言了其因为相关内容的理解与领悟方面存在的困难。基于该课文为回忆性散文的文体和学情,确立该课的教学目标聚焦于"把握作品是怎样写出个性化的情思",为此,从两个方面来加以落实,分别是"体会意象营造的特点"和"品味具有诗化风格的语言"。相应地,该课文的主体教学过程设计了两个主要教学环节:第一个主要教学环节的教学内容是体会"手纹"的深层内涵,其主要教学方法包括朗读法和讨论法;第二个主要教学环节的教学内容包括感受作者个性化的情思和赏读重要语段、词句,教学方法分别对应切己体察法和比较分析法,通过这两个主要教学环节的教学来使目标得到实现。通过这个一体式的台阶式教案,教学设计者非常简洁、明晰、直观地将该课文的教学思路加以呈现。

2. 板块式的台阶式教案示例与分析①

生命,生命

教学目标:理解三个事例给"我"带来的关于生命的震撼与感悟

学情预估:能自主解决字词;能看懂文章大意;能理解震撼和写感悟。

请你根据课文内容自主完成填空设计:

作者从一只（　　　　）的飞蛾,一粒（　　　　）的香瓜子,一颗心脏（　　　　）的跳动,感悟到（　　　　　　　）。

【分析】

相比《外婆的手纹》,《生命,生命》这一篇课文的台阶式教案是板块式的。首先,第一板块是教学目标,用一句话将该课的核心目标表述清楚。然后,教案

---

① 王荣生.阅读教学设计的要诀:王荣生给语文教师的建议[M].北京:中国轻工业出版社,2015:160.

的主体部分即一个一个的台阶,将教学过程的各个教学环节呈现。一个主要教学环节对应一个台阶,每个教学环节的名称和主要教学活动都以极其简洁的语言加以表述,并分别置于台阶横线的上方与下方,每个主要教学环节的具体实施小步骤置于主要教学活动表述的下方。置于最后一个教学环节的最下端的"后续活动"即为该课堂的总结性评价任务。学情的预估置于台阶下方;再在"学情"板块下呈现课堂教学过程中的形成性评价任务,即对应第一个主要教学环节中的第二步"自主完成填空"的题目。这一板块式的台阶式教案既清晰地呈现了教学思路,也直观地呈现了教学过程中各个教学环节的主要操作及其步骤。当我们试图既让自己对教学思路了然于胸,也期待对教学过程的各个教学环节的主要操作做到心中有数,可以用此种板块式的台阶式教案简洁直观地呈现。

二、学历案示例与分析

《始得西山宴游记》学历案①

一、课题与课时

苏教版高中语文教材必修一(2014 年 6 月第 6 版,2014 年 6 月第 8 次印刷)第四专题《像山那样思考》的第二板块内容《与造物者游》,第 74 - 75 页。(2 课时)

二、学习目标

1. 通过多梯度的朗读,掌握文中出现的常用文言实词、文言虚词、文言句式的意义和用法,理清文章思路,提高文言文阅读语感。(依据课程标准)

2. 结合作者的身世处境,通过探究的方式,概括出柳宗元笔下西山的独特之处,理解西山之怪特与作者受到挫折却不甘沉沦的人格美相互映照的艺术魅力,体会"融情于景"的写作手法。(依据学科指导意见)

3. 借助对文化背景知识的拓展,理解作者获得的精神感悟,增强对"山水之乐不在山水,在于作者的生活态度"这一传统文化的认识,体悟中国贬官文化的时代意义。(依据课程标准和学科指导意见)

---

① 本学历案改编自:翁州,沈祥,范萍,等.《始得西山宴游记》学历案样例[J].教育视界,2016(6):101 - 108.

三、评价任务

1. 完成学习活动一,掌握基础的文言知识。(检测目标1)

2. 完成学习活动二、三,能够分析作者融情于景的手法及其妙处,探究柳宗元游西山的独特意义,理解作者游西山获得的精神感悟。(检测目标2)

3. 完成学习活动四,体会中国文人贬官境遇背后的人生哲理。(检测目标3)

四、学习过程

(一)资源与建议

1. 本主题内容为苏教版高中语文必修一第四专题《像山那样思考》第二板块《与造物者游》,第74—75页。

2. 本主题是高中的第三篇文言文,属于散文游记。在学习过程中,学生可以借助工具书破解文中重点实词和虚词的疑难之处,整理并积累词类活用和特殊句式。

3. 在学习过程中,遵循循序渐进的学习过程,首先从文字入手,进而赏析文章,最后思考和品鉴文化意义。

4. 思考人与自然的关系是本文学习的重点和难点。要掌握好这个重难点,需要以柳宗元的身世背景为抓手,对比两次游山所见所感的差别,体会"然后知吾向之未始游,游于是乎始"的含义,最终领会"心凝形释,与万化冥合"的天人合一境界。

(二)课前预习

1. 结合课文注释,读通读顺课文;

2. 知人论世:课前阅读下列柳宗元的文字,了解他在永州的生活状况。

材料一:永州于楚为最南,状与越相类。仆闷即出游,游复多恐。涉野则有蝮虺(一种毒蛇)大蜂,仰空视地,寸步劳倦。——《与李翰林建书》

材料二:永州之野产异蛇,黑质(质地、底子)而白章(花纹),触草木尽死,以啮人,无御之者。——《捕蛇者说》

材料三:自遭责逐,继以大故,荒乱耗竭,又常积忧,恐神志少矣。所读书随又遗忘。一二年来,痞气尤甚,加以众疾,动作不常……每闻人大言,则蹶气震怖,抚心按胆,不能自止。——《与杨京兆凭书》

材料四:百病所集,痞结伏积,不食自饱。——《寄许京兆孟容书》

(三)课中学习

学习活动一:吟咏古韵(指向目标1)

文意疏通

(1)小声快速阅读文本两遍,给下列画线字词注音。

傺(　)人　　施施(　)　　斫(　)榛莽　　茅茷(　)

衽(　)席　　岈(　)然　　箕踞(　)(　)而遨

若垤(　)　　攒蹙(　)　　引觞(　)

(2)大声朗诵文本一遍,理解画线字词的意思,读出相应的语气和心情。

恒惴栗　　施施而行　　意有所极,梦亦同趣

凡是州之山水　　岈然　　萦青缭白,外与天际　　不知日之入

(3)自由诵读全文,然后同桌互读互评(评价标准:字词是否读准? 断句是否准确?)

学习活动二:探究研读(指向目标2)

1.自读第二段,品味并说出作者情感变化的过程。

2.小组内讨论探究:与其说是柳宗元在游西山,不如说是柳宗元(　　　)西山。(填写一个表示情感态度的动词)

3.齐读第二段,力求读出作者的情感变化。

检测活动一:结合文本,回答下列问题。(检测目标2)

西山之"特立"体现在哪里? 请用自己的话加以概括。柳宗元为何如此大笔墨描写西山的"特立"?

学习活动三:对比分析

1.研究并分析作者两次"游"的不同,请完成如下比较:

	"向游"的情形	"始游"的情形
游的过程		
游的结果		
游的风景		
游的心情		

2.王夫之曾说:"于景得景易,于事得景难,于情得景尤难。""于情得景"是"永州八记"产生撼人心魄的艺术魅力的根源所在。柳宗元笔下的景已经不是现实世界中自然景物的客观再现,而是充满作者主观色彩、饱含作者审美意识

的一种高于自然的客观存在,是他复杂精神世界的外在体现。请有感情地朗读两次"游"山的文字,注意体会作者的不同心境。

检测活动二:阅读下列材料,思考相关话题。(检测目标2)

材料一:游毋倨,立毋跛,坐毋箕,寝毋伏。——《礼记》

材料二:

秦坐俑(经坐)　　　　汉代坐俑(踞坐)　　　　箕踞姿陶俑

回答:结合"箕踞而遨",说说柳宗元当时游西山的心情。

检测活动三:试结合虚词"而""就",分析两次"醉态"背后作者的情感。(检测目标2)

	虚词的含义	作者的情感
倾壶而醉		
颓然就醉		

学习活动四:品鉴情感

1.邂逅了西山,柳宗元同过去的"旧我"告别,预示"新我"生活的开始。此时的柳宗元与西山已经达到物人合一的境界了。请你说说此时西山之巅上的柳宗元悟出了什么?心情又是如何的?

2.试想,当柳宗元回到山下,回到现实生活中,你认为他还会不会"惴栗"呢?

3.阅读余秋雨《柳侯祠》(节选)一文,进一步体会柳宗元的人生历程。

柳宗元是赶了长路来到这里的。他的被贬,还在十年之前,贬放地是湖南永州。他在永州待了十年,日子过得孤寂而荒凉。亲族朋友不来理睬,地方官员时时监视。灾难使他十分狼狈,一度蓬头垢面,丧魂落魄。但是,灾难也给了他一份宁静,使他有足够的时间与自然相晤,与自我对话。于是,他进入了最佳写作状态,中国文化史拥有了"永州八记"和其他篇什,华夏文学又一次凝聚出了高峰性的构建。

照理,他可以心满意足,不再顾虑仕途枯荣。但是,他是中国人,他是中国文人,他是封建时代的中国文人。他已实现了自己的价值,却又迷惘着自己的价值。永州归还给他一颗比较完整的灵魂,但灵魂的薄壳外还隐伏着无数诱惑。这年年初,一纸诏书命他返回长安,他还是按捺不住,欣喜万状,急急赶去。

…………

到得长安,兜头一盆冷水,朝廷厉声宣告,他被贬到了更为边远的柳州。

朝廷像在和他做游戏,在大一统的版图上挪来移去。不能让你在一处滞留太久,以免对应着稳定的山水构建起独立的人格。多让你在长途上颠颠簸簸吧,让你记住:你不是你。

柳宗元凄楚南回,同路有刘禹锡。刘禹锡被贬到广东连州,不能让这两个文人待在一起。到衡阳应该分手了,两位文豪牵衣拱手,流了很多眼泪。宗元赠别禹锡的诗句是:"今朝不用临河别,垂泪千行便濯缨。"到柳州时,泪迹未干。

嘴角也绽出一丝笑容,那是在嘲谑自己:"十年憔悴到秦京,谁料翻为岭外行。"悲剧,上升到滑稽。

这年他四十三岁,正当盛年。但他预料,这个陌生的柳州会是他的丧葬之地。他四处打量,终于发现了这个罗池,池边还有一座破损不堪的罗池庙。

他无法预料的是,这个罗池庙,将成为他的祠,被供奉千年。

不为什么,就为他破旧箱箧里那一札皱巴巴的诗文。

五、检测与作业(【C】部分为挑战题,供选做)

(一)基础知识与能力巩固

1.选出下列表述不正确的一项(　　　)(检测目标1)

A.柳宗元,字子厚,唐代文学家、哲学家,著有《河东先生集》。

B.柳宗元世称柳河东、柳柳州,与白居易同为唐代古文运动的倡导者。

C.《始得西山宴游记》中"怪特"的西山与作者高傲的志趣相互映照,象征了柳宗元特立不屈的人格。

D.《始得西山宴游记》是一篇山水游记,是柳宗元的"永州八记"之首。

2. 选出下列各句中没有通假字的一项(　　　)(检测目标1)

A. 自余为僇人　　　　　　　　　B. 则施施而行,漫漫而游

C. 意有所极,梦亦同趣　　　　　　D. 悠悠乎与颢气俱

3. 选出下列各句中画线字词古今意义都相同的一项(　　　)(检测目标1)

A. 以为凡是州之山水有异态者　则凡数州之土壤

B. 引觞满酌,颓然就醉　游于是乎始

C. 外与天际,四望如一　洋洋乎与造物者游

D. 攒蹙累积,莫得遁隐　攀援而登,箕踞而遨

4. 选出下列各句中句式与其他三项不同的一项(　　　)(检测目标1)

A. 自余为僇人,居是州　　　　　B. 以为凡是州之山水有异态者

C. 吾从而师之　　　　　　　　　D. 因坐法华西亭

5. 下列各句中加点字词意义和用法相同的一项是(　　　)(检测目标1)

A. 醉则更相枕以卧/故为之文以志

B. 自余为僇人/不与培为类

C. 以为凡是州之山水有异态者/穷山之高而止

D. 则施施而行/漫漫而游

(二)精段赏读

阅读《始得西山宴游记》选段,完成第6—9题。

今年九月二十八日,因坐法华西亭,望西山,始指异之。遂命仆人过湘江,缘染溪,斫榛莽,焚茅茷,穷山之高而止。攀援而登,箕踞而遨,则凡数州之土壤,皆在衽席之下。其高下之势,岈然洼然,若垤若穴,尺寸千里,攒蹙累积,莫得遁隐。萦青缭白,外与天际,四望如一。然后知是山之特立,不与培为类。悠悠乎与颢气俱,而莫得其涯;洋洋乎与造物者游,而不知其所穷。引觞满酌,颓然就醉,不知日之入。苍然暮色,自远而至,至无所见而犹不欲归。心凝形释,与万化冥合。然后知吾向之未始游,游于是乎始。故为之文以志。是岁,元和四年也。

6. 下列画线字解释有误的一项是(　　　)。(检测目标1)

A. 斫榛莽,焚茅茷　斫:砍伐　　　B. 箕踞而遨　遨:游览,观赏

C. 岈然洼然　岈然:深谷低陷的样子　D. 与万化冥合　万化:自然万物

7. 下列各句中画线字词意义和用法相同的一项是(　　　)(检测目标1)

A.因坐法华西亭/因噎废食　　　　　B.始指异之/不知日之入

C.攀援而登/蟹六跪而二螯　　　　　D.是岁,元和四年也/何为其然也

8.下列对原文相关内容的分析和概括,不正确的一项是(　　)(检测目标2)

A.这段文字在描写"西山"的景物时,对形容词和动词的选择运用简约而精当、准确而传神,将西山形象逼真、色彩鲜明地刻画出来,富于动态美。

B.作者对西山特立之貌的描写赋予了自己卓尔不群的人格和恢宏远大的志向,西山即我,我即西山,达到了物我合一的境界。

C.文章多次用到了"始"字,表达了对西山的惊喜之情,同时也暗含对以往所游山水的贬低和否定。

D."然后知吾向之未始游,游于是乎始"表明西山之游给作者带来了心灵的启迪,作者感到了超脱旷达,忘却了自我,忘却了烦扰,获得了精神慰藉。

9.翻译下面文中的语句。(检测目标1)

(1)悠悠乎与颢气俱,而莫得其涯;洋洋乎与造物者游,而不知其所穷。

(2)然后知吾向之未始游,游于是乎始。故为之文以志。

(三)比较阅读

比较《始得西山宴游记》和《江雪》,分析二者所表达的作者人格精神上的共同点。(检测目标2)

【C】古人云"一切景语皆情语",也就是说,在文学作品中,从来就没有完全客观的景物描写,诗文中的景,都是经过作者情感观照后的主观再现。请结合此观点,就《始得西山宴游记》一文,写一篇400字左右的赏析文章,然后在学习小组内交流并互评,推荐出优秀作品由老师结集成册。(检测目标3)

六、学后反思

通过本课学习,你在知识、能力、方法等方面收获了什么? 获得了怎样的人生启迪?

【分析】

《始得西山宴游记》的学历案规范地呈现了学历案的相关项目:一是对该课文的出处和教学课时做了简述。二是对学习目标加以表述,并在学习目标的表述中对每个目标的依据做了简说。三是说明评价任务,明确说明了哪个课堂学习活动对应落实哪一个评价任务和哪个目标。四是学习过程,在此项目中,先是说明"资源与建议",具体是:先标明了资源的出处,再阐明了该课文的地位和

作用,后指明了其学习路径,最后点明了学习重难点及其突破策略;之后简述学生在课前的预习要求,并提供了相关材料;紧接着对课中的主要学习活动加以设计,对相关学习活动指向的是哪个教学目标也加以说明。五是检测与作业,设计了必做和选做的作业。六是学后反思。整个学历案属于逆向教学设计,其设计的核心理念是基于课程标准,将学习目标具体化和任务化,在教学过程中实施评价。该学历案的设计中,评价的优先设计,使学习目标与学习过程内在一致,实现教学评的内在一致性。该学历案的设计中,评价任务与教学目标紧紧相连,评价任务明确且多样,以任务化的方式将教学目标具体化。从学习过程来看,课堂活动与学习评价共生,都指向学习目标。学生的学习过程即评价任务的开展与达成,切实地实现了教学评的一体化。

实践演练

一、请自找一个语文名师的教学实录,将其转化为条目式、表格式、台阶式教案。

二、请收集同一篇课文的不同形式的教案并加以比较,然后参考这些教案,自己设计该课文的一个教案。

学习资源单

1. 王荣生.阅读教学设计的要诀:王荣生给语文教师的建议[M].北京:中国轻工业出版社,2014.

2. 卢明,崔允漷.教案的革命:基于课程标准的学历案[M].上海:华东师范大学出版社,2016.

3. 卢明.教案的革命2.0:普通高中大单元学历案设计[M].上海:华东师范大学出版社,2021.

4. 包建新.语文教学设计与案例分析[M].杭州:浙江大学出版社,2012.

5. 皮连生.学与教的心理学[M].2版.上海:华东师范大学出版社,1997.

第三章　语文教材分析

第一节　语文教材整体分析

学习目标

1. 明确语文教材的内涵,了解语文教材的构成要素及其结构类型,把握语文教材分析的内容。

2. 理解语文教材的功能与地位。

3. 能够运用语文教材分析的原则去分析语文教材和评析自我或他人的语文教材分析。

4. 理解语文教材整体分析的内容范畴,并基于现行部编版中学语文教材的整体分析示例,能够自我独立整体分析单册的部编版中学语文教材。

内容提要

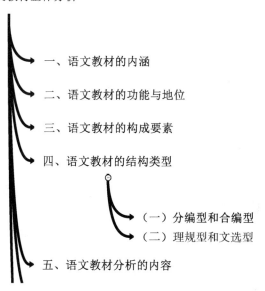

第一节 语文教材整体分析

一、语文教材的内涵

二、语文教材的功能与地位

三、语文教材的构成要素

四、语文教材的结构类型
　　（一）分编型和合编型
　　（二）理规型和文选型

五、语文教材分析的内容

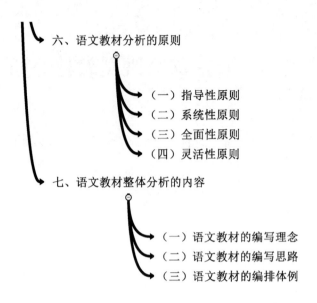

六、语文教材分析的原则

（一）指导性原则
（二）系统性原则
（三）全面性原则
（四）灵活性原则

七、语文教材整体分析的内容

（一）语文教材的编写理念
（二）语文教材的编写思路
（三）语文教材的编排体例

　　语文教材作为语文教学的重要中介，其在课程论与教学论视野下的定位有所差异。传统教学论视野下，教材即为教学的材料。其几乎是教学的唯一中介，评价与教学皆以教材为准，考试以教材为准绳，教学围绕着教材进行。教师的教与学生的学都以教材为依据，在教学论视野下，在实践层面，教材异化为教学的目的。而在课程论视野下，从宏观层面的整体来看，课程是由课程目标、课程内容、课程实施、课程评价等基本要素构成的完整系统。基于课程论视野，教材是在"课程—教材—教学"这一整体关系中加以审视的，教材只是课程实施过程中的一个层次。对于语文教材来说，其是语文课程的物质载体，是语文课程性质、理念、目标与内容的具体化呈现。以美国学者古德莱德的课程形态"五层次"理论来说，教材只是"正式的课程"中的构成之一。当今，我们是在大课程、小教学的视野下来看待教学的，教学属于课程实施层面，教材是教师开展教学的最重要和最关键的课程资源。语文教材是语文教学的凭借、手段。语文教师为提升教学实效和更科学地进行教学设计，需要对语文教材进行全面透彻的分析。而要切实地对语文教材进行分析，首先需要对语文教材的相关情况有所掌握。

一、语文教材的内涵

　　对于语文教材的内涵，学术界的相关论述较多，当前主要从"泛指""特指""专指"三个层面加以界定。泛指意义上的语文教材，指作为素材的一切材料，即一切对学生的语文素养产生影响的书面和非书面的材料,这与"语文课程资源"的内涵基本一致。特指意义上的语文教材,即作为教学材料的语文教材,是指语文课堂上教师和学生所使用的各种材料,包括文字性材料(教科书、习题集等)、图像材料和电化教学材料,还包括必修课和选修课的材料及课外阅读的材料。专指意义上的语文教材,即作为教科书的教材,专门指语文教科书,称之为语文课本。根据组织开发教材的单位以及适应范围,语文教材包括统编教材、地区教材和校本教材。

二、语文教材的功能与地位

语文教材的功能从不同层面来说有所差异。从宏观层面来说,语文教材潜在地体现着积极的主流文化思想和政治意识形态,正如温儒敏先生所言,"有什么样的教材,就有什么样的国民",教材编写实质上体现着国家的意志。语文教材要在"为谁培养人""培养怎样的人""怎样培养人"的思想高度引领下,围绕着立德树人而为培养有理想、有本领、有担当的社会主义建设者和接班人服务。从中观层面来说,语文教材内在地体现着语文课程性质、语文课程理念,是语文核心素养、语文课程目标、语文课程内容的内隐载体。从微观层面来说,语文教材内隐着教材编者对各任务群、各领域、各单元和各课文或各专题的教学目标、内容、重难点的设想,对师生的教与学起着引领作用。

在当今大课程、小教学的理论视野下,语文教材的地位发生了巨大的变化,教师的教材观也相应发生了转变。很长一段时期内,教师"以纲(教学大纲)为纲,以本(课本)为本",教材成为教学的目的所在,教学即"教教材"。语文教材作为教学的唯一,成为教学与考试的依据。随着课程观的转变,教材只是教学的中介或凭借,教学即"用教材教"。语文教材由于由高水平的专业团队依据语文课程标准加以编写,所以在质量、专业性、科学性等方面更高,从而成为教学的重要中介或凭证。

三、语文教材的构成要素

根据内容性质,语文教材的构成系统包括选文系统、知识系统、作业系统、助读系统。其中,选文系统主要是指语文教材中阅读领域和写作领域选入的课文、例文,或各任务群相关单元中的课文或作为学习资源的相关文本。知识系统即指语文教材中的各类语文知识,如听说读写类知识、语言类知识、文章知识或文学知识乃至文化知识等。作业系统主要是指语文教材中所设置的相关练习或实践活动。助读系统即指语文教材中对学生的语文学习起着辅助性意义的相关方面,大体包括五类内容:一是注释类,包括注释、作者简介、选文出处、课文背景介绍等;二是提示类,包括单元提示、预习提示、自读提示等;三是评注类,包括旁批、总批和题解等;四是图表类,包括插图、插表等;五是目录或附录以及其他参考性资料等。

根据语文活动性质,语文教材的构成系统包括识字与写字系统、阅读与鉴赏系统、表达与交流系统、梳理与探究系统。识字与写字系统指向于识字与写字这两个方面。阅读与鉴赏系统指向于输入性的书面理解与鉴赏和口头语的理解与鉴赏。表达与交流系统指向于输出性的书面表达或口头表达。积累与探究系统指向于言语材料与言语经验的积累以及各种综合性的探究性活动等。

四、语文教材的结构类型

依据不同的分类标准,语文教材的结构类型划分的名称表述有所差异。从宏观性的语文教材整体来看,根据构成要素在组合方式上是否整合和相融,分为分编型和合编型;根据语文教材中相关原理、知识、技能、方法等是否显化,分为理规型和文选型。

(一)分编型和合编型

分编型语文教材,是将语文教材中的各个系统分开来进行编制,或是在一本书里分成几大板块,或是分成几本课本。1956 年实行汉语、文学分科时,语文教材为分科分编型,即文学与汉语分成不同的课本来编写。而更多的情况是合科分编型,即没有对语文进行分科,而只是文言与白话分编、阅读与写作分编、理解与表达分编等。人教社曾有一套语文教材便为典型的分编型教材。此语文教材初中分为《阅读》与《写作》两种教材,高中使用的课本同样是阅读与写作分开编写,其中阅读分为《文言读本》(高一)、《文学读本》(高二)、《文化读本》(高三),高中课外使用的读本分为《现代文选读》《文学作品选读》《文化著作选读》。

合编型语文教材,是将语文教材中的各个系统混合在一起统筹安排来加以编制。合编型语文教材以单元来编排的首创是夏丏尊、叶绍钧的《国文百八课》。合编型语文教材一般为"主次配合式"格局,以某一能力的训练为主,其他则为辅,如以阅读为主,写作、口语交际为辅,后者以前者为中心。偶有"综合组元式"格局,以某一主题为纲,将相关文本按照某一层次的理解与表达的相关知识和技能整合于一个单元内,相互融合,如初中的综合性学习活动单元或高中的综合实践活动单元。

(二)理规型和文选型

根据编制线索,以原理或知识或技能或方法是否显化,语文教材分为理规型和文选型。

文选型语文教材是以范文为主体,一般以汇编的范文为学习内容的中心。而理规型语文教材是以现成知识为中心,主要是写作或口语交际的教科书或教科书中的写作和口语交际部分,通常这一种结构类型的语文教材极少。高原和刘胐胐两位老师曾经编写的《"观察—分析—表达"三级训练体系作文课本》即为理规型。该作文课本将整个训练内容分为3级6段44步。例如,第一级训练着重培养观察能力,分为两个阶段。第一阶段为一般观察训练,包括9步,分别是观察与观察日记;定向观察与机遇观察;热爱大自然;留心身边的科学现象;注意平凡的日常生活;要重视观察人;努力了解人的内心世界;观察日记的多种表达方式;学习观察与记观察日记的收获。第二阶段为深入观察训练,也包括9步,分别是深入观察与记观察笔记;全面观察与细致观察;比较观察与反复观察;观察与体验;观察与调查;观察与阅读;观察与联想;观察与想象;观察日记、笔记的编选。

此外,从微观层面来说,语文教材的单元或课文组合线索包括人文主题或话题、文体、语体、能力、知识、学习活动、学习方法等,其中知识的编排方式包括螺旋式和阶梯式、外显式与内隐式、独立系统式与随文分散式。螺旋式即各年级的语文教材中涉及的知识范围基本一致,只是程度在不断提升;阶梯式则是知识范围在不断扩大,知识程度也在不断提升。外显式指相关的知识都是直接以一定的知识小短文加以呈现的,内隐式则为相关的知识融合渗透于阅读的作业系统或写作、口语交际、综合性学习等相关的活动之中以及助读系统中。独立系统式即在语文课本各单元以一定独立的方式或在语文课本的最后以附录的方式来呈现知识;而随文分散式则主要是分散于阅读领域的作业系统或助读系统中。

五、语文教材分析的内容

语文教材分析能够让教师更全面透彻地把握语文教材,领悟语文教材编写者的编写理念,把握语文教材的编排体例,以更充分地理解语文教材编写者的编辑意图。语文教师作为课程的建设者、建构者和教学的实施者,不再是被动的执行者。语文教师对于具体的教学总是基于自己对教育教学思想、课程标准的解读,对语文教材的分析以及学情的分析等,独立地进行教学设计,再开展课堂教学。为此,语文教师需要通过分析语文教材,才能够真正实现语文教材"为我所用",基于对语文教材编写者编辑意图的把握,充分利用语文教材中各个系统所提供的相关资源与材料,更好地利用语文教材来开展教学。

一般来说,由于当前我国的语文教材主要是文选型,主体是课文,并且这些课文又总是处于具体的单元之中,而各单元内部的相关系统以及各单元之间都是按照一定的逻辑关联加以组合的,语文教师需要对整套语文教材整体上有一个全面系统的把握,方能更好地把握具体单元的相关情况,进而再对处于具体单元中的具体课文有一个更切实的把握。因而,我们大体可以从宏观、中观和微观三个层面来对语文教材加以分析。一是对具体学段的整套语文教材进行宏观层面的整体分析;二是在此基础上,对语文教材中观层面的各单元加以分析;三是对具体单元中微观层面的具体课文进行解读。

六、语文教材分析的原则

对语文教材加以分析时,作为语文教师这样一个特定的角色,我们需要基于语文教材作为教学中介载体,因为其上承语文课程标准,下启语文教学。把握语文教材分析的一些基本原则,就能更好地发挥语文教材的功能。

(一)指导性原则

指导性原则务必按照一定的宏观性的思想与理念来指导与引领对语文教材的分析,既要系统性地把握其整体,又要全面性地明确其细节,以充分深入地领悟其外在形式背后的内在依据。这既包括依据语文课程标准与该语文教材背后的编写理念对语文教材整体分析,也包括对语文教材具体单元分析时对应单元内隐的各个系统间的组合依据,还包括对具体单元内的具体课文进行解读时所遵循的基本思想、单元提示以及其他方面所内隐的目标与要求等。

首先,语文教材整体分析时需基于语文课程标准的指导来进行。任何一套语文教材,无论是整体性还是细节性的设计与编排,教材编者在编写过程中总是以该套教材所对应的语文课程标准作为其编写的根本依据。语文教材编者不可能脱离语文课程标准来完全自由自在地加以创新与体现创造力。语文教材编者的创新性与创造力总是戴着"语文课程标准"这一"镣铐"进行有限的发挥。为此,在进行语文教材整体分析前,务必对该教材所对应版本的语文课程标准要有全面透彻的解读与理解,再基于语文课程标准来把握各个领域或各个任务群在语文教材中的整体情况。

其次,对于语文教材中各个单元和各个领域、各个任务群的具体情况以及各个构成系统的具体情况的分析需基于该套语文教材的编写理念和编写思路来进行。在语文课程标准的引领下,各套语文教材在各个单元、各任务群和各构成系统的具体编排体例上会因其编写理念与编写思路而有所差异,这些具体的相关方面总是内在地体现着编写理念与编写思路。以编写理念与编写思路来指导对各具体单元、各任务群和各构成系统的分析,能有助于语文教材分析知其然更知其所以然,并能够在此基础上更灵活地使用语文教材,或调整顺序或重组或增删等。

(二)系统性原则

语文教材分析的系统性原则,是指分析语文教材时要将语文教材不同层次的分析都置于相应的体系中来加以实施,而非只是就事论事地关注其某一点本身来落实。从语文教材的整体分析来说,由于语文教材总是以一个具体的物质载体将语文课程标准中方方面面的内容或显或隐地在语文教材中得到体现,如语文课程性质的定位、语文课程特点的论述、语文课程理念的阐释、语文课程结构的说明、语文课程资源的开发与利用等,因此,整体性地分析语文教材时,需要系统性地细辨与细析这些方方面面是如何体现和落实的,体现与落实得怎么样。

对语文教材具体单元的分析,语文教师既要对该单元本身进行分析,还需将该单元与前后单元联系起来加以分析,以把握该单元与前面和后面单元之间的联系与进阶情况。而对该单元本身加以分析,需要将该单元中涉及的识字与写字、阅读、写作、口语交际等各领域以及综合性学习活动等都进行分析,并把握这些不同领域间的内在关联,更好实现以读促写、以写促读而切实地落实读写结合等;又需要对具体单元中的选文系统、知识系统、作业系统、助读系统等各个构成系统加以分析,把握这些作业系统和助读系统如何体现其对选文系统的各课文的教学,知识系统又是如何与选文系统、作业系统、助读系统内在地相互关联,以实现运用语文知识对语文听说读写能力的提升。

如此,语文教师在教学设计时,方能基于自己对语文课程标准的理解与解读,领悟语文教材在这些方方面面的状况及其质量如何,进而依据自己对学情的分析更合理地设想自己的教学,更科学有效地使用语文教材。

(三)全面性原则

语文教材分析的全面性原则,是指在分析语文教材时对于语文教材的不同层次及其各层次的内容都秉持全面涵盖的原则。对于言语的理解与把握,我们总是遵循"字不离词,词不离句,句不离文"的原则,总是需要联系一定的语境。对语文教材的分析,实际上也是类似的。对于语文教材的整体分析,语文教师既要基于语文课程标准把握具体学段整套语文教材的编写理念,在此基础上把握该套语文教材的编写思路,也要对整套语文教材的各种单元类型的编排体例了然于胸。对于语文教材具体单元的分析需要置于整套教材这一整体系统中来加以把握,在此前提下,要分析单元提示中的相关内容,从单元整体上把握具体单元语文教材的主题所指与需要落实的语文核心素养的具体方面及其层次;再综合把握单元内识字与写字、阅读与鉴赏、表达与交流、梳理与探究等不同方面的具体情况及相互间的关联等,整体把握单元内的语文知识与语文能力、听说读写、学习资源与学习活动等如何相互联系等;在此基础上,进一步结合单元学习任务单领悟相关学习任务与课文间的关联。对具体课文进行分析时,既要把握与课文相关的其他方方面面的内在联系,如课文与相关助读系统间的关系、编者设计的作业或学习任务单所内隐的意图等;又要全面深入地解读课文本身,深入解读课文的内容与表达,从言语内容与言语形式两个方面给予全面充分的关注。若课文是节选的,还应把握语文教材中所节选的部分与整篇作品或整部书之间的关系;若课文是经过编者改编的,需要将经编者改编后的课文与原文进行比较,以更深入地理解与把握编者的改编意图,审视编者改编的合理性。

(四)灵活性原则

分析语文教材的根本目的在于更好地开展教学,而不是为分析而分析。为了使语文教材分析能够切实地为教学设计和教学实施奠定良好的基础,语文教师分析语文教材时还需以灵活性原则来指导自己的分析。语文教材分析的灵活性原则,是指语文教师分析语文教材时需要依据具体情况而合理确定分析的重点与难点、选择合适的分析方法等。虽然前述强调分析语文教材时要坚持系统性和全面性原则,这是就语文教材分析这样一项实践活动的整体而言的,但在具体的实践过程中,各位语文教师的具体专业素养与学科素养会有差异,自己所擅长的方面与细节也有不同,加之分析语文教材时要求分析的对象也有着各自的具体情况,因而,各位语文教师需要根据自己的优势与弱势以及分析对象的具体状况,将自己分析语文教材时的薄弱之处作为重点与难点。此外,语文教师在分析语文教材时,需要基于不同的立场来审视语文教材方方面面的优点与不足,站在不同的角色立场上来审视语文教材,或是理论研究者,或是教材编者,或是语文教学者,或是语文学习者,或是语文教学评价者,有助于语文教师充分利用语文教材的相关优点,并在教学设计与教学实施时通过一定的措施来弥补存在的不足,进而高效地促进学生的有效学习。

七、语文教材整体分析的内容

语文教师开展语文教学设计与语文课堂教学时总是针对具体单元或具体课文来进行,但这些具体的单元或课文处于一套语文教材的整体情境中。为更全面系统地把握具体单元或课文的相关情况,语文教师有必要把握整套语文教材的整体情况,以免出现"只见树木,不见森林"的情形。语文教材整体分析的内容大体涉及三个层面:一是语文教材的编写理念,二是语文教材的编写思路,三是语文教材的编排体例。

(一)语文教材的编写理念

语文教材作为语文教学的中介与载体,其编写者总是以对应学段、对应版本的语文课程标准作为依据来编写教材。因此,对具体学段的整套语文教材加以分析,我们首先需要基于语文课程标准以及该语文课程标准所对应的该学段的课程方案等来把握其编写理念。一套具体的语文教材的编写理念是教材编者基于对语文课程标准的领悟和基于自身对语文教学与语文学习规律的理解等,也是对语文教材如何落实和体现语文课程标准背后的课程与教学思想以及语文教与学规律等的思想性建构。这种思想性建构从根本上指导着语文教材编者的教材编写思路,并以一定的编排体例更为直接、直观地表现出来。如部编版高中语文教材"坚持立德树人,增强文化自信"的编写理念,其既是对国家教育方针、普通高中培养目标等的落实,又是对"工具性与人文性的统一是语文课程的基本特点"这一定位的具体体现,还是对"坚持立德树人,增强文化自信,充分发挥语文课程的育人功能"这一语文课程理念的具体落实。

（二）语文教材的编写思路

与语文教材编写理念的相对抽象性相比，语文教材编写思路更为具体些，其以一定的线索和脉络让我们对体现语文教材各个领域和各个构成系统之间的内在关系的语文教材结构能够了然于胸，更为直接地感知到语文教材中的识字与写字、阅读与鉴赏、表达与交流、梳理与探究等领域是如何相关联以及各个领域内部是依据怎样的脉络来构建的，更具体地明确语文教材中的选文系统、作业系统、知识系统、助读系统等是以怎样的方式来构建和组织的。通过把握语文教材的编写思路，我们可以更切实地领悟相对更为抽象和宏观的教材编写理念是如何体现的，又可以让我们把握语文教材中看似独立的成分与元素间的内在联系。如上述提及的部编版高中语文教材在"坚持立德树人，增强文化自信"编写理念的引领下，按照"整体规划，有机渗透，自然融入"的基本思路系统有机地融入社会主义核心价值观教育，使学生在学习和运用语言文字的过程中潜移默化地受到熏陶感染，增强民族自尊心、爱国感情和文化自信，逐步树立正确的思想观念和高尚的道德情操，最终使社会主义核心价值观内化为精神追求，外化为自觉行为。部编版高中语文教材依据"人文主题和学习任务群双线组织单元"的编写思路来组织单元，以人文主题为线索，按照课程标准中学习任务群的设计思路，选择学习内容与确定学习要求，对教材的框架体系加以创新设计。当然，还有其他一些方面的编写思路也体现着该编写理念。

（三）语文教材的编排体例

语文教材的编排体例主要指的是语文教材所涵盖的各个领域和各个系统，在编写理念的引领下，依据一定的编写思路来落实其内在关联，并将这些领域和系统在外在形式与结构上加以呈现。作为外在表现的语文教材编排体例，其总是需要与内在的编写理念和编写思路达成一致，编排体例需要以一定的形式和结构等外在表现来体现其对内在的编写理念与编写思路的贯彻与落实。例如，前述的"坚持立德树人，增强文化自信"的编写理念，单元组织的"人文主题和学习任务群双线组织单元"编写思路，对应部编版高中语文教材中的各个具体单元，在课文内容或活动主题的指向上都是以一定的人文主题为主线来选择课文和设计活动主题指向。读写为主的单元中的课文不是以传统的文体或语体来选择，各个单元的具体学习任务都是依据课程标准中"课程内容"模块的学习任务群的相关要求来加以设计的。

案例分析

部编版(2019年版)高中语文教材整体分析

(一)编写理念

1.坚持立德树人,增强文化自信

党的十八大将"立德树人"确立为教育的根本任务,要求充分发挥语文课程在人才培养中的核心作用。部编版高中语文教材编写坚持以马克思列宁主义、毛泽东思想、邓小平理论、"三个代表"重要思想、科学发展观、习近平新时代中国特色社会主义思想为指导,深入贯彻党的十八大、十九大精神,全面贯彻党的教育方针,落实立德树人根本任务,发展素质教育,致力于培养德、智、体、美、劳全面发展的社会主义建设者和接班人。教材在整体框架设置、单元内容编排、课文选择、学习任务群设计等各个方面,高度重视体现国家意志,体现习近平新时代中国特色社会主义思想,积极发挥语文教材在育人方面的独特优势。教材精选人文主题和典范文章,通过设计一定情境下的学习任务,有机融入社会主义核心价值观教育,继承和弘扬中华优秀传统文化、革命文化和社会主义先进文化,培养文化自信,推动文化的创造性转化及创新性发展。

2.坚持核心素养为本,突显学生主体性

语文课程标准将语文核心素养凝练为语言建构与运用、思维发展与提升、审美鉴赏与创造、文化传承与理解四个方面,这是语文课程要达到的终极目标。部编版高中语文教材编者合理把握语文核心素养四个方面的内在关系,一方面,强调统整和融合,力避割裂;另一方面,抓住"语言建构与运用"这一核心,力求"以一带三"。"语言建构与运用"体现语文课程的内在特质,该教材应以"语言建构与运用"为立足点和根本点,积极引导学生开展语言文字运用实践,在学生学习和运用语言的过程中自然融入和提升其他三方面素养。

为此,该教材围绕培育学生的语文核心素养,重视深度阅读、读写结合,强化阅读和写作方法的指导,以学习任务为中心,整合学习情境、学习内容、学习方法和学习资源,灵活设计阅读与鉴赏、表达与交流、梳理与探究等语文实践活动,改变过去常见的以单向的知识传授为中心或以能力训练为中心的思路,引导学生在真实的情境中学习和运用语言,在个性化的参与和实践中提升语文素养。

3.强调任务驱动为核心,充分体现综合性、情境性与实践性

通过设计具体情境下的学习任务,让学生在特定任务驱动下主动积极地进行语文学习,进而享有学习的获得感是部编版高中语文教材一个重要的编写理念。语文课程标准指出:"语文课程是一门学习祖国语言文字运用的综合性、实践性课程。"综合性强调的是课程内容的整合,包括课程目标的整合、学科素养的整合、课程资源的整合、课程知识的整合、课程实践的整合;实践性强调的是让学生在真实的语言运用情境中,自主参与相关实践活动,积累言语经验,完成符合实际需要的特定学习任务。教材通过学习任务来充分体现语文课程的综合性与实践性。课文不再像以前那般单篇成课且多以文体聚合,而是以主题、内容或写法聚合,打破文体限制,以单篇加多篇的方式组合成单元教学资源,带有明显的整合性质。单元学习任务主要以核心任务为引领,整合单元全部学习内容进行设计,是从人文素养提升、阅读表达能力培养、综合实践素养发展等多个方面设计的结构化的语文实践活动。

4.重视深度阅读,强调读书为本和经典

长期以来,我国高中语文教学中,题海训练多、学生读书思考少的状况受到关注。如果阅读量不足和阅读深度不够,语文素养的提升将是空谈。"语文课最基本的内容目标,是培养读书的兴趣和习惯。有了读书的兴趣和习惯,才能把语言文字运用的学习带动起来,把素质教育、人文教育带动起来。现在重新提出要抓住培养读书兴趣这个'牛鼻子'去改进语文教学已经不是什么新观点,但在语文的概念被弄得很混乱的当今,重新回到朴素的立场来考虑问题,从'多读书'的角度去理解语文的本质,是有现实意义的"。[①] 语文教材需要回归"读书"这一本质,努力激发学生的读书兴趣,重视读书方法养成,扩大阅读面,提升阅读品位。部编版高中新教材注意和部编版义务教育教材的衔接,继续强化多种读书方法的训练。部编版初中语文教材加强了多种读书方法的训练,部编版高中语文教材对此加以延续,并有所提高,特别重视让学生接触经典,读"深"一些的书。经典在语文学习中具有无可替代的地位与作用,而不是只将经典当成"活动材料""探究资料"或者所谓教学"支架"。

① 温儒敏.培养读书兴趣是语文教学的"牛鼻子":从"吕叔湘之问"说起[J].课程·教材·教法,2016(6):4.

（二）编写思路

1. 整体规划、有机融入社会主义核心价值观教育

为发挥语文课程立德树人教育的独特优势，部编版高中语文教材继续按照"整体规划，有机渗透，自然融入"的基本思路，凸显语文课程独特的育人价值。教材以单元的整体设计为基础，以课文为主要载体，辅以精心设计的学习任务，系统有机地融入社会主义核心价值观教育，使学生在学习和运用语言文字的过程中潜移默化地受到熏陶感染，增强民族自尊心、爱国感情和文化自信，逐步树立正确的思想观念和高尚的道德情操，最终使社会主义核心价值观内化为精神追求，外化为自觉行为。全套教材重视中华文化的共同记忆，选取具有典范性和时代性特征、文质兼美、深浅合宜、适合教学的文章，统筹兼顾各种类型的选文，特别是精选有关中华优秀传统文化、革命文化和社会主义先进文化的相关内容，坚持体现正确导向，积极弘扬正能量，努力培养学生的核心价值观。对于中华优秀传统文化，该教材注重题材和体裁的多样性，从《诗经》《离骚》到清代作品，从古风、民歌、绝句、律诗到词、曲，从各体式散文到文言和白话小说，均有呈现；必修和选择性必修共选入古代诗文 71 篇（首），约占全部课文总数（139篇/首）的 51.1%。对于革命文化，该教材精选讴歌革命领袖丰功伟绩、赞颂革命英雄人物事迹的作品，凸显革命理论文章的指导价值，激发学生热爱中国共产党、热爱祖国的情感；共选入革命文化作品 23 篇（首），约占全部课文总数16.5%。对于社会主义先进文化，该教材精选反映党领导人民建设社会主义的伟大成就、讴歌劳动模范和时代楷模以及我党在新时期的理论探索的文章，增强教材的时代特色；共选入反映社会主义先进文化的课文 19 篇（首），约占全部课文总数的 13.7%。

2. 以人文主题和学习任务群双线组织单元，创新教材体系设计

部编版高中语文教材以人文主题为线索，按照课程标准中学习任务群的设计思路，选择学习内容，确定学习要求，创新体系设计，整体构建全套教材的框架体系。

首先，该教材以新时代高中学生应具有的"理想信念""文化自信""责任担当"作为隐性的精神主线，分解出若干人文主题，作为单元组合和内容选择的重要依据，发挥语文教材的铸魂培元作用。这些人文主题与选文内容或文本特征有关，体现国家和民族的基本价值观，既贴近学生生活，可以使学生感到亲切、

有趣味,有利于激发学生的语文学习兴趣,提高学习效率,又把选文与学生个体关切、社会重要发展关联起来,有利于落实立德树人根本任务。其中必修教材涉及的主题有青春激扬、劳动光荣、生命的诗意、使命与抱负、责任与担当、良知与悲悯等。下面以表格形式将部编版高中必修语文教材各个单元的人文主题与学习任务群的分布情况呈现如下:

	必修上册		必修下册	
第一单元	青春激扬	文学阅读与写作(一)	中华文明之光	思辨性阅读与表达(二)
第二单元	劳动光荣	实用性阅读与交流(一)	良知与悲悯	文学阅读与写作(四)
第三单元	生命的诗意	文学阅读与写作(二)	探索与发现	实用性阅读与交流(二)
第四单元	我们的家园	当代文化参与	媒介素养	跨媒介阅读与交流
第五单元	乡土的中国	整本书阅读与研讨(一)	使命与抱负	实用性阅读与交流(三)
第六单元	学习之道	思辨性阅读与表达(一)	观察与批判	文学阅读与写作(五)
第七单元	自然情怀	文学阅读与写作(三)	不朽的红楼	整本书阅读与研讨(二)
第八单元	语言家园	语言积累、梳理与探究	责任与担当	思辨性阅读与表达(三)

　　该教材通过相关的栏目设计,如《单元导语》《学习提示》《单元学习任务》等,对人文主题做出明确阐发。如,必修下册第八单元《单元导语》第一段,具体阐发"责任与担当"的内涵及其价值:天下兴亡,匹夫有责。古往今来,众多仁人志士自觉承担匡世济民的责任,积极建言献策,勇于变法图强。他们忧国忧民,心怀天下,坚守道义,敢于担当,令后人崇敬景仰。在《学习提示》中对此多有呼应,如第16课,引导学生"思考作者撰文反思历史的现实针对性,领会其中所表现的古代士人家国天下的情怀"。在《单元学习任务》中,则设计了一个学习任务,引导学生"认真阅读本单元课文,感受作者忧国忧民的情怀,围绕'责任与担当'的话题,小组选定一个议题(如'古代士人的担当''以天下为己任'等),各自准备发言提纲,召开一次专题讨论会"。这既是对课文思想内容的梳理与思考,更是联系自身,联系当下,对如何践行"责任与担当"进行探讨。

　　其次,该教材以课程标准规定的学习任务群及其学分设定为基本依据,在必修和选择性必修阶段设计28个学习单元,具体落实语文工具性的要求。一方面,该教材根据不同学习任务群的特质和要求以两种不同思路来设计单元:一是以读写为主的单元,围绕人文主题与核心任务精选各类文本,以课文或整本书的阅读为基础,精心设计学习任务,融合阅读与鉴赏、表达与交流、梳理与探究,将学生引向深度阅读、深度写作,从而提升学生的语文核心素养。二是以语文综合实践为主的单元,以一体化设计的学习活动为核心,带动相关资源的学习以及贴近生活情境的实践活动的开展。这些以语文综合实践为主的单元涵盖"当代文化参与""跨媒介阅读与交流""语言积累、梳理与探究"等实践性、活动性较强的学习任务群。另一方面,该教材的单元组合打破文体限制,以人文主题组元,将多种体裁的文本组合,根据学习任务群的目标要求设计学习重点。如"思辨性阅读与表达"学习任务群所涉及的论述性文本,虽以议论性文章为主,但诗歌、散文、小说、随笔等文体的文章也可以有很强的思辨性,因而,本学习任务群所对应的三个单元均为多种文体的组合。以必修上册第六单元第13课为例,该单元将黑塞的《读书:目的和前提》与王佐良的《上图书馆》这两篇随笔组合在一起,前者以议论为主,后者以记叙为主,都表达了对图书馆的礼赞和读书价值的思考,具有很强的思辨性。必修的两册教材各学习任务群的相关单元的文本组合情况大体如下:

学习任务群	类型/主要文体	
	必修上册	必修下册
整本书阅读与研讨	学术著作	长篇小说
当代文化参与	家乡文化生活	信息时代的语文生活
跨媒介阅读与交流	语言积累、梳理与探究	词语积累与词语解释
文学阅读与写作	现代诗词、小说、散文、古典诗词	戏剧、小说
思辨性阅读与表达	论说类作品	史传、史论
实用性阅读与交流	新闻通讯、评论	知识性读物、演讲、书信

3. 写作上强调整合又重相对独立性

学习任务群的设计,以任务为导向,是听说读写的融合。部编版高中语文教材不再按以往阅读和写作分而治之的思路来编写,而是代之以读写活动的高度融合。如此,有其内在的优势,一是从单元阅读中生发写作任务,以一定情境下的任务做驱动,学生的写作能力更易得到激发,学生写作的读者意识和生活意识将得到增强,培养学生写作关注读者、关注生活的意识;二是教材丰富的学习资源为学生的灵感激发带来源头活水;三是根据具体的写作任务有针对性地提供指导,将静态的写作知识转化为动态的写作指导,有助于提升学生的思维能力和写作素养;等等。当然,这样也会导致写作教学的随意性。面对当前高中写作教学整体上存在的一些需要纠偏的问题,如学生没有兴趣、作文缺乏真情实感、创意不足、套式化严重、教师指导的针对性与实效性有待增强、应试性训练现象严重等。面对这种情况,仅靠平时读写结合、随机安排,而缺乏系列的训练,写作水平是很难提升的。

为了强化写作教学,提高学生的写作素养,该教材相对独立地设计了写作的序列,但在呈现方式上,则适应学习任务群的设计要求,做出适当调整。一是将写作任务融入《单元学习任务》中,整篇写作大多作为最后一个任务呈现,写作的话题或范围则从单元人文主题或课文的阅读中生发;二是独立呈现写作指导,以补充材料的形式加框附在写作任务后边,供学生自主阅读。必修教材重点关注文类的写作,以复杂记叙文、事理说明文、议论性文章的写作为主,适当穿插诗歌、散文等文学作品创作和综述、演讲词、文学点评等实用性文本的写作;选择性必修教材则从写作流程的角度,引导学生关注材料的积累和运用、深化理性思考、学会审题立意、善于修改文章等。

以必修教材各单元写作安排的内容为例,具体如下:

	必修上册	必修下册
第一单元	学写诗歌	如何阐述自己的观点
第二单元	写人要关注事例和细节	(创作戏剧台本、写观剧心得)
第三单元	学写文学短评	如何清晰地说明事理
第四单元	(写访谈提纲、地方志、调查报告、建议书)	(跨媒介表达)
第五单元	(写调查报告)	写演讲稿
第六单元	议论要有针对性	叙事要引人入胜
第七单元	如何做到情景交融	学写综述
第八单元	(写语言札记)	如何论证

上表所列多为整篇写作。此外,该教材还在《单元学习任务》设计中融入了一些小写作的任务,要求学生结合阅读所得,撰写赏读札记、评点文字、作品推荐书、视频制作脚本、故事梗概、短论、读后感、随笔,制作学习卡片,编制人物关系图表,等等。这些大大小小的写作任务融入单元整体学习之中,力求使学生多练笔、多积累,学有所得,学有所成,综合提升写作素养。

4.遵循课标中课程结构的要求,统筹安排教材相关要素的分布

部编版普通高中语文全套教材共5册,其中必修教材分上、下2册,选择性必修教材分上、中、下3册。必修教材每册8个单元,共16个单元,覆盖课程标准所要求的7个学习任务群;选择性必修教材每册4个单元,共12个单元,覆盖课程标准所要求的9个学习任务群。在必修教材中,以读写为主的单元共13个,包括文学阅读与写作5个单元、思辨性阅读与表达3个单元、实用性阅读与交流3个单元以及整本书阅读与研讨2个单元;以语文综合实践活动为主的单元共3个,包括"语言积累、梳理与探究""当代文化参与""跨媒介阅读与交流"各1个单元。在选择性必修教材中,除设计一个"语言积累、梳理与探究"单元外,其他单元均以读写为主。为增加传统文化在教材中的比重,教材在必修教材上下册、选择性必修教材上中下册各设置一个《古诗词诵读》栏目,每次安排4首古代诗歌,共20首,配以简明的注释和阅读指导,要求学生能够熟读背诵,培育对传统文化及汉语美感的体认,加强文化积累。

(三)编排体例

部编版高中语文教材的单元类型大体上分为读写为主类单元、活动类单元和整本书阅读三类,这三类单元的编排体例有各自的构成成分和特点。

1.读写为主类单元

部编版高中语文教材的大部分单元是阅读与写作为主的单元,这类单元类型的基本构成成分包括:单元导语、课文与注释、学习提示、单元学习任务(选择性必修称为"单元研习任务")。这些构成成分各自的具体情况如下:

一是单元导语。部编版高中教材在单元导语中便明确提出该单元的核心任务,并通过单元学习任务的设计加以落实。单元的核心任务是整个单元的大任务,这个大任务是以真实的、富有意义的语文实践活动情境为基础设计的,又是通过一个个结构化的具体任务加以落实的。教材各单元的核心任务既适应单元人文主题落实的需要,又生发于本单元的学习资源,旨在引导学生用语言文字解决实际生活问题,在此过程中提升学生的语文核心素养。每个单元的单元导语一般由3段组成,从整体上说明单元人文主题、所属学习任务群及选文情况、单元核心任务及学习目标。单元人文主题指向于该单元立德树人的培育目标,是语文课程独特的育人价值的体现,是对学生进行成长教育、生命教育的

具体体现。单元核心任务是围绕单元人文主题并基于学习任务群的特点提出的,具有统领整个单元的意义。学习目标更多关注学习任务群的要求,主要是语文素养中工具性的教学目标与要求。

二是课文与注释。依据学习任务群的要求,围绕人文主题及核心任务选择课文,重视典范性和时代性,要求文质兼美,深浅合宜,适合教学。很多单元基本上打破了文体的限制,力求兼顾到不同文体、风格等因素。如必修上册第一单元就包括了诗、词、小说等不同的文学体裁,体现出通过不同体裁表达同一主题从而呈现出不同风格的单元特色。大部分选文均有注释,所有注释均力求规范准确,体例统一,并有权威注本或权威工具书做依据;词语和句子的注释更多地考虑上下文语境因素,以利于学生理解课文。

三是学习提示。为了防止以任务为核心的教材编制方式可能出现的一些弊端,如把经典文本降格为"活动材料",从而带来阅读的表面化、肤浅化,教材的设计努力凸显经典课文的阅读价值,使经典阅读与活动任务相结合。为此,教材的大多数单元在课文后设置了《学习提示》,帮助学生读懂、读通课文,解决学习的重点,提示学习方法,引导师生深入把握课文。学习提示具有激趣、释疑、指路等功能。激趣,即激发学生的阅读兴趣,让学生有意愿认真阅读文本,领会文本的内容,学习文本的写法。释疑,即提示文本学习的重点和难点,包括内容、结构、写法、语言等诸多方面,或直接点明,或以疑问的方式提出,引导学生深入阅读思考。指路,即提供阅读方法、学习路径等,让学生有章可循、有法可学,通过阅读获得学习的方法和阅读的真实体验。

四是单元学习(研习)任务。每个单元安排3至4个综合性学习任务,任务设计覆盖整个单元学习内容,兼顾人文主题和单元学习目标的落实。通常,第一个任务是基于本单元文章的阅读,围绕单元主题进行设计,并尽可能与学生的生活实际建立联系或适度向外拓展;第二、第三个任务整合文本的共同特点,从文章结构、写法、特色等方面进行设计,帮助学生达成本单元工具性的学习目标;最后一个任务往往引导学生借鉴单元选文的写法进行写作实践,提升写作素养。这些任务相互关联、前后呼应,构成一个结构化的语文实践活动系列,综合提升学生的语文核心素养。

如必修上册第一单元核心任务为"阅读青春文学经典,领悟青春的价值",

要求学生从青春的角度切入,整合本单元诗歌和小说两类文本,通过讨论、比较、鉴赏、点评、写作等不同的形式,探究青春的价值,体会作家抒写青春的艺术手法。围绕这一核心任务,教材设计了四项学习任务:一是结合课文,探讨青春的价值;二是欣赏诗歌,探讨诗歌鉴赏的方法;三是欣赏小说,领略小说的叙事艺术;四是激发诗情,抒写自我的青春岁月。任务一,落实人文主题培养,引导学生感悟青春情怀,理解青春的价值;任务二和任务三,分别从诗歌和小说鉴赏的角度,引导学生领略作品表现青春情怀的具体写法,包括分析意象、品味诗歌语言、欣赏小说描写的艺术等;任务四,引导学生感受青春的活力和风采,以诗歌的形式抒写自己的青春,提升写作素养。这四项任务前后相承,兼顾人文素养提升、深度阅读与理解、写作素养提升三个方面,主线清晰,目标明确,有利于提升学生的语文核心素养。

2. 活动类单元

部编版高中语文教材中的活动类单元共涉及"语言积累、梳理与探究""当代文化参与""跨媒介阅读与交流"三个学习任务群,其中"语言积累、梳理与探究"任务群共有必修上册《词语积累与词语解释》和选择性必修上册《逻辑的力量》这2个单元,"当代文化参与"任务群为必修上册《家乡文化生活》这一单元,"跨媒介阅读与交流"任务群为必修下册《信息时代的语文生活》这一单元。活动类单元的基本栏目包括单元导语、学习活动和学习资源。其中,单元导语主要是简要解释和说明单元主题,阐述开展活动的重要意义,提示活动的主要内容和要求,提供活动的主要路径。学习活动则是围绕单元主题,每个单元设计三个体验性、参与性或探究性的实践活动,让学生在真实的语文实践中获得实际生活需要的语文素养。这些活动一般是在提供学习情境的基础上,布置多种形式的学习任务,引导学生开展调查研究、资料搜集、交流讨论等,提高学生参与实践、探究发现的能力,培养求真求实的态度。学习资源则为紧密围绕单元主题和学习活动的设计,精心选择一些拓展延伸的阅读资料,提供支架性学习资源,引导学生从理论上或实践上加深对单元主题的认识,帮助学生有效地开展相关语文实践活动。

3. 整本书阅读单元

部编版高中语文教材中的整本书阅读主要安排在必修教材中,上、下册各一个单元,分别是学术著作《乡土中国》、古典小说《红楼梦》。整本书阅读单元包括单元导语、导入语、阅读指导和学习任务四个栏目。单元导语为总体简要阐述该书的重要价值和社会影响,提示阅读策略和阅读重点,旨在引导学生能够在较高站位上认识阅读整本书的重要意义。导入语是简要介绍名著的基本情况、主要内容,或提示必要的写作背景,旨在激发学生的阅读兴趣,引发阅读期待。阅读指导是基于学生实际阅读可能遇到的困难,提供阅读方法和阅读策略的指导。学习任务是根据名著的思想内容和艺术特点,设计富有启发性、形式多样的学习任务,构成前后关联的结构化的语文实践活动系列,以引导学生自主阅读,深入探究,建构阅读整本书的方法和经验,提升阅读鉴赏能力。

实践演练

请结合对语文教材相关知识的理解,基于语文教材分析的原则,对部编版初中语文教材进行整体分析。

学习资源单

1. 刘占泉. 汉语文教材概论[M]. 北京:北京大学出版社,2004.

2. 施平. 中国语文教材经纬[M]. 北京:北京理工大学出版社,2010.

3. 黄光硕. 语文教材论[M]. 北京:人民教育出版社,1996.

4. 翟志峰,董蓓菲. 基于课程标准和证据:美国语文教材评价工具研究[J]. 外国中小学教育,2019(2):68-76.

5. 张心科. 夏丏尊、叶圣陶的语文教科书选文教学功能观评析:兼说"教教材"与"用教材教"[J]. 中学语文教学,2008(5):13-17.

第二节 语文教材单元分析

学习目标

1.把握与单元分析相关的概念,理解"单元""教材单元""教学单元""学习任务群""大单元"的内涵。

2.了解并掌握单元分析的基本原则。

3.掌握单元分析的基本流程及基本方法。

4.活学活用,能有效进行单元分析。

内容提要

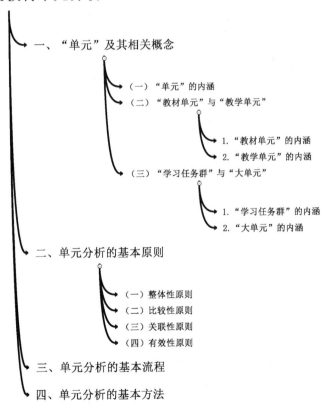

第二节 语文教材单元分析

一、"单元"及其相关概念

　　(一)"单元"的内涵
　　(二)"教材单元"与"教学单元"

　　　　1."教材单元"的内涵
　　　　2."教学单元"的内涵

　　(三)"学习任务群"与"大单元"

　　　　1."学习任务群"的内涵
　　　　2."大单元"的内涵

二、单元分析的基本原则

　　(一)整体性原则
　　(二)比较性原则
　　(三)关联性原则
　　(四)有效性原则

三、单元分析的基本流程

四、单元分析的基本方法

一、"单元"及其相关概念

我国当前的语文教材大多是以"单元"作为基本组织单位来加以编排的,语文教师对语文教材进行分析时,有必要对语文教材中的"单元"进行细致分析。为更好地进行语文教材单元分析,我们需要把握"单元"及其相关概念。

(一)"单元"的内涵

历代教育学者对"单元"的内涵进行过不懈的追索、分析及探讨。"单元"这一概念在教育中的运用是由德国教育家赫尔巴特提出的。美国课程论专家拉尔夫·泰勒对"单元"的理解是在"最低层次上越来越常见的课程组织",在泰勒看来,"单元"是最低层次的课程结构组织,"每个单元一般包括持续若干周的学习经验,而且是围绕一些问题或学生的主要目标加以组织的"。① "单元"大体可以分为两类:一是以系统化内容为基础而构成的教材单元或学科单元,具体表现为一种有组织的知识模块;二是以学生真实生活经验为基础而构成的活动单元或经验单元,具体表现为一种有机学习过程。虽然专家们众说纷纭,莫衷一是,但有一点达成了共识,那就是在教育视域中的"单元"是教材或教学的基本单位,既可指教材单元,这是一种组织单元;又可指教学单元,这是一种师生共筑的教学过程单元。

(二)"教材单元"与"教学单元"

下面我们来具体说说什么是"教材单元",什么是"教学单元"。

1."教材单元"的内涵

"教材单元",简言之,即把读、讲、练的项目有机组合成一个整体,使它们"分之则眉目清楚,合之则相互为用",以期一个单元成为一个传授知识、培养能力和习惯的具有综合效应的"集成块"。② 有研究者指出,"教材单元"是"在语文学科单位内,按预期的教育结果使教材结构序列化的一种基本单位"③。这其实是从教材编排的角度对"教材单元"进行阐释。通俗地说,"教材单元"就是教科书编写者把语文教学内容组合起来,并以单元的形式呈现出来,达成内容单元与形式单元高度统一的综合体。

---

① 泰勒.课程与教学的基本原理[M].施良方,译.北京:人民教育出版社,1994:80.
② 顾黄初,顾振彪.语文课程与语文教材[M].北京:社会科学文献出版社,2001:138.
③ 孙素英.论语文教材的单元组织[J].首都师范大学学报(社会科学版),1998(1):116.

　　"教材单元"从无到有,从弱到强,一代又一代语文教科书编修者通过共同努力和不懈追求,守正创新,让"教材单元"从不足逐步走向完善。如现行部编版义务教育语文教科书的"双线组织单元结构",有效地避免了历代教科书中"人文主题组元"或"人文与文体混合组元"的弊端,创新设计"人文主题"与"语文要素"双线组织单元的结构。以部编版七年级上册的语文教材为例:

七年级上册(部编版)语文教科书单元结构安排表

单元	主题	阅读(课文)		写作
一	四季美景	1.春/朱自清 2.济南的冬天/老舍 3.雨的四季/刘湛秋	4.古代诗歌四首 观沧海/曹操 闻王昌龄左迁遥有此寄/李白 次北固山下/王湾 天净沙·秋思/马致远	热爱生活,热爱写作
二	至爱亲情	5.秋天的怀念/史铁生 6.散步/莫怀戚 7.散文诗二首 金色花/泰戈尔 荷叶·母亲/冰心	8.《世说新语》二则 咏雪 陈太丘与友期行	学会记事
三	学习生活	9.从百草园到三味书屋/鲁迅 10.再塑生命的人/海伦·凯勒	11.《论语》十二章	写人要抓住特点
四	人生之舟	12.纪念白求恩/毛泽东 13.植树的牧羊人/让·乔诺	14.走一步,再走一步/莫顿·亨特 15.诫子书/诸葛亮	思路要清晰
五	动物与人	16.猫/郑振铎	17.动物笑谈/康拉德·劳伦兹 18.狼/蒲松龄	如何突出中心
六	想象之翼	19.皇帝的新装/安徒生 20.天上的街市/郭沫若 21.女娲造人/袁珂	22.寓言四则 赫耳墨斯和雕像者/《伊索寓言》 蚊子和狮子/《伊索寓言》 穿井得一人/《吕氏春秋》 杞人忧天/《列子》	发挥联想和想象

　　从整体上来看,七年级上册教科书由6个单元组成,其中穿插安排"综合性

学习""名著导读""课外古诗词诵读"等内容,积极消除课内课外间的隔膜,打通课内到课外、课外到课内的环形跑道;从局部单元看,每个单元由阅读和写作两大板块构成,着重落实学生阅读和写作能力的培养。阅读部分精选与"人文主题"有关的3—4篇文章组成,写作部分紧紧围绕阅读部分的重点,积极培养写作能力,提升语文素养。这样的教材单元纵横交织、点面结合,做到内容单元与形式单元的和谐统一,达成人文素养和语文素养的双重落实。

2."教学单元"的内涵

什么是"教学单元"? 首先它必须是一个相对独立的整体。何谓"相对独立"?"独立"即单个教材单元与相邻的教材单元之间有较为清晰的界限,单元目标与内容不重合。一个独立教材单元内容有自成体系的目标实现方法和检测教学目标达成程度的方式。正因如此,语文教学单元的分析、处理与生成,要将单个独立的教学单元看成基本教学单位。"教材单元"处理过程中,教师应该确定"教材单元"目标,寻找单元内部课文之间的联系,整体取舍教学内容和选择适宜的教学策略。而且,"教学单元"是"相对"独立的,即单个教学单元在整册教材中并非完全独立的,它与整册教材中的其他单元之间有一定的联系。所以我们在处理教学时,应以"教材单元"为基本教学单元,从整体上把握教材,整体上设计教学,考虑单元之间的内在联系,前后衔接,引导学生遵循一定的顺序,逐步内化学习内容。从上述内容可见,"教学单元"其实更侧重教学生成的问题。

(三)"学习任务群"与"大单元"

随着《普通高中语文课程标准(2017年版)》的颁布与部编版教材的使用,"学习任务群"和"大单元"引起人们的广泛关注。

1."学习任务群"的内涵

"学习任务群"在语文课程中即为"语文学习任务群"。语文课程标准中对学习任务群的概念定义无明确表达,但对其功能进行了相关描述,语文学习任务群主要"以任务为导向,以学习项目为载体,整合学习情境、学习内容、学习方法和学习资源,引导学生在运用语言的过程中提升语文素养"[①]。从外在表征

① 中华人民共和国教育部.普通高中语文课程标准(2017年版)[M].北京:人民教育出版社,2018:8.

上看,"学习任务群"是由多种学习项目所组成的集合体;从内容本质上看,"学习任务群"在语文课程标准中处于课程内容板块内,本质上属于语文课程内容范畴,是对语文课程"应该教什么、学什么"的具体描述。综合来看,"语文学习任务群"是"适应培养学生语文核心素养需要的承载语文课程内容、建构语文教材单元、创新语文教学模式的若干语文学习任务组成的集合体"①。原则上来说,"学习任务群"还是属于单元。

2."大单元"的内涵

"大单元",又称"大概念""大思想""大创意""大观念",其来源于英文单词"big idea"。学界对于"大概念"的理解大体趋于一致:"大概念"能使离散的事实和技能相联系并具有一定的意义;"大概念"力图对学生的认知基础进行集成和融合;"大概念"关注的是解释知识内容间的含义结构。实际上,"大概念""大单元"与前面所述"单元"并不冲突,它们的意蕴是一致的。如果非要区别二者的话,"大概念"比"单元"更高,属于素养型的概念。如果非要定位它们之间的关系,请看下图:

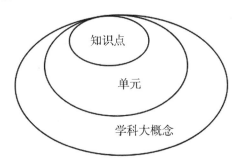

不论是"学习任务群"的设置安排,还是课程标准中提出的核心素养,都呼唤教师进行"大单元教学"。"大单元教学"就是围绕真实性学习任务而开展的,以语文核心素养深化理解为目标,按语文学习研究过程的逻辑推进,由各环节不同性质学习活动的小单元组成大单元的研究型教学模式。

二、单元分析的基本原则

工欲善其事,必先利其器。何为"器"?对语文教师而言,教材就是"器","教材单元"就是"器"。教师需要对一套教材的关键部件——单元,进行合理

---

① 徐林祥.关于语文学习任务群的思考[J].学语文,2020(3):3-6.

有效的分析,打磨"器物",以便更好地进行教学设计,促成教学活动,完成教学。单元分析大体需要遵循以下一些基本原则。

(一)整体性原则

进行单元分析时,我们需要观照全局、把握整体,因为整体性是教学单元最突出的特征。整体性原则就是把一切对象看作是一个综合效应的整体。一个单元整合教学比单篇教学之所以优越,是因为其可以充分发挥整体效应。教学实践无数次地证明,单元中的课文教学总是为单元总目标服务的。从一篇篇课文中筛选出来的子目标若不把它纳入单元总目标的系统格局中去处理,就只能孤立存在,不能为总目标服务;若不考虑导向总目标的需要,就课文讲课文,就子目标处理子目标,那么,一个个子目标将会因缺乏同知识系统的内在联系,成为僵化的东西。为发挥教学单元的整体性优势,在实施教学过程中,需要在特定课文的教学中将子目标有机地组织成活的整体,还需要从单元的角度全面考虑,对已明确的子目标进行分类梳理,找出各子目标的内在联系,并尽量做到把同类目标前后勾连。单元总目标对子目标的这种联结、组织、制约作用,能使教学单元的整体性优势充分发挥,更能提高单元教学的质量。

另外,教学单元是按一定序列进行的整体教学。所谓序列,就是指有序。其序列性不仅表现在教材编排上,而且表现在教学过程中。单元之间既有教学任务的分工,又保持着知识与能力的内在联系,体现循序渐进的原则。对知识的掌握、能力的训练以及智力的开发,是一个由初级到高级、由简单到复杂的过程。因此,进行单元分析、安排教学单元一定要遵循学生认知的一般规律,根据学生的水平和规律特点安排教学进度、选用教学方法,由浅入深,环环相扣,循序渐进,帮助学生掌握系统的知识和扎实的技能。以部编版七年级上、下册阅读板块目标分布结构为例:

	第一单元	第二单元	第三单元	第四单元	第五单元	第六单元
七上	四时美景	至爱亲情	学习生活	人生之舟	动物与人	想象之翼
	朗读一:体会汉语之美品味精彩语句	朗读二:把握感情基调体会思想感情	默读一:一气呵成了解文章的大意	默读二:圈点勾画理清作者的思路	默读三:摘录积累概括文章的中心	默读四:快速阅读理解联想和想象

续表

	第一单元	第二单元	第三单元	第四单元	第五单元	第六单元
七下	群星闪耀	祖国之恋	凡人小事	修身正己	哲理之思	科幻探险
	精读一：字斟句酌 把握人物特征，理解人物情感	精读二：学做批注 学习主要抒情方式	精读三：熟读精思 掌握叙事角度，分清详略	略读：确定阅读重点 对内容和表达有自己的心得	比较阅读：对比分析异同 学习主要描写方法，掌握托物言志的手法	浏览：提取主要信息 对内容和表达有所思考和质疑

　　分析七年级阅读板块单元栏目，我们可以看出七年级全年阅读目标的设定是渐进性的，呈序列分布。刚刚进入七年级的学生大多仍处于小学思维模式中，我们拟定教学目标时需要考虑到初一新生的认识水平和心理特点，尽量做到中小学的过渡衔接，因此七年级上册的一、二单元应设定以朗读为基点的阅读目标。随着知识的积累、素养的提升，在阅读目标的设定上可以逐步推进，不断深化，从朗读到默读，从默读到精读，从精读到略读，从略读到比较阅读及浏览。如此，在七年级的整个学年里，教师通过序列化的阅读策略，使学生进阶式地掌握一些阅读方法，逐步提升阅读水平及阅读赏鉴能力与素养。

　　值得注意的是，现行部编版教材将整体性原则发挥到了极致。我们可以发现，整体性原则不仅适用于阅读板块，更广泛地运用在各个层面，形成多个整体性链条。比如一个教材单元内部各组件——单元导语、课前预习、选文、学习提示、单元学习任务又构成一个单元整体。再如在一个教材单元里将阅读板块与写作板块有机结合，形成读写结合整体框架。请看下表：

七上	第一单元	第二单元	第三单元	第四单元	第五单元	第六单元
主题	四时美景	至爱亲情	学习生活	人生之舟	动物与人	人生之翼
阅读板块	朗读一：体会汉语之美 品味精彩语句	朗读二：把握感情基调 体会思想感情	默读一：一气呵成 了解文章的大意	默读二：圈点勾画 理清作者的思路	默读三：摘录积累 概括文章的中心	默读四：快速阅读 理解联想和想象
写作板块	热爱生活，热爱写作	学会记事	写人要抓住特点	思路要清晰	如何突出中心	发挥联想和想象

　　阅读板块与写作板块既各自独立，又紧密团结，密不可分。如果说阶梯式

的阅读板块织就的是经线,那么突出重点的写作板块织就的就是纬线。纵横交错、经纬交织,共同织牢织密语文知识网。我们可能已经注意到,每个写作单元的专题设置与本单元阅读的学习重点相配合,突出阅读与写作的双向互动支撑和指导。课文的阅读可以成为写作的指导,写作的生成可以促成课文阅读的再提升。

(二)比较性原则

目前,不论是部编义务教育教科书,还是部编版高中教科书,都是采用类聚型单元组合方式,单元里的几篇文章,甚至一课中的几篇文章,或思想方面,或语言艺术方面都有某些共通之处,同时也各具特色、各具重点。阅读时有必要对单元中的这些课文进行比较,细心揣摩,深入体会,以发现这些课文之间的共性与各自的个性。如部编版普通高中教科书必修上册第三单元第 7 课,由《短歌行》和《归园田居》两首经典古诗组合,形成一课内的群文阅读。比较之下,我们可以发现,两首诗同属魏晋时期的古诗,诗人都生活在魏晋大动荡、大颠簸的历史背景中,而且两诗都很好地承继了"诗言志"的作诗传统。同时,两首诗的个性也十分鲜明。在诗歌情感主旨上,作为杰出政治家、军事家的曹操歌一曲《短歌行》叹人生之短,诉人才之忧,展建功立业的壮志;而作为田园诗鼻祖的陶渊明咏一首《归园田居》诉陷羁网之苦,脱樊笼之喜,现隐归闲居之志。在诗歌艺术手法上,《短歌行》多用典、比兴,而《归园田居》借用白描、想象。

单元分析正是在比较异同的过程中,深入理解单元学习内容,总结方法、规律,获得某方面能力的。当然,单元分析中的比较可以是多方面的。单元与单元之间的比较,单元内一课与另一课的比较,一课之内一文与另一文的比较等。我们要在多方面比较的过程中,进行知识、能力、素养的归类,集中落实单元教学目标,完成自己的教学生成。

(三)关联性原则

教师在解读教材时,需要找到教材单元的"内在关联"因素,依据关联因素对教材进行分析、重组与整合,在此基础上,整合目标、情境、内容、方法、资源等,进行单元整体化教学设计。你可以关联单篇教学目标与单元整体学习目标,实现整体建构;可以关联精读、略读课文,课外阅读,实现整体学习效应;可以关联阅读单元与写作单元,打通读写结合的通道;等等。

如七年级上册第五单元,其写作主题为"如何突出中心"。单元写作目标需与单元整体目标"学会概括文章的中心思想"形成关联。单元分析时,教师应从单元整体出发,对单元阅读文本及写作内容进行关联与整合,从阅读文本中选择有价值的,提取学习要素,开发写作支架。可以在教学中教会学生概括文章中心的同时,把文章"如何突出中心"作为阅读的重点,即在解决了"写什么"的问题后,进一步理清"怎么写"的问题。像本单元中《猫》在线索上的设置、详略上的安排,《狼》在写作上的卒章显志的技法,都可以和写作"如何突出中心"进行关联,让文本阅读成为学生习作的范例,实现双赢,实现高效。

(四)有效性原则

教材单元分析的终极目的是使教学有效,为此,需要将教材单元分析与具体学情分析结合起来。我们都知道,单元目标是为教师教学、学生学习而设定的。教师拿到一个教材单元,通过单元分析,拟定的教学目标只是基于教材内容、知识要点、学生学情做出的教学设想及预设,这可以让我们的教学可控。可是,在真实的教学实践中,我们还需不断调控,根据学生的具体实情和课堂进程的不断推进及时进行分析,不能过于机械死板。比如,学生领悟快、理解深,课程可以加快些,课时可以少些;学生领悟慢、理解不透,课程可以放缓些,课时可以多些。如此这般,才能保证教学质量。

光有单元分析而没有学情分析,教学过程就会变成"满堂灌""一言堂";光有学情分析而没有单元分析,教学过程就没有方向,像脱缰的野马。

三、单元分析的基本流程

如何进行单元分析,如何把控教材单元,如何构建教学单元,继而生成教学,是每一位教师的终生必修课。作为新手教师,拿到一个教材单元后,需要对教材单元进行分析。单元分析首先要做的是整体分析,然后是局部梳理。

从广义的角度来说,单元分析的整体分析,就是把教材单元置于整套教材中,明确该教材单元处于什么样的位置,隶属于哪个学习任务群,承担怎样的任务,达成什么样的学科核心素养。从狭义的角度来说,单元分析的整体把握,就是将教材单元看成一个独立的整体,分析单元由哪些内部组件构成,拥有怎样的人文主题,关注什么知识要点等。

单元分析的局部梳理,就是对教材单元的各个组件进行分析。单元分析的局部梳理包括分析以下各方面:单元导语、课前预习与课后学习提示、教材课文文本、学习任务。作为单元教学的总纲,单元导语在单元中有如交响乐的序曲,为单元的学习奠定基调;单元学习任务则如交响乐的尾声,相当于整个教材单元的后记。同理,课文前的预习或课文后的学习提示也就像一课中的序曲或尾声,它们是单元必不可少的组成部分,必须高度重视。分析既关注其个性,又要关注其相互间的关联照应。而课文属于教材单元中最重要的组件,对它的分析与解读,更不容许我们轻视。本节中的课文文本分析是基于单元分析的角度进行的,主要是筛选与其他单元组件相联的课文信息,寻找它们之间的内部关联。

从具体教学操作上来说,进行单元分析之初,应整体了解这个单元:依据单元导语明确学习内容与目标;依据课后学习提示明确这课的组成、内容、特点及学习的具体策略和方法,以及这课与其他课的区别与联系;依据单元学习任务明确单元的核心任务及其构成、学习活动及步骤、学习情境及相关资源等。

四、单元分析的基本方法

单元分析的基本方法主要有拆解法、归纳法、捕捉法。

拆解法就是解剖组件的内部结构,明确其主要内容和大体方向;归纳法,就是拆解后的零碎信息,需要重新归纳整合;捕捉法就是提取其中的关键字词、重要语句,明确其知识要点、重点或教学目标等,当然,在捕捉之前,还需要进行筛选,筛选出有效信息、有用信息。如八年级上册第五单元的单元导语:

阅读介绍中国建筑、园林、绘画艺术的文章,可以了解我国人民在这些方面的卓越成就,感受前人的非凡智慧与杰出创造力。而有关动物的文章,则引导我们去发现自然的奥秘,激发科学探索的兴趣。

学习本单元,要把握说明对象的特征,了解文章是如何使用恰当的方法来说明的;还要体会说明文语言严谨、准确的特点,增强思维的条理性和严密性。

用拆解法分析单元导语,解剖导语结构;用归纳法,归纳主要内容。我们发现这条单元导语总共分为两段,第一段讲述了该单元阅读介绍中国建筑、园林、绘画艺术、动物的文章的功用和作用;第二段明确了本单元的学习目标。

用捕捉法提取关键字词、重点语句,明确知识要点等。如我们提取第一段中"中国建筑""园林""绘画艺术""动物"的关键词,这些交代了课文涉及的内容;提取"介绍"一词,说明了本单元所选课文的文体特征——以说明为主的说明文;提取"卓越成就""非凡智慧与杰出创造力"等关键词,可以明确本单元的情感态度与价值观目标——增强民族自豪感;提取"发现自然的奥秘,激发科学探索的兴趣"等语句,指出另一学习目标——激发探索自然和社会的兴趣,培养科学精神和科学素养。

我们要注意的是,单元分析的基本方法绝不止这些,而且这些方法并不是割裂的,在使用的过程中,需要融会贯通。

案例分析

部编版(2019 年版)高中必修上册第二单元分析

一、教材单元整体分析

【教材文本】请参阅部编版普通高中语文教科书必修上册第二单元

【分析】本单元是部编版普通高中语文教材必修上册第二单元,其主体属于必修课程"实用性阅读与交流"任务群。实用性阅读与交流任务群旨在引导学生学习当代社会生活中的实用性语文,包括实用性的独立阅读与理解,日常生活需要的口头与书面的表达交流。通过任务群的学习,丰富学生的生活经历和情感体验,提高阅读与表达交流的水平,增强适应社会、服务社会的能力。

本单元作为该任务的第一个单元,以"劳动光荣"为人文主题,围绕新闻传媒类内容展开设计,同时还选取两首有关劳动的古诗,增进学生对古代劳动生活的了解。在书面表达方面安排"写人要关注事例和细节"的写作任务。

【点拨】教师在做单元分析前,需要先统观全套教材并对其进行研究分析,明确各学习任务群的基本分布及意旨。

二、教材单元局部梳理

(一)分析单元导语

【教材文本】该单元导语如下:

劳动改造世界,劳动创造文明。崇尚劳动,尊重劳动,热爱劳动,是中华民族世代相传的美德;无私奉献,锐意进取,勇于创造,是新时代青年应该树立的劳动观念。

本单元作品,或报道优秀劳动者的杰出事迹,或倡导践行工匠精神,或歌咏劳动的美好与欢乐,从不同角度彰显劳动的伟大意义,体现劳动精神的传承和发展。

学习本单元,通过专题研讨等活动,深入体会"劳动最光荣、劳动最崇高、劳动最伟大、劳动最美丽"的思想,形成正确的劳动观念。学会分析通讯的报道角度,理解事实与观点的关系,抓住典型事件,把握人物精神;了解新闻评论的观点,学习阐述观点的方法;辨析和把握新闻的报道立场,提升媒介素养。

【分析】该单元导语由3个段落构成。

第一段总共6次提到了"劳动",从劳动的作用引入,揭示本单元的主要内容——劳动。继而提出崇尚、尊重、热爱劳动是美德的传承,奉献、进取、创造是青年学子该树立的观念。这一段为学习本单元打下了感情基调——对劳动者的讴歌,对劳动精神的颂扬与传承。

第二段揭示本单元的选文特点。其中"报道""倡导""歌咏"三个关键词说明本单元作品应该是以记叙为主的新闻报道、议论文范畴的新闻评论和以歌咏为主的诗歌。这些选文都有一个共同指征——彰显劳动的意义和价值。

第三段揭示本单元的学习目标。"专题研讨"提示我们的教学应以专题形式铺展;关键语句中的"分析通讯的报道角度""抓住典型事件""了解新闻评论的观点""辨析和把握新闻的报道立场"提示我们教学本单元课文的基本路径;"理解事实与观点的关系""把握人物精神""学习阐述观点的方法""提升媒介素养"告知本单元需达成的教学目标。

【点拨】分析单元导语确定教学目标时的步子可以稍稍放缓,待分析单元学习任务后,并轨而行。

(二)分析单元学习任务

【教材文本】第二单元单元学习任务如下:

一、劳动推动着社会的发展、时代的进步,也塑造着人的思想品格。袁隆平等杰出劳动者的模范事迹,古代人民热烈的劳动场面,彰显了劳动的崇高与美丽;普通劳动者的辛勤汗水,手工匠人的高超技艺,体现出劳动的价值与意义。从下列话题中任选一个,结合课文具体内容,分组进行专题研讨。话题1:劳动的崇高与美丽;话题2:劳动的价值与意义;话题3:无私奉献、锐意进取、勇于创造;话题4:辛勤劳动、诚实劳动、创造性劳动。

二、本单元所选的新闻作品包括人物通讯和新闻评论。前者报道典型人物,树立时代楷模;后者评论社会热点,引导社会舆论。细读相关课文,完成下列任务。1.人物通讯要深入挖掘典型事件以表现人物精神,并在其中体现作者的立场和态度。阅读本单元三篇人物通讯,以表格的形式梳理其中的具体事件、人物精神和作者立场。2.新闻评论讲究观点鲜明、针对性强,注重行文的逻辑性。梳理《以工匠精神雕琢时代品质》一文的思路,体会文章是怎样辩证地讨论有关"工匠精神"的话题的。3.角度的选择对新闻评论非常重要。面对某个事实或问题,评论的角度不同,文章面貌往往迥异。思考《以工匠精神雕琢时代品质》在选择评论角度方面的特点,在此基础上,从本单元的人物通讯中任选一篇,基于其呈现的事实,考虑可以从哪些角度进行评论。

三、我们每天都会接触各种新闻,新闻在生活中无处不在。一些重大事件,如党的十九大召开、新中国成立七十周年、防控新冠肺炎疫情等,都是新闻报道的焦点,会涌现大量新闻作品。选择一份报纸或一个新闻网站,浏览一周的内容,从中挑选出三四篇你认为比较优秀的新闻作品。小组合作,从新闻价值、报道角度、结构层次、语言表达等方面草拟一份优秀新闻评选标准。每个小组按照标准评选出一篇优秀新闻作品,合作撰写一份推荐书,阐述推荐理由,与新闻作品一起在全班展示、交流。

四、教过两代人的山村小学教师,抗击疫情护佑生命的医护人员,精心擦拭每一块玻璃的保洁阿姨,春耕秋收辛勤劳作的农民……生活中,有很多平凡的劳动者值得我们关注,发生在他们身上的不少事也可能触动我们的心灵。写一个你熟悉的劳动者,不少于800字,题目自拟。

【分析】本单元安排了四个单元学习任务,可以切分成阅读和写作两大板块任务。

一、二为阅读任务。细细分析一、二两个任务,"结合课文""细读相关课文"的字眼说明,我们完成这两项任务需与课文阅读与教学紧密结合,其中"专题研讨""以表格形式"等关键词,是在给我们的教学指路。三、四为写作任务。从"撰写一份推荐书""写一个劳动者"中可以得到明证。这两个写作任务与本单元所学的新闻文体密切相关。比如任务四中"劳动者""触动我们的心灵"的选材要求与"选取典型事例,写出人物特征"的写作要求,与本单元的人文主题、本单元第4课的人物通讯的写作方法相关。阅读任务和写作任务,水乳相融,互相映衬。值得一提的是,每个单元学习任务后面都编有"写作知识",这些"写作知识"与本单元的选文及单元学习任务息息相关,我们处理教学时,可以适时引导学生穿插阅读并学习,以达到学习的整体性。

【点拨】分析单元学习任务的同时,可再次结合单元导语,互相观照,最终敲定本单元的教学目标和教学策略。

（三）分析学习提示

【教材文本】以第5课《以工匠精神雕琢时代品质》学习提示为例,学习提示如下:

什么是工匠精神? 在自动化程度越来越高的现代社会,传统社会孕育的工匠精神是否还有坚守的必要? 如果有,我们应该怎样践行? 这些问题关乎如何认识劳动的意义与价值,值得我们深思。

这篇新闻评论结合时代特点深入阐述了工匠精神的内涵,点明其当代价值,呼吁每个人在自己的工作中努力践行,具有很强的现实意义。文章观点鲜明,持论严正,既批评了社会上存在的浮躁风气和短视心态,也澄清了对工匠精神的一些误解,可以深化我们对劳动的认识,激发我们尊重劳动、追求卓越的情感。

新闻评论既具有议论性文章的特点,又有新闻作品的属性。要注意分析文章中事实与观点的关系,学习文章联系社会现实提出观点并合理阐述的写法,体会其有的放矢、直面现实的新闻品格。

【分析】本课的学习提示由3个段落组成。

第一段的主要功能是激趣,引发学生关注工匠精神的内涵、当代价值、践行方式。

第二段的第一句话首先告知我们本文的体裁——新闻评论,本文的角度与主要内容——时代特点角度、工匠精神的内涵,本文的现实意义——当代价值、呼吁功用。第二句话中"观点鲜明,持论严正"提示我们需观照新闻评论议论性文体的特点,又辅以关键语句"批评了社会上存在的浮躁气风和短视心态,也澄清了对工匠精神的一些误解"提示我们需重视新闻评论针对性的特性。

第三段主要功能是提示学习方法和学习路径。"分析事实与观点的关系""学习文章的写法""体会新闻品格"当是本段的关键词。

【点拨】分析学习提示时,我们需再次联系单元导语和单元学习任务中的有关内容,织牢织密单元分析这张网。

（四）分析课文

【教材文本】选文详见部编版高中语文必修上册教材

【分析】在单元分析阶段,对课文文本的分析需分浅层分析和深层分析两个层次。浅层观其大概,深层剖其关联。

浅层分析如下:第二单元由三课六篇文章组成,分别是第 4 课三篇人物通讯(《喜看稻菽千重浪》《心有一团火,温暖众人心》《"探界者"钟扬》)、第 5 课一篇新闻评论(《以工匠精神雕琢时代品质》)和第 6 课两首古诗(《芣苢》《插秧歌》)。第 4 课三篇人物通讯的主人公都是杰出的劳动者——袁隆平、张秉贵、钟扬。文章选取典型的事例,运用传神的细节,展现了他们作为劳动者的风采,歌颂他们可贵的劳动品质和精神。第 5 课的新闻评论,结合时代特点阐述工匠精神的内涵及当代价值,呼吁每一个人在自己的工作岗位上追求卓越,努力践行。第 6 课两首古诗再现古代百姓生动的劳动场景,通过古代先民采摘芣苢的欢愉、一户农人日常插秧的辛勤,体现劳动之美。选文由今而古,我们了解到劳动精神同其他精神一样需要传承与发扬。

深层分析如下:第一,设置每课的子目标时,要以单元导语中的单元总目标为归依。在具体教学时,可以引导学生学习单元导语并创设一个活动环节。比如,创设活动引领环节:结合单元导语,请说说学习三篇文章的学习目标。师生研究可得出结论:学习三篇通讯,了解袁隆平、张秉贵、钟扬的优秀事迹,感受他们的人生情怀;学习新闻评论,理解工匠精神的当代价值和现实意义;学习《芣苢》《插秧歌》,感受我国劳动人民热爱劳动的优良传统;通过本单元的学习,积极评价劳动的价值和意义,形成正确的劳动观念;了解新闻基本知识,学习新闻通讯和新闻评论的基本写法,提升媒介素养。

第二,梳理课文的知识要点,创设课堂活动,要观照单元学习任务。在具体教学时,可以整合单元学习任务中的任务,以具体任务为重点开展教学活动。如:学习第 4 课时,整合单元学习任务二的第一项,着重抓住典型事件,把握人物精神;分析通讯报道的立场和倾向性,分析报道的角度,理解事实与观点的关系。可绘制如下表格。

具体事件	人物精神	作者立场和倾向
袁隆平发现天然杂交稻杂种第一代,但试种失败	以科学的态度面对失败	赞扬了袁隆平的实践精神
寻找并发现天然雄性不育株	尊重权威但不迷信权威	赞扬了袁隆平的创新精神
袁隆平用事实反驳对杂交稻的贬斥	实事求是,尊重科学,平和大度	赞扬袁隆平实事求是、捍卫真理的态度
袁隆平规划并选育超级杂交稻	勇于担当,不断进取	高度评价了袁隆平的贡献

再如,学习第 5 课时,整合单元学习任务第二项第二点,梳理《以工匠精神雕琢时代品质》思路,体会文章怎样辩证地讨论有关"工匠精神"的话题。适时讨论新闻评论的现实针对性和舆论导向性,讨论新闻事实与观点主张的关系,学习阐述观点的方法。提纲如下:

以工匠精神雕琢时代品质	第一自然段:借企业家的感慨,引出这篇新闻评论的话题:时代品质与工匠精神	总
	第二自然段:说明工匠精神的本质是一种职业素养和职业品质,工匠精神对于企业、国家发展的作用	分
	第三自然段:指出社会上对工匠精神的误解,在反驳错误认识中对比立论,深化对坚守工匠精神意义、作用的认识,重点阐明了工匠精神的时代价值	
	第四自然段:进一步探讨了工匠精神的内涵,批评了当前社会上存在的浮躁风气和短视心态,倡导我们不必人人成工匠,却可以人人成为工匠精神的践行者	
	第五自然段:进行总结,进一步强调发扬工匠精神的时代意义,指出"工匠精神并不以成功为旨归,却足以为成功铺就通天大道",使论述全面、深化	总

又如,学习第 4、5 课新闻作品的角度问题时,可整合单元学习任务第二项第三点,而且可以借此任务打通本单元四篇新闻作品的关联。《以工匠精神雕琢时代品质》的评论角度是时代品质需要工匠精神,工匠精神是企业活力、社会风气、国家命运的必需,具有十分强的现实针对性。《喜看稻菽千重浪》介绍了袁隆平发现天然杂交稻杂种第一代,寻找并发现天然雄性不育株,培育出杂交水稻,选育超级杂交稻,引导新的"绿色革命"的新闻事实。基于此,我们可以从创造性劳动的角度进行评论。袁隆平作为杰出劳动者能充分发挥自身优势,勇担当、敢创新,服务社会,报效人民,所以我们从在共筑中国梦中发挥知识分子的积极作用角度进行评论亦可。《心有一团火,温暖众人心》介绍了张秉贵在平凡的岗位上做出的不平凡的贡献,我们可以从劳动的技能、业绩或精神角度对其进行评论。对于《"探界者"钟扬》,我们可以讨论什么是"探界",怎么"探界","探界"的品质与精神,从追求成为"探界"践行者的角度进行评论。

【点拨】课文作为教授语文知识要点的重要依据,需要完成其工具性的重任。可是一篇课文的知识要点很多,全面撒网、点点开花,在课堂实践中显然不现实。侧重哪些知识点进行教授? 我们可以在单元学习任务中找到答案。因此,在对作为单元核心任务重要载体的课文进行分析时,我们需要联系单元学习任务进行分析。此外,目前的教材中有许多课文是由一组文章组成的,请同时统观几篇课文进行分析,整合教学,可做群文教学设计。

总之,单元分析局部梳理需要单独分析,更需要"综合治理",要打通单元各组件的关联,让各个部分形成一个有机的整体。

实践演练

从部编版高中语文教材中自选一个单元,对单元导语、单元学习任务、学习提示、课文等进行分析。

学习资源单

1. 黄厚江.预防任务群教学"跑偏"的策略性建议[J].中学语文教学,2018 (8):16-19.

2. 褚树荣.渗透与介入:学习任务群进课堂的难度化解[J].语文建设,2018 (9):16-19.

3. 谢澹.追问意义 探索路径:"文学阅读与写作"任务群解读[J].语文学习,2018(7):19-23.

4. 褚树荣.从实验室到田野:学习任务群视域中的专题学习[J].语文学习,2018(2):40-48.

5. 郑桂华.高中语文学习任务群的教学建议[J].中学语文教学,2017(3):9-12.

第四章　语文教学目标设计

学习目标

1. 了解教学目标的内涵、功能。

2. 能够独立判断教学目标确定得是否科学合理和表述得是否规范恰当。

3. 能够基于语文教学目标确定的依据科学合理地确定教学目标。

4. 能够依据教学目标表述要求规范合理地表述教学目标。

内容提要

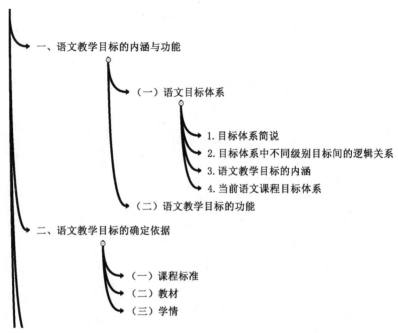

第四章　语文教学目标设计

一、语文教学目标的内涵与功能

（一）语文目标体系

1. 目标体系简说
2. 目标体系中不同级别目标间的逻辑关系
3. 语文教学目标的内涵
4. 当前语文课程目标体系

（二）语文教学目标的功能

二、语文教学目标的确定依据

（一）课程标准
（二）教材
（三）学情

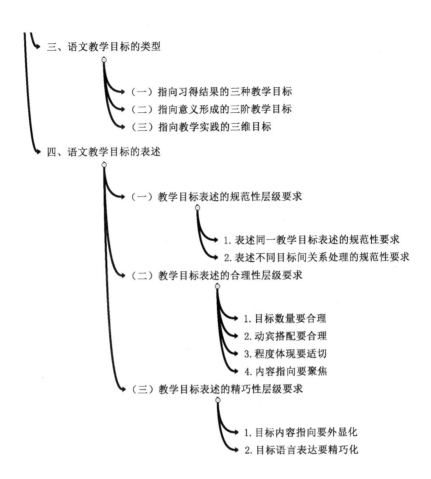

三、语文教学目标的类型

（一）指向习得结果的三种教学目标

（二）指向意义形成的三阶教学目标

（三）指向教学实践的三维目标

四、语文教学目标的表述

（一）教学目标表述的规范性层级要求

1. 表述同一教学目标表述的规范性要求

2. 表述不同目标间关系处理的规范性要求

（二）教学目标表述的合理性层级要求

1. 目标数量要合理

2. 动宾搭配要合理

3. 程度体现要适切

4. 内容指向要聚焦

（三）教学目标表述的精巧性层级要求

1. 目标内容指向要外显化

2. 目标语言表达要精巧化

一、语文教学目标的内涵与功能

教学目标是指预期的学生学习的结果，更具体地说，教学目标是指预期的学生在教师教学引导下在什么方面要达到什么程度，其体现的是期待教师的教学对学生产生的影响，表明教学将把学生带到"哪里去"。教学目标作为教师在特定时空的具体教学对学生所产生的影响，并不是一个独立的存在。要使教学目标科学合理，能够有效地指导教学，我们首先需要明确把握教育中的目标体系，以更好地明确教学目标的确定依据和表述要求。

（一）语文目标体系

1. 目标体系简说

在教育系统中，对于不同层次的目标的表述所用术语有所不同。对于目标的分层，我国主流教学理论相关研究大体形成的共识如下：宏观层次的目标主要指教育方针或教育目的;中观层次的目标主要指课程目标,课程目标又可进一步具体分为课程总目标(亦称为"培养目标")、学科课程目标、学段课程目标、领域课程目标;微观层次的目标为教学目标,教学目标又可进一步具体分为学期教学目标、单元教学目标、课时教学目标。目标体系是一个包括宏观层次的教育目的、中观层次的课程目标和微观层次的教学目标在内的体系。

2.目标体系中不同级别目标间的逻辑关系

教育目的体现着国家层面关于人才培养总的质量标准与规范要求。课程总目标,即培养目标,体现的是各级各类学校的所有课程对人才培养的共性要求,是对教育目的的具体化。各级各类学校的培养目标需要依据国家的教育目的来制定,教育目的则是通过各级各类学校的培养目标来实现的。培养目标的实现则主要借助学校所设置的相关具体课程来达成,但其本身不涉及具体的课程领域。学校的培养目标要得到实现,则需要进一步确定学校课程体系中的各门具体学科的课程目标。学科课程目标是学校培养目标在具体学科课程层面的目标体现,是指导某个领域课程编制过程的最为关键的准则;学科课程目标主要体现的是某一具体学科在具体学段需要达到的目标,是课程总目标(即"培养目标")在具体学科课程层面的具体化。如以《义务教育语文课程标准(2022年版)》为例,义务教育阶段的语文课程目标是《义务教育课程方案(2022年版)》中"有理想、有本领、有担当的德、智、体、美、劳全面发展的社会主义建设者和接班人"这一课程总目标(即"培养目标")在语文学科课程层面的具体化。由于九年义务教育分为第一学段的1—2年级、第二学段的3—4年级、第三学段的5—6年级和第四学段的7—9年级,因而,义务教育的语文课程目标又进一步具体化为这四个学段的课程目标。义务教育每一学段的语文课程目标又分为识字与写字、阅读与鉴赏、表达与交流、梳理与探究四类语文实践活动,因而,义务教育四个学段的语文课程目标又具体化为这四类语文实践活动相对应的语文课程目标,如第四学段的识字与写字、阅读与鉴赏、表达与交流、梳理与探究对应的课程目标。教学目标是课程目标在教学层面的具体体现。目标体系中,教育目的通常是由政府或政党提出的,课程目标一般是由国家教育行政部门委托一定的专家团队加以制定的,教学目标则是由开展具体教学的教师综合考虑各方面的因素加以确定的。

课程目标是教学目标的上位要求,其"既反映了课程实施的总体要求,也表现出对某一学科课程实施的具体要求"①。在基于课程标准的教学下,开展教学时需要将课程目标转化为具体的教学目标,并确定、选择与教学目标相对应的教学内容。换言之,"教学目标是教师把课程目标转化为具体的和可操作的教学行为或结果的表达方式,主要体现在具体的、情境化的、可操作的教师课堂教学设计中"②。总而言之,目标层级体系"由上而下"不断具体化,上一层级的目标统领、支配和制约着下一层级的目标,是下一层级目标制定的依据。每一级的目标都是以前一级的目标作为基础并相互间具有内在的勾连,后一级的目标总是以前一级的目标作为前提性依据而内在地体现着前一级目标。教育目的与课程目标最终得以实现是依托于教学目标的实现。

3. 语文教学目标的内涵

与"教学目标"密切相关的一个概念是"学习目标",二者在实质上是一致的,只是"学习目标"是基于学生角度而言的,"教学目标"是基于教师角度而言的。语文教学目标是指学生经历一定时间的语文学习之后取得的预期结果,是学生在语文教师指导下完成某一具体语文学习任务后要达到的质量标准。语文教学目标本身也是一个多层次的体系,包括学期、单元、课文或完整活动、课时的教学目标。教学作为课程实施的具体化活动,总是依托于一个个具体课时教学来开展,而每个课时的教学总是依托于一个个具体教学环节来运行。对于语文课程来说,在教学目标体系中,大多数情形下,一项言语实践活动的开展或一篇课文的教学或一课(多篇课文组成的群文)的教学并不是一个课时便能完成的,而是需要多个课时。

4. 当前语文课程目标体系

自 2016 年《中国学生发展核心素养》发布后,《普通高中语文课程标准(2017 年版)》《普通高中语文课程标准(2017 年版 2020 年修订)》以及《义务教育语文课程标准(2022 年版)》中的语文课程目标体系相应有了一些变化,具体阶段的语文课程目标体系大体由对应阶段的语文核心素养、侧重内容方面的内容标准和侧重表现水平方面的学业质量标准共同构成,而且是在对应阶段的"培养目标"引领下并结合语文课程的育人价值加以研制的,可通过下图呈现其

---

① 张菁. 三维目标:从课程层次到教学层次[J]. 当代教育科学,2012(11):19.
② 阳利平. 厘清教学目标设计的三个基本问题[J]. 课程・教材・教法,2014,34(5):88.

内在的逻辑：

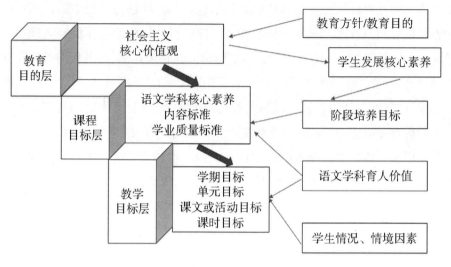

图 4 - 1 语文课程的目标体系

(二)语文教学目标的功能

教学设计需要围绕"我要去哪里""我如何去那里""我怎样来判断自己已经到达了那里"这三个分别关于目标、策略和评价方面的基本问题。对于一堂课的评价也主要关注其目标设置得是否合理、目标实现过程是否符合学习规律、目标实现是否引起了学生身心的发展和变化。作为教学设计的首要组成部分，教学目标设计必须要能够指明"我要去哪里"，还要对"我如何去那里"做出提示，更要为判断"是否到达了那里"提供标准。①

教学目标若能兼顾此三个方面，则为高质量的目标。教学目标是教学活动的结果，也是教学设计的起点。教学目标是学生在学习过程中自我激励、自我评估、自我调控的重要手段，在课堂教学中支配、调节和控制着整个教学过程，是教师选择教学内容、运用教学方法、选择教学策略、使用教学媒体以及调控教学环境的基本依据。总而言之，教学目标对教学设计、教学实施、教学评价等起着支配性作用，是教学的灵魂。教学目标的功能具体而言，体现为如下三个方面：

其一，从教学设计角度来说，教学目标统领教学内容的选择和教学活动的

① 黄梅,宋乃庆.基于三维目标的教学目标设计[J].电化教育研究,2009(5):101.

设计。教学目标是教师对学生在教学引领下需要在什么方面达到什么程度的预设,其对教师的教学设计起着定向的作用,决定着教师对教学内容的选择,影响着教师对教学策略与教学方法的选择。在教学目标已确定的情况下,教学内容的确定与选择是受教学目标的影响与制约的,教学内容需要聚焦于教学目标,教学内容的广度、深度和梯度等都受制于教学目标。

其二,从教学实施角度来说,语文教学目标对于教学过程中教师的教和学生的学起着方向性的引领。尤其对于学生的学而言,开展教学活动时,教师将教学目标与学生分享,这有助于学生更好地明确与理解这些期望,进而对自己的学习具有更强烈的自我责任感,在学习过程中能够更具有针对性地基于相应的学习方向而更主动地进行学习。

其三,从教学评价的角度来说,语文教学目标是评价教师的教与学生的学的重要依据。语文课堂教学中,语文教师总是在一定的教学目标引领下,在有限的时间内通过对学生的语文学习加以组织与引导,以促进学生掌握一定的语文知识、形成一定的语文能力、内化一定的价值观念,以实现学生语文核心素养的不断提升。要评价语文课堂教学的实效如何,不可能随意评判教师的教学成效,而是需要基于教、学、评的内在一致性,以教学目标来判断其评价任务是否能够有效地评价学生的学习,通过学生完成评价任务的质量来判断学生学得怎样,进而评判教师的教。

二、语文教学目标的确定依据

对于具体某一课时或某一课文或某一"课"(作为教学单位而非文本单位的"课")教学目标的确定,教师需要基于自己对教育价值的理解、对语文课程本身的整体把握,并基于对学生已有基础的全面分析,依据对学期教学目标和单元教学目标的把握,明确具体的某一课时或某一课文或某一课在整门课程、该学期、该单元中的位置与意义,以清晰地定位具体课时、课文或课的教学目标。通常情况下,确定教学目标的依据涉及课程标准、教材、学情这三个主要方面的要素。

(一)课程标准

从课程标准这一要素来说,语文教师需要在课程标准的统领下更好地领悟教材与确定教学目标。课程标准既是教材编写的依据,也是教师开展教学的依据。语文教师不是被动的执行者,作为课程的建设者,其对教学的设计是在课程标准的统领下依据自己对教材的全面理解和学生情况的综合把握的基础上进行的。语文教材只是语文教师开展教学的中介与重要手段,语文教师是"用教材教"而不是"教教材"。教材一般是由高水平的专家组成的团队依据课程标准编写的,因而,语文教材在一定程度上成为语文教师开展教学的重要和主要的资源。但语文教材毕竟是面向全国所有区域使用的,而教学总是针对特定区域、特定学校、特定班级的具体学生,不同区域、不同学校、不同班级的学生的具体情况是有差异的,因而,语文教师不一定完全按照教材编写者的意图来利用教材,其需要通过对课程标准全面透彻的理解与领悟,更好地解读与利用好语文教材。语文教师在确定教学目标时,首先需要对课程标准有着充分的理解与领悟。课程标准中的目标相对抽象,教师在确定具体的教学目标时需要对课程目标进一步分解与细化。

在语文教学中,尽管具体的课文或言语实践活动总是归属于某一具体的单元,具体的单元通常又被设定为实现某些具体的目标,单元目标对具体课文或言语实践活动的教学目标有所限定,但同一课文或言语实践活动仍然有着丰富的元素可以被挖掘,其教学目标往往还可以对应诸多的课程目标。因而,语文教师在确定教学目标时,应在把握好"教学目标"与"课程目标"关系的基础上,在确定某一具体课文的教学目标时,一方面需要避免将某一类文本所对应的课程目标可挖掘出的目标要素都杂列出来,否则,易导致教学目标繁杂,出现"捡到篮子里就是菜"的状况;另一方面,特定具体课文的教学目标的确定不可只体现某一类文本的共性,而应体现这一特定课文的"篇性"。

(二)教材

从语文教材这一要素来说,语文教师要充分把握语文教材,才能更充分合理地利用语文教材和确定教学目标。在一般情况下,绝大多数语文教师是以语文教材作为自己教学的最重要和最主要的教学中介,把语文教材作为最基本的语文教学材料。由于专业水准、时间、精力等各方面的限制,对于绝大多数语文教师来说,他们不太可能自己独立地另起炉灶去组织语文教学材料,而是充分利用好语文教材。因而,语文教师需要对语文教材进行全面透彻的解读与把握,才能合理地利用语文教材。当前我国各学段的每册语文教材基本上是以单元作为基本的组织单位。以阅读教学而言,作为具体单元中的具体课文,教师需要基于单元目标,依据具体课文在单元的具体位置,在透彻解读具体课文的基础上,全面把握具体课文与前后课文间的内在联系以及对应课文自身的独特情况,最终确定具体课文的教学目标。

(三)学情

从学情这一要素来说,语文教师需要全面充分地了解自己所任教班级学生的情况,才能使自己确定的教学目标切合这些学生的实际情况,使教学目标能够与学生的"最近发展区"相契合。教学目标是预期的学生在教学活动之后所要达到的学习结果,因而,学生自然成为教师在确定教学目标时的一个关键性的考虑因素。同一个语文教师依据一样的课程标准与利用同样的语文教材,面对不同的班级对同一篇课文开展阅读教学时,时常会因为不同班级的学生情况而确定有一定差异的教学目标。学生的生活经验、已有的知识基础和能力基础等是教师确定教学目标时需要给予关注的非常重要的因素。

此处以《拿来主义》教学目标的确定思路为例,具体说说课文教学目标确定时综合考虑课程标准、教材和学情三方面的依据。作为鲁迅先生的杂文名篇,《拿来主义》通过对当时国民党反动派的卖国主义政策以及一些人对待文化遗产的错误态度的批判,阐明在继承和借鉴文化遗产、外来文化时应持批判性的态度,先生首创"拿来主义"这一词来表明该有的态度。在人教社新课标版高中语文教科书中,《拿来主义》在高一下学期的必修四第三单元中,为该册的第8课。首先,从《拿来主义》所属的文体共性来说,该文属于传统意义上的议论文文体中的杂文,教材编者将该文安排在随笔、杂文单元。从大的范畴来说,《拿来主义》即对应课标中的"实用文"中的"论述类文本"。"杂文"有着自身的独特性,其具有政论与散文相结合的特点,如论证性与形象性相结合、巧妙运用幽默反讽手法、富有文采等。其次,从作为杂文的《拿来主义》的自身个性来说,在论证结构上,《拿来主义》的标题是"拿来主义",但其开头则是首先提出"闭关主义",再是"送去主义",在历数"送去主义"的不足后,再提出"拿来主义",即先破后立,破中有立,对"闭关主义""送去主义"的批判为"拿来主义"的阐述做了充分的铺垫,顺理成章,又有气势。[1]《拿来主义》这种"先破后立,破立结合"的论证结构在当前语文教材中较少,在确定该课的教学目标时很有必要特别关注这一独特性,以使论述类文本的相关课程目标能够切实地得到体现。对应

---

[1] 尤立增.理清教学目标之间的关系[J].中学语文教学,2014(5):26.

《拿来主义》这一杂文,《普通高中语文课程标准(实验)》中有明确的表述:"阅读论述类文本,教师应引导学生把握观点与材料之间的联系,着重关注思想的深刻性、观点的科学性、逻辑的严密性、语言的准确性。"①依据课程标准中的对应课程目标,再结合《拿来主义》的上述独特性,在确定教学目标时,有必要着力于《拿来主义》"这一篇"课文的"先破后立,破立结合"的论证结构和"巧妙运用幽默反讽手法,富有文采"这一论证性与形象性相结合的论证语言风格。而且,由于初中已学了不少鲁迅先生的文章,高一学生对于先生的思想、杂文特点、语言风格等都已有一定的了解,因而,《拿来主义》的教学目标不应着力于鲁迅先生基本的思想、杂文特点、语言风格等方面。

此外,一定的教材内容大体用多少课时来完成教学,也会影响教学目标的确定。依据一定的课程标准和利用一定的教材开展教学,在充分考虑了学生的具体情况的基础上,由于教学用时的不同,教学目标亦会有所差异。

三、语文教学目标的类型②

华东师范大学崔允漷教授认为,从不同的角度对教学目标进行分类,分类的每个角度有其相应的教学目标类别。语文教学目标作为具体的语文课程的教学目标,其分类与一般性教学目标的分类可以是一致的。

(一)指向习得结果的三种教学目标

根据学生最终习得的结果来分类,教学目标可分为成果性、过程性、创造性三种。成果性目标明确表明学生的学习结果是什么,这种目标中的行为动词都是成果性的,如"会写""会背""记住""会用""会做"等。过程性目标和创造性目标一般为较高层次水平的学习结果,如问题解决、推理、思维技能及其他复杂类型的综合性学习结果。过程性目标重在学生的学习经历,亦称体验性目标。虽然其指向的也是学生的外在行为表现,但由于其内部过程较复杂,常常以内涵比较含糊的行为动词加表现情景的方式来加以表述,如懂得、理解、感受、掌握、领悟、鉴赏等。创造性目标指涵盖学习经历与学习结果的目标,其所运用的行为动词通常为"制作""设计""表演""创作""扮演""编写"等。这种对教学

---

① 中华人民共和国教育部. 普通高中语文课程标准(实验)[M]. 北京:人民教育出版社,2004:16.

② 崔允漷. 追问"学生学会了什么":兼论三维目标[J]. 教育研究,2013(7):100-101.

目标的分类是结合具体的知识与技能,基于最宏观的目的,将学习结果落到实处,能够避免行为目标过于琐碎或与目的偏离。

(二)指向意义形成的三阶教学目标

根据学生学习意义形成的过程,由外而内、由表层到深层,教学目标可以划分为三层阶梯式的目标,分别是知识与技能、过程与方法、意义与价值三个层次的目标。知识与技能目标,即关于"是什么"的目标;过程与方法目标,即关于"怎样习得特定的知识与技能"的目标;意义与价值目标,即关于"通过这样的过程习得特定的知识与技能对于学生有何意义"的目标。这一分类有助于促进作为执教者的教师能够获得如下认识:知识与技能目标只是学生意义形成的"载体",而不同的学习过程与学习方法会产生不同的意义与价值。因而,教师必须努力使学生去经历正确的"过程与方法"。

(三)指向教学实践的三维目标

从教师教学实践的角度来对"学生学会了什么"加以划分,教学目标分为知识与技能、过程与方法、情感态度与价值观三个维度。教学实践作为一个完整的立方体,每一个教学目标都是这一立方体的一个点,每个教学目标是与三个维度相关的,只是其侧重点有所差异而已。知识与技能这一维度,在语文课程中以"知识与能力"来加以表述,指向于核心知识与基本能力;过程与方法这一维度中的"过程"是学习情境、交往体验,"方法"指基本学习方式或方法以及生活方式;情感态度与价值观这一维度是指学习兴趣、学习态度、人生态度、个人价值与社会价值的统一。

这三个维度各有其自身的本体价值,它们因学生实际和发展需要而各有侧重,且互为手段、互为目的、互相促进、相机为用、相互转化。进入具体教学情境或教学环节,这"三维"目标的每一维度都可成为学习的目标,同时也可作为达成其他两个维度目标的辅助和凭借。"过程与方法"可以作为"知识与技能"获得的技术性保障,"情感态度与价值观"则作为"知识与技能"学习的动力性支持;有时,"知识与技能""过程与方法"则作为"情感态度与价值观"培育与养成的凭证与途径、方法与手段;有时,"知识与技能""情感态度与价值观"作为过程体验与反思、方法训练与习得的资源与载体。"三维目标"在具体情境中有时各有侧重,但对于具体的某一课程整体而言,"知识与技能"是三个维度中的主线,其贯穿于学科教学的始终。这门课程的知识与能力是三维目标实现的载体,也是落实三维目标的"抓手"。

此外,还有必要明确,教学目标是课程目标在某一具体教学内容方面的具体教学要求,教学目标的确定需要以"三维"课程目标所体现的教学理念为导向,但教学目标则不需要以三维区分的方式来加以表述。课程目标需要基于"三维"来综合确定,以使课程促进学生全面发展。但在具体的课时教学中,教学对不同维度课程目标的贡献度则不一定是相同的。

对于上述的三种分类,可以下列三个直观的图示来表现。

图4-2 指向习得结果的三种目标　　　　图4-3 指向意义形成的三阶目标

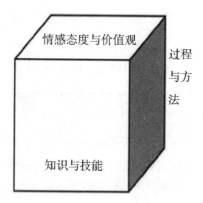

图4-4 指向教学实践的三维目标

四、语文教学目标的表述

在解读课程标准、分析语文教材和学情等的基础上,确定了相应的教学课时,进而大体确定了教学目标后,教学设计者需要将教学目标明确地加以表述。在表述语文教学目标时,教学设计者需要遵循一定的规则和依据一定的要求,才能使语文教学目标的相关功能得到更好的实现。结合语文教学目标表述的相关现实情况,我们以为,可以将教学目标表述的相关要求划分为规范、合理、精巧三个"累进"层级。教学实践中表述教学目标时,我们可以结合这几个层级的要求,不断努力达到更高层级的要求。

(一)教学目标表述的规范性层级要求

一般来说,无论是一个课时、一篇课文还是一次言语实践活动,其教学目标基本至少涉及2条。对于教学目标表述的规范性要求来说,我们可以从单一目标和不同目标间这两个方面的相关要求来加以明确。

1. 表述同一教学目标的规范性要求

第一,教学目标的语法结构应为动宾结构。从语法上来说,每一个教学目标必须是一个省略了主语的谓宾结构,即基本结构必须是动宾结构,而不能是名词或名词性短语。其中,省略了的主语是学生。因为,教学目标是基于学生的立场来阐明其学习结果,而不是从教师的角度去加以阐明,教师的教学实效是需要依据学生的学习结果来加以评判和得到体现的。所以,主语不能是教师,必须是学生。但由于已明确了教学目标是从学生角度而言,因而,作为主语的"学生"不必写出,而是可以直接省略。如,以下面表格中朱自清的《春》这一课文的教学目标表述为例,从规范性要求来说,表格左列中不规范表述的这三个教学目标都是以教师作为主语的,"培养""帮助"的主语都是教师,只是省略了而已。若暂不论这些教学目标定位是否合理、表述是否精巧,只从应以学生为主语这一规范性要求来说,可以通过对相关动词的增加或修改等方式,修改成表格右列这样以学生为主语的表述。

不规范:教师为主语	规范:学生为主语
1. 培养学生"细致观察事物,抓住特点描述"的能力	1. 初步形成细致观察事物并抓住特点加以描述的能力
2. 帮助学生通过反复朗读体会作者在文中要表达的感情	2. 通过反复朗读体会作者在文中要表达的感情
3. 培养学生热爱大自然、亲近大自然的思想感情	3. 形成热爱大自然、亲近大自然的思想感情

为何必须是动宾结构?这是因为教学目标是阐明学生经过一定的学习活动之后,要在什么方面达到什么程度,最终是需要通过学生以一定形式表现出来的,以表明学生在这些"什么"方面达到了什么程度。而表现是以行为来落实

的，因而，需要以动宾结构这种隐含行为的语法结构来加以表述。名词或名词性短语只是表明"什么"，只是对象，而不是行为。如某师范生将朱自清的《背影》这一课文的教学目标表述为：（1）课文以背影为线索的写法；（2）人物描写的方法；（3）浓浓的父子之情。这三个教学目标都是名词性短语，只是涉及在什么方面，而未能体现应达到的程度，这种表述是不规范的。

第二，教学目标的构成要素要周全。教学目标总是指向于一定的行为，应尽量具体。行为教学目标表述时涉及的基本要素有 ABCD 四要素或 AVOCD 五要素，其表明的是谁在什么条件下在什么方面学到什么程度。"ABCD"分别对应英文单词 Audience、Behavior、Conditions 和 Degree，其中 Behavior 可进一步具体化为英文单词"Verb"（即"V"）与"Object"（即"O"），也就是将"行为"进一步具体化为"行为动词 + 行为对象"。"A"即行为主体，指教学目标实现时学习行为的执行者，即学生，可省略。"B"即行为，指可观察、可测评的具体行为，其依托于特定的行为动词（V）与行为对象（O），行为动词指描述在实现教学目标时学生的行为，行为对象指确定的学习行为所涉及的内容，相当于行为动词的宾语，主要具体说明教学过程中学生确定的学习事件。"C"即行为条件，指影响学生产生学习结果的特定限制或范围，主要有辅助手段或工具、信息提供或提示、完成行为的情景等，有时也可指学习的过程与方法，主要说明学生在何种情境下完成指定的学习行为，如"读完全文后""新课学习前""课堂讨论中"等。"D"即行为程度，指学生对目标所达到的最低表现水准，用以评价学习结果所达到的程度，标准的说明可以是定量或定性的，也可以二者都有。定量的行为程度通常可以采用以下四种方式：①用完成行为的数量来衡量；②用完成行为的时间来衡量，如"三分钟内完成"；③用完成行为的准确率来衡量，如"完全无误"；④用完成行为的成功学生数量来衡量，如"80% 的学生"。无论是结果性目标还是表现性目标的表述，教学目标的构成要素至少必须具备"行为主体（学生，可省略）""行为动词""行为对象"这三要素。在此基础上，如果还能涉及"行为条件""行为程度"这两个要素，那自然是所期望的。毕竟教学目标越具体，越能以可观察、可操作的方式来表述，对教师的教和学生的学就越具指导意义。

第三，教学目标的维度要周全。任何课堂总是师生在特定时空下为掌握特定的知识或形成特定的能力以及形成特定的情感态度与价值观而进行多重对话、思想碰撞，而这些特定知识的获得、特定能力的形成以及特定情感态度与价值观的形成都一定需要经历其对应的合理的过程和运用对应的合宜的方法,进而领会到对应知识、能力以及情感态度与价值观背后的意义与价值。虽然在核心素养背景下,"各学科基于学科本质凝练了本学科的核心素养,明确了学生学习该学科课程后应达成的正确价值观、必备品格和关键能力,对知识与技能、过程与方法、情感态度与价值观三维目标进行了整合"①,但语文核心素养的培育落实于教学目标上,本质上仍然是以知识与技能、过程与方法、情感态度与价值观三个维度来体现。因而,教学目标的表述需要涉及知识与能力、过程与方法、情感态度与价值观这三个维度。并且,"知识与技能"背后所蕴含的"过程与方法""情感态度与价值观"要真正得到落实,这样"知识与技能"才能真正被激活,对于作为学习主体的学生才具有意义与价值,才能真正转化为学生的学科素养。

第四,"知识与技能"目标的动宾结构中的宾语不要用疑问词表述,而需要以明确且具有一定概括性的专业术语进行合理表述;"过程与方法"目标单独表述时,"过程与方法"目标不应以概述教学过程的方式来加以表述。如有老师将《拿来主义》这一杂文的其中一个教学目标表述为:"了解鲁迅'说的什么''为什么说''怎么说的',以及有些内容'为何不说'。"②此教学目标的动词宾语中心语都以疑问词的形式加以表述,这是不规范的。该教学目标的相关疑问词的具体所指即课文的内容、论证思路及其论证所体现的逻辑力量。该教学目标可以规范地表述如下:"在把握课文内容的基础上,理清课文的论证思路,体会课文的逻辑力量。"又如郑桂华教授曾执教《安塞腰鼓》,依据其教学实录③,我们可以将郑老师《安塞腰鼓》此课教学目标概括为:(1)在感受和比较擂鼓视频中的腰鼓特点与作者笔下的腰鼓特点的基础上,多角度品析本文的语言表达,体会本文的语言特点;(2)体味本文情感与表达的一致性,感受作者的深厚情怀。依据教学实录,郑老师该课的教学过程及其教学内容大体可以概括如下:(1)学生描述观看安塞腰鼓擂鼓视频的感受;(2)学生描述初步阅读课文中安塞腰鼓描写的感受;(3)学生讨论交流对课文句类、句式、修辞、用词等方面的特点与效

① 中华人民共和国教育部.普通高中语文课程标准(2017 年版 2020 年修订)[M].北京:人民教育出版社,2020:4.

② 尤立增.理清教学目标之间的关系[J].中学语文教学,2014(5):26.

③ 葛维春.本色课堂彰显语文核心价值:郑桂华《安塞腰鼓》教学案例评析[J].现代语文,2014(9):36-38.

果的赏析;(4)师生共同总结回顾情感与表达关系,由文及人,理解情、物关系。对于郑老师的《安塞腰鼓》教学,在师范生教学技能训练过程中,曾有师范生对该教学的其中一个教学目标表述如下:"观看录像,阅读课文,找到并朗读出感受强烈的句子,积极发言,锻炼表达能力、分析鉴赏能力等,感受安塞腰鼓的壮观和雄伟。"这个教学目标基本上就是将郑老师的教学过程加以概述,这是不规范的。

第五,教学目标应体现语文性。语文教学中,阅读教学主要是依托一篇篇的课文来进行,这些课文或是完整的篇章,或是节选,但无论是何种情形,作为言语作品,其总是言语内容与言语形式的结合体,言语内容是借助言语形式而实现的,言语形式发生变化,言语内容也会相应发生变化。不少课文,既可以在语文课程中成为阅读教学的中介,也时常可能在其他课程中作为其开展教学的中介。如曾选入初中语文教材中的丰子恺先生的《竹影》也可以在美术课中作为教学资源,刘成章先生的《安塞腰鼓》在音乐课中也可作为教学资源,竺可桢先生的《大自然的语言》在科学课中也可作为教学资源,诸如此类的课文有不少。但是,在非语文课中,这些课文作为教学资源关注的是言语内容。而对于语文课而言,作为阅读教学中介的课文,不仅关注言语内容,更关注言语表达的言语形式,而且对言语内容的关注需要在初步感知的基础上经由对言语形式的分析或赏析而得以实现,对言语内容本身的关注不是根本目的,经由分析或赏析言语形式的过程中感悟、体悟由言语形式而实现的言语内容才是根本途径所在,以这样的方式来实现语文课程在提升学生语言文字运用能力的同时促进其思想文化修养的提升这一目的。因而,语文教学目标应指向学生语言文字运用能力的提升,体现语文性。在确定教学目标时必须要有明确的"语文意识",并以合理的语言来加以表述。如《安塞腰鼓》这一课文写的是陕北的腰鼓这一民俗文化,阅读教学中对于安塞腰鼓这一民俗文化本身的感悟只是起点,也只是载体。此课教学的核心应在于赏析课文的句式特点以及在排比、反复、比喻等修辞手法中体认腰鼓的气势,并以此为基础进而体悟作者的家乡情怀,教学目标切忌只涉及对腰鼓这一陕北民俗文化的体认。类似部编版初中的传统文化系列的语文综合性学习单元或跨学科的语文综合实践活动,以及高中的实践活动单元,这些实践活动的教学目标的确定与表述亦如此。

2.表述不同目标间关系处理的规范性要求

通常情况下,一堂课、一篇课文或一次言语活动的教学目标不止一个,一般至少需要 2 个或 2 个以上,当然也不宜过多,否则目标会过于琐碎。语文教学目标的表述一般有两种处理方式,一种是如果该次教学的目标层面涉及要求学生体验某一具体的学习过程并成为其今后学习的一个要掌握、能运用的学习过程,或掌握某一具体的学习方法或策略等,此时,一般会采取按知识与能力、过程与方法、情感态度与价值观这样三个维度独立的方式加以表述,其中,学生要体验并今后能运用的学习过程或要掌握的学习方法或策略的目标便在"过程与方法"这一维度进行表述,然后"知识与能力""情感态度与价值观"各自以怎样的过程与方法而获得与形成,则在这两个维度的目标中以行为条件来作为状语加以表述。另一种是如果该次教学在目标层面上并不指向于学生要体验或掌握的学习过程或学习方法,则常常以知识、能力、情感这三个层次来表述教学目标,而每个层次的教学目标则都以状语的方式来表述其获得或形成的过程与方法。但无论是哪一种情形,表述教学目标时都应按照由易到难、由浅及深的顺序来排序,而不可随意颠倒这种递进的顺序。如果以知识与能力、过程与方法、情感态度与价值观三个维度独立表述的方式来加以表述,则其顺序为知识与能力—过程与方法—情感态度与价值观;如果以知识、能力、情感三个层次的顺序来加以表述,则其顺序为知识—能力—情感。当然,有时,在语文课程中,当此次教学中知识的掌握只是能力与情感的基础与手段,而非目的所在,此时,知识这一层次的目标可以不表述,但需要以状语的方式将相关知识整合于能力与情感这两个层次的教学目标之中。

(二)教学目标表述的合理性层级要求

在教学目标表述的规范性层级要求达到之后,还应进一步对其合理性层级的要求有所掌握,以使教学目标能够对教学的设计、实施和评价等方面起到其所应具有的功能与价值。合理性层级的教学目标表述的相关要求大体涉及目标的数量要合理、动宾搭配要合理、程度体现要适切、内容指向要聚焦等。

1. 目标数量要合理

前面我们已知晓语文教学目标的表述大体有两种基本方式,一种是按知识与能力、过程与方法、情感态度与价值观这样三个维度独立的方式加以表述;一种是以知识、能力、情感这三个层次来表述教学目标,而每个层次的教学目标则都以状语的方式来表述其获得或形成的过程与方法。不管哪一种表述方式,教学目标的维度或层次总体数量不宜过少,一般来说至少涉及两个维度或两个层级的目标,当然最多也就涉及三个维度或三个层次。但是,为了使教学目标更加具体,使其可观察和可操作,那就需要将每一维度或每一层次的教学目标进一步具体化,因而,各维度或各层次内部的教学目标数量也应合理,不宜过多。每一维度或每一层次内部的教学目标一般至少一个,当然前面也已说明,有时知识的了解与掌握不是目的,只是手段或基础而已,可以没有知识层次的教学目标。而各维度或各层次的教学目标内部的数量过多,易导致教学目标过于碎片化,从而导致其指向性与调控性的功能失效。

2.动宾搭配要合理

教学目标指向于学生的学习结果,需要明确学生在经历一定的学习活动后在什么方面能够达到什么程度,涉及学生相关表现的水平。在教学目标中,对于同样的行为对象,行为条件、行为动词、行为程度等要素都会体现其表现水平。因而,行为动词的合理运用是很重要的一个方面。对此,一方面是需要运用贴切的行为动词来准确表达教学目标所指向的表现水平。例如,对于课文中"比喻"修辞手法这一行为对象,是"了解"文中哪些语句或语段用了"比喻"修辞手法,还是借助文中运用了"比喻"这一修辞手法的语句来"理解""比喻"这一修辞手法的概念,或是通过"赏析"文中运用了"比喻"修辞手法的相关语句来理解这些语句的意蕴与体味其表达效果,"了解""理解""赏析""体味"这些行为动词所对应的程度与表现差异不小,在表述教学目标时必须准确定位其表现水平,并运用对应贴切的行为动词来加以表述。另一方面是有些行为对象只能与某些行为动词搭配,而不适宜与某些行为动词搭配。如在阅读教学中,对于"情感态度与价值观"这一维度或"情感"这一层次的教学目标,因为都是指向主体需要以体会、体悟或体验的方式来加以落实,并以一定的行为方式来加以表现,所以这种状态下的"情感态度与价值观"维度或"情感"层次的教学目标才有切实意义。如果只是"了解""识记"了,只是在"知"的层面有所落实,而不是在"行"或"情""意"层面得到落实,这样的"情感态度与价值观"维度或"情感"层次的教学目标就毫无实际意义。因此,用于"情感态度与价值观"维度或"情感"层次的教学目标的行为动词通常是"体会""体悟""感悟""领会""领悟"等,而不用"了解""知道""明确""掌握"等行为动词。

3.程度体现要适切

切实地实现教学目标的功能、表述教学目标时,当明确了行为对象的下位内容所属,如何将教学设计、实施和评价结合教学目标有效地开展,这与教学目标所指向的学生学习表现的水平密切相关。而在教学目标的相关构成要素中,行为对象的中心语或定语、行为条件、行为动词、行为程度等都对教学目标所指向的学生学习表现的水平起着相应的限制性作用。首先,行为对象的下位内容所属需要准确表述。如前述所举"比喻"这一行为对象,教学目标是指向于具体例句、概念内涵还是比喻句的意蕴和效果,"比喻"这一名词的中心语需要准确定位和表述;另外,是只涉及课文中或课堂上还是涉及课本或课堂之外的,是针对已学过的还是陌生的,需要对"比喻"的定语加以限制,进行明确表述。其次,行为动词要准确表述。是"了解"还是"理解"还是"体味",务必依据自己的教学定位而选择相应的动词来加以表述。而且,即使已明确了是其中的某一行为动词,其实还是比较抽象和笼统的,如对应"了解"这一目标层次,还涉及以"说出""辨认""复述""描述""识别"等的哪一种方式来表现。再次,行为条件要准确表述。在准确表述行为对象与行为动词之后,基本确定了指向的学生要完成的事项是什么,但在不同的条件或情境下完成同样的事项,水平是有差异的。是在教师讲解的情境下还是同学间讨论交流的情境下或是自我独立学习的情境下,这些不同的情境对于学生的难度而言是有差异的。此外,行为程度的相关用词的准确表述也是需要关注的。如时间、空间、频率、数量等的限制都意味着其对应的学习表现水平会有一定的差异。

4. 内容指向要聚焦

对于语文课程来说,由于言语内容与言语形式二者相融合的这一特殊关系,教学层面始终需要坚守工具性与人文性的统一这一基本特点,在开展具体的语文教学时,必定需要涉及言语内容与言语形式两个方面。以阅读教学而言,对于某一具体课文的教学而言,一定是既会涉及该课文所关涉的主要内容、思想情感、中心主旨等言语内容方面,又会涉及语句、语段、语篇等层面的句式、修辞、表达方式、结构等言语形式方面,并且言语内容与言语形式两个方面的教学内容总是融合式地进行落实,而不是相互割裂的。这是语文课程区别于非语文课程的独特性所在。因而,在教学目标中,同理也是必会涉及言语内容与言语形式两个方面的,而且作为语言文字运用结果的言语作品之课文,其对语言文字运用的方方面面都会涉及,但是教学时间是有限的,对于具体课文的教学总是只能承载教学时间内的某些任务。

在确定教学目标时,需要重视不同教学目标间的内在逻辑关联,教学目标之间要避免相互割裂,要努力使不同教学目标间有一个核心目标,不同目标间呈现同心圆式或台阶式的关系,而不能是辐射状式的关系。"进入具体教学情境或教学环节,三维目标的每一维都可成为学习的目标,而同时也可作为达成其他二维目标的辅助和凭借。"①但对具体学科教学而言,"知识与技能"是三维目标的主线,且相对而言更具外显性与确定性,"过程与方法""情感态度与价值观"更具内隐性、不确定性、生成性。"过程与方法""情感态度与价值观"的目标需要以"知识与技能"目标为基础和依托。语文课程最终旨在培养学生的语言文字运用能力,在培养语言文字运用能力的过程中实现育人的一面,而不是脱离语言文字的理解与运用来实现学生思想文化素养的提升。另外,在语文课程中,对于知识的掌握不是最终目的所在,知识是为能力的形成或方法的习得或情感的培育而奠定基础的。因而,教学目标中的核心目标一般为能力目标或方法目标,核心目标一般定位在"知识与技能""过程与方法"这两个维度;在知识、能力、情感三个层次的目标,"知识"只是"能力"的基础,"情感"是"能力"的延伸,核心在于能力。表述教学目标时,"知识"应与"能力"或"情感"有着内在的关联,"情感"也应是"能力"的自然延伸。三个维度或三个层次的教学目标要避免各自为政。

(三)教学目标表述的精巧性层级要求

为了使教学目标能够更有效地实现其在教学设计、教学实施和教学评价这些不同方面的功能,以对教师的教和学生的学起到指引性的意义,教学目标能够表述得精准与具体,让教学目标在可观察、可操作、可测评等方面表现得越突出,其功能将实现得越佳。为此,可从目标的内容指向外显化和目标的语言表达精巧化两个方面去加以努力,以在教学目标的精巧性层级有所体现。

1. 目标内容指向要外显化

在追求教学评一致的理念下,"教师应树立'教—学—评'一体化的意识"②,从教学目标与评价任务之间的关系来说,教学目标、教学过程和评价过程间大体为一一对应的关系。这类目标可表述为学习的任务,教学和评价时直

---

① 黄伟. 教学三维目标的落实[J]. 教育研究,2007(10):56.
② 中华人民共和国教育部. 义务教育语文课程标准(2022年版)[M]. 北京:北京师范大学出版社,2022:48.

接以目标对应的任务来实施。如:能够读准生字的读音,能够说出成语的含义,这样的教学目标在教学时教师便是为学生提供生字读音的练习,评价时即提供生字读音的标注或让学生朗读这些生字。教学目标用可测、可操作的行为动词来加以表述,使学生的学习表现能够以可观察、可测量的外显性行为来加以呈现,如"会写、会背、会用、记住"等行为动词,甚至对行为条件和行为程度等做出明确表述。但"过程与方法"和"情感态度与价值观"这两个维度比较难以具体的行为直接呈现,但至少可以对情景加以确定,对活动加以规定。此时,为了使教学目标能够为课堂教学评价任务的设计奠定良好的基础,可以通过内部状态与外显行为相结合的表述技术来表述,以"(学生)通过外显行为(做什么)来表明(他们)习得了(什么)"的模式来加以表述,可采取在一般性教学目标表述的基础上,分解细化为学生的学业表现的方法。如理解概念,可分解为让学生用自己的话解释概念、给出例子、描述该概念与其他概念间的异同。

对于语文课程来说,大部分情形下的教学目标比较难以可观察、可操作的行为来直接表述。如果教学目标过于含糊,其对于教学设计、教学实施和教学评价的调控与指向功能就很难实现。为此,我们可以采取在相对笼统表述教学目标的基础上,再进一步对该教学目标对应的学业表现以列举的方式来对教学目标的含糊性加以弥补。如关于"理解'比喻'概念"这样一个教学目标,可以列举出如下学业表现:(1)用自己的话解释"比喻"概念。(2)举出不少于3个运用比喻的例句。(3)将一组短语依据是否运用了比喻分类成两组。(4)说明"比喻"与"拟人"的区别。

2. 目标语言表达要精巧化

表述语文教学目标时,语言方面需要在句法结构规范的基础上,尽量使用贴切、简练的动词与名词进行合理搭配,构成以学生为主语的核心性动宾结构,以此作为表述教学目标的主干成分。在此基础上,进一步精巧地表述动词的状语、补语以及名词的定语,使教学目标更具体和更精确。为此,在表述教学目标时,所使用的语言尽量要慎重选择,切忌随意。如有一个师范生将朱自清先生的《春》这一篇课文的教学目标表述如下:(1)有感情地朗读全文,学习本文中生动的用词,体味文章的语言风格;(2)学习作者抓住景物特征,全方位、多角度、深层次观察景物的方法;(3)培养学生热爱大自然、热爱生活的感情。对于该生的相关教学目标的表述,不难发现存在诸多不足:一是第3个教学目标的主语为"教师",这是不规范的,可以修改为"培养热爱大自然、热爱生活的感情",尽管这样的表述很空洞,但至少不再是以教师为主语了。二是语言不够简练,同一个教学目标内部相关话语间的逻辑不够顺畅。如第 1 个教学目标中,"学习本文中生动的用词"的"学习"一词非常空洞含糊,未能体现其要求的程度,"生动的用词"这一表达也不太符合现代汉语的表达习惯。结合《春》这一课文的特点,"学习"应具体化为"品析",而从该句与下一句"体味文章的语言风格"间的内在关联来说,对于文本语言风格的体味不仅是基于用词方面的特点,还应关注修辞手法、表现手法等方面的特点,因而,"学习本文中生动的用词"与"体味文章的语言风格"二者间难以从逻辑上切实关联。此外,"有感情地朗读课文"在一定意义上来说,也难以与后面 2 个小分句形成一定的关联,对于该文而言,"有感情地朗读课文"本身即为目标的一个方面,而非仅为体味文章语言风格的手段与方式。这些方面导致第 1 个教学目标中 3 个小分句间的逻辑关联不顺畅。综合来看,即以该师范生的第 1 个教学目标的大概指向,不妨修改为:(1)有感情地朗读课文;(2)通过比较、想象、朗读等方式品析课文中形象生动的精妙语言,体悟课文语言隽永、富有表现力的语言特点。

案例分析

一、教学目标确定依据阐述示例与分析

篇目:莫怀戚的《散步》

(一)《散步》教学目标确定依据的列举

1.课程标准相关要求

《义务教育语文课程标准(2011 年版)》第四学段(7—9 年级)"阅读"领域与《散步》相关的"课程目标":

(1)能用普通话正确、流利、有感情地朗读。

(2)在通读课文的基础上,理清思路,理解、分析主要内容,体味和推敲重要词句在语言环境中的意义和作用。

(3)在阅读中了解叙述、描写、说明、议论、抒情等表达方式。

(4)欣赏文学作品,有自己的情感体验,初步领悟作品的内涵,从中获得对自然、社会、人生的有益启示。对作品中感人的情境和形象,能说出自己的体验;品味作品中富于表现力的语言。

2.课文介绍

《散步》选自部编版七年级上册第二单元,该单元的选文按顺序分别为《秋天的怀念》《散步》《散文诗二首:〈金色花〉〈荷叶·母亲〉》《〈世说新语〉二则:〈咏雪〉〈陈太丘与友期行〉》。

3.单元说明

该单元组织的双线具体为人文主题是"至爱亲情",语文素养是"朗读二:把握感情基调"和"体会思想感情"。该册语文课本中的单元导语具体为:"亲情,是人世间最普遍、最美好的情感之一。本单元课文,从不同角度抒写了亲人之间真挚动人的感情。阅读这些课文,可以加深我们对亲情的感受和理解,丰富自己的情感体验。""学习本单元,要继续重视朗读,把握文章的感情基调,注意语气、节奏的变化。在整体感知全文内容的基础上,体会作者的思想感情。有的文章情感显豁直露,易于直接把握;有的则深沉含蓄,要从字里行间细细品味。"

4.学生情况

七年级第一学期,班额 40 人。

5.教学条件

教室配有多媒体设备,能够演示 PPT,播放音频、视频文件,投影实物。

(二)《散步》教学目标确定依据的阐述

结合上述课程标准中的相关要求、《散步》所在单元的说明和课文构成,再进一步结合《散步》这一篇课文的具体特点以及七年级学生的相关情况,对《散步》这一篇课文的教学目标确定的依据阐释如下:

从课文特点来说,作为七年级上册第二单元中的一篇散文,莫怀戚的《散步》以"散步"这一件非常普通的家庭小事,展示了一幅家人互敬互爱、相处融洽和睦的亲情画卷,谱写了一曲尊老爱幼的颂歌,体现了中年人对于家庭强烈的责任感,亦表达了对生命的尊重与敬畏之情,可谓是"以小见大"。该文构思精巧,语言质朴却又遣词独特,文中有不少在句式结构方面特别讲究对称美、内涵上则非常丰厚的语句。

从学生情况来看,七年级学生已阅读和学习过一些人文色彩浓郁的课文,有了一定的人文素养,但受年龄与生活体验的制约,学生在理解本单元含蓄书写人生体验的文章时有一定的难度。此外,学生正处于三观逐渐形成却又很不成熟的阶段,受现实社会一些不良因素的误导,亲情观念较为淡薄,还未能形成正确的家庭伦理准则。因此,在指导学生学习时,教师需要注意引导学生从生活实际出发,联系自己的生活经历以及直接或间接的生活体验,透过语言把握感情,以深化对浓浓亲情的体悟,并在此基础上深化对生活的体验与感悟。

结合前述与《散步》相关的课程目标,根据《散步》这一课文在内容、表达、语言等方面的特点分析,依据《散步》所处单元"要继续重视朗读,把握文章的感情基调,注意语气、节奏的变化"的教学要求,《散步》的教学需要从节奏、感情两个方面对朗读有所要求;再依据该单元的"在整体感知全文内容的基础上,体会作者的思想感情……有的则深沉含蓄,要从字里行间细细品味"的教学要求,《散步》的教学在语言品味、情感体悟方面有所落实;根据课文课程标准的基本精神,语文课程在提升学生语文能力的同时更是努力提高学生的品德修养和审美情趣,健全学生的人格。再依据"初步领悟作品的内涵,从中获得对自然、社会、人生的有益启示"的课程目标,结合《散步》以散步这一小事却表达了丰富的情感与意旨这一特点,《散步》的教学需要努力引导学生感悟课文的这些丰富意蕴。

(三)《散步》教学目标确定依据阐述的分析

上述《散步》教学目标确定依据的阐述,充分地结合了前述所列举的确定其教学目标的各方面的依据,包括课程标准中的相关课程目标、课文单元说明、课文本身特点、学生情况等,按照一定的内在逻辑有理有据地将相关依据相结合加以阐述。首先以一个简短的总括性语段简单说明该课教学目标确定依据主要涉及的相关方面;然后,从确定教学目标最紧密相关的课文特点和学生情况两方面分别加以具体的分析;之后,再以课文特点和学生情况这两个方面作为基点,进一步联系单元说明中的教学要求以及相关课程目标中关联最为密切的目标要点和课程理念"全面提高学生语文素"中的相关内容,将这些与课文特点、学生情况再进一步结合起来,由此分别明确《散步》大体需要落实的教学指向及其要求。

二、教学目标表述示例与分析

(一)《散步》教学目标表述的示范

综合上述《散步》教学目标确定依据的分析,《散步》教学目标表述如下:

1.通过比较分析、想象描述、朗读体味等多元方式品味课文中富有表现力的语言,体悟相关语句的丰厚意蕴和独特美感。

2.基于对课文内容的感知、理解和对课文情感、意旨的领悟,把握课文"以小见大"的表现手法。

3.通过联系课文写作背景和"我"在家庭中的独特地位,借助对课文中相关意蕴丰厚的语句的领悟,在感悟浓浓亲情的基础上,领会课文所表现的对生活的高度责任感、对生命的尊重与敬畏之情。

(二)《散步》教学目标表述的分析

上述《散步》教学目标的表述中,主要涉及能力与情感两个类别的教学目标,其中第1个和第2个教学目标都为能力目标;从维度上来说,这3个教学目标都以状语的方式来落实"过程与方法"的维度,而对于"知识与能力"维度则在第1个与第2个中得到落实,"情感态度与价值观"维度在第3个教学目标中得到落实。这3个教学目标按照由浅到深、由能力到情感的顺序来表述。从规范性层级要求来说,为动宾式结构,构成要素周全,以学生为主语,以陈述性而非疑问词的方式表述;3个教学目标间的顺序合理。从合理性层次要求来看,数量为3个,比较集中,没有琐细化;动宾之间的搭配合理,动词、状语、定语等内隐的程度也是比较适切的;3个目标相互间具有一定的内在关联,内容指向比较聚焦,指向于对课文内容的理解、语言的赏析来领悟课文的意旨与作者的情感,进而把握"以小见大"技法,这些目标所指向的内容间相互关联。

实践演练

一、下面是语文实习教师 A 及实习指导老师 B 对部编版高中必修下册第二单元《哈姆莱特(节选)》教学目标的表述,请结合教学目标表述的相关要求对两位老师所表述的该课教学目标加以评析。

1.语文实习教师 A 表述的《哈姆莱特》教学目标

(1)识别《哈姆莱特》中的主要角色。

(2)理解哈姆莱特的独白"生存还是死亡"。

2.实习指导老师 B 表述的《哈姆莱特》教学目标

(1)给予有关《哈姆莱特》角色的口头提问(如"谁是克劳蒂斯"),通过界定他们与情节的关系,将各角色加以分类。

(2)根据教师所提供的指导语,口头解释哈姆莱特的独白"生存还是死亡"

的含义,并以书面形式阐释对此独白的理解。

二、下面是语文教师 C 对某一写作课教学目标的表述多次修改的过程,最后他认为第三次的表述最为科学合理,并将其作为该写作课的教学目标。结合教学目标表述的相关要求,你认为语文教师 C 第几次表述的此写作课教学目标最为科学合理,并阐释原因。

1. 第一次:初步具有写作的读者意识。

2. 第二次:知道多数时候写作文是为了与他人交流,要考虑到读者的需求。

3. 第三次:

(1)列出设想的读者或读者群,如设想其身份、年龄、知识层次、阅读能力和喜好、最关心的问题等。

(2)考虑读者对作文的期待,如:已知哪些信息,作文应重点介绍哪些内容,作文应谈论哪些问题,引发读者阅读的障碍点、兴奋点和态度等。

(3)设想作文的哪些内容可能会引起读者的共鸣,怎样才能强化读者共鸣的效果。

学习资源单

1. 安德森,克拉斯沃尔,艾雷辛,等.学习、教学和评估的分类学:布卢姆教育目标分类学修订版[M].皮连生,译.上海:华东师范大学出版社,2008.

2. 崔允漷.追问"学生学会了什么":兼论三维目标[J].教育研究,2013(7):98-104.

3. 钟启泉."三维目标"论[J].教育研究,2011(9):62-67.

4. 朱伟强,崔允漷.分解课程标准需要关注的几个技术性问题[J].当代教育科学,2010(24):14-16.

5. 王荣生.语文课程目标:转化与具体化:基于《义务教育语文课程标准(2011年版)》的语文教学建议[J].中小学管理,2012(4):13-15.

第五章　语文课堂提问设计

学习目标

　　1.理解语文课堂提问的功能；

　　2.理解语文课堂提问的问题类型；

　　3.掌握并熟练运用语文课堂提问的方法和设计的原则。

内容提要

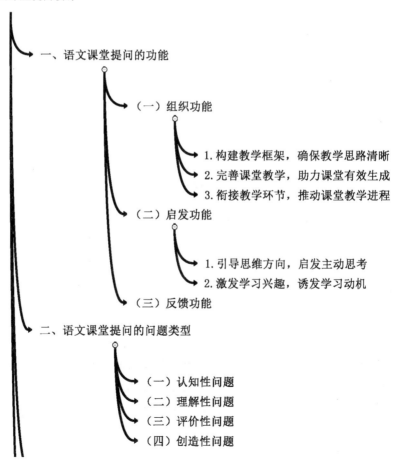

第五章 语文课堂提问设计

一、语文课堂提问的功能
　　（一）组织功能
　　　　1.构建教学框架，确保教学思路清晰
　　　　2.完善课堂教学，助力课堂有效生成
　　　　3.衔接教学环节，推动课堂教学进程
　　（二）启发功能
　　　　1.引导思维方向，启发主动思考
　　　　2.激发学习兴趣，诱发学习动机
　　（三）反馈功能
二、语文课堂提问的问题类型
　　（一）认知性问题
　　（二）理解性问题
　　（三）评价性问题
　　（四）创造性问题

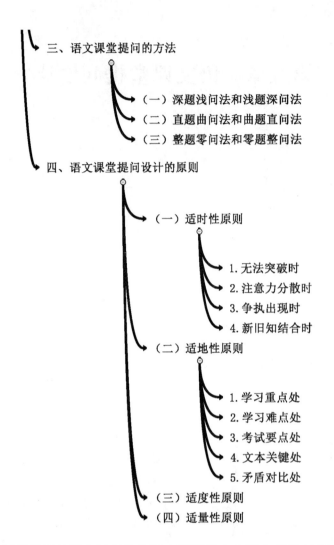

三、语文课堂提问的方法

（一）深题浅问法和浅题深问法
（二）直题曲问法和曲题直问法
（三）整题零问法和零题整问法

四、语文课堂提问设计的原则

（一）适时性原则

1.无法突破时
2.注意力分散时
3.争执出现时
4.新旧知结合时

（二）适地性原则

1.学习重点处
2.学习难点处
3.考试要点处
4.文本关键处
5.矛盾对比处

（三）适度性原则
（四）适量性原则

　　语文课堂提问是语文教师依据语文课程理念和语文教学目标，在语文教学过程中，围绕教学的重点、难点、疑点、盲点等提出问题，激励和启发学生的思维，引导学生得出结论或提出看法，从而达成对教学内容的理解和认识，促使学生获得解决问题的正确方法和途径的教学行为和手段。课堂提问运用普遍，语文教师教学时常通过各种深浅不一、形式多样的提问来引起学生的思考，而在教学设计时对一些核心的、关键性的问题加以明确，用精确的语言将其合理地表述出来，将为课堂教学的顺利开展、课堂提问的灵活且有效运用奠定良好的基础。结合相关研究，我们着重从提问的功能、问题的类型、提问的方法及设计的原则四个方面对语文课堂提问加以把握。

一、语文课堂提问的功能

语文课堂提问是课堂教学中应用最为广泛的教学行为和手段,是提高课堂教学质量和效果的有力武器,语文教师应充分发挥课堂提问在教学中应有的作用。语文课堂提问的作用主要体现在以下几个方面:

(一)组织功能

语文课堂提问的组织功能,是指教师通过提问的设计与课堂实施,有效组织学生学习,顺利完成教学,甚至实现课堂有效生成。这个功能主要体现在以下三个方面:

1. 构建教学框架,确保教学思路清晰

牛锡亭老师曾说,问题设计的目的是把课文知识点串在一起,形成一个"知识链",通过教师的引领与学生的"自主、合作、探究"形成了一个知识网络。课堂提问的设计就是要为整堂课的教学搭建一个合适的框架,串联起学生的思维,形成一个磁场,让学生与文本积极对话,从而有效组织课堂教学。如有老师教授毛泽东的《沁园春·长沙》时,设计了以下三个问题:

(1)作者在何种情景之下发出"问苍茫大地,谁主沉浮"的喟叹?

(2)作者为何要发出如此喟叹?

(3)"谁主沉浮"中的"谁"是指"谁"呢?

这三个问题紧紧抓住词眼"谁主沉浮"来设计,环环相扣,前后照应,教师逐步推出,思路非常清晰,整堂课组织得有条不紊。这样的提问设计,对教学过程起主导、支撑作用,在教学中能以一当十,具有"一问能抵许多问"的艺术效果。整堂课充分利用提问搭建好的框架,始终围绕核心问题展开,学生处于一种积极思考的状态,从而取得较好的教学效果。

2. 完善课堂教学,助力课堂有效生成

设计课堂提问搭建框架时,不能将提问设计得太满。肖家芸老师说过,太满了,这不是教学的智慧。这中间留出的空白,通常需要教师预设或追加一些小问题来进一步落实教学任务,若能充分利用课堂出现的一些意外情形或学生的错误答案,则最终可能生成生动丰满的一堂课。如特级教师宁鸿彬在《七根火柴》一课的教学中,提出的三个问题搭建了整个教学框架:

(1)请学生给课文重新拟一个标题;

(2)作者为什么要用"七根火柴"为题?

（3）对课文"那同志一只手抖抖索索地打开了纸包……一，二，三，四……"及课文最后"以一种异样的声调在数着：一，二，三，四……"提问：这两句话里用了省略号，说明话没有说完，这没有说完的话里面包含什么意思呢？想象一下最想说而没有说出的话是什么呢？

宁老师通过第一次提问，引导学生复述课文，理解课文内容。第二次提问从引导学生初步感知课文内容到抓住小说的线索深入探讨。第三次提问则深入小说中人物的灵魂，学生在完成这两个合理且有据的推想后，就能明白课文的中心思想。但在具体讨论第二问的时候，宁老师发现有些同学不能较好地完成思考，于是抓住"火"字，追问了三个小问题：研究课文中所写的草地环境与火的关系；研究无名战士与火的关系；研究卢进勇与火的关系。这三个小问题结合了课堂的具体情形，帮助学生真正由浅入深地走进文本，在不知不觉中直抵作者思想感情的深处，将原本生涩、有缺憾的课堂进行了完善，实现了课堂的智慧生成。

3.衔接教学环节，推动课堂教学进程

如果将一堂课比喻成一棵树，那么搭建框架的问题是树的主干，预设或追加的小问题是树的枝叶，而在联结点处的提问则是主干与枝叶的关节处。这些联结点就是课堂的导入、过渡、衔接及总结等地方，课堂提问若能在这些地方设计得好，就能完美衔接各教学环节，顺利推动教学进程。

课始借提问为导入新课做铺垫，这是有经验的教师经常使用的有效手段。在问题的设计上，综合考虑复习旧知和导入新知的两重需要，在提问旧知的同时为新知进行必要的铺垫，以便巧妙地导入新课。课中可借助提问步步深入一个新的知识点，以沟通旧知与新知、新知与更新知识之间的联系。这利于学生形成知识网络体系。课末教师可紧紧围绕重点，利用概括性问题提纲挈领地对本堂课教学内容进行概括归纳。这种当堂提问式总结归纳，要比教师自己概述式归纳效果好得多。这样综合运用，方能使整堂课脉络清晰、血肉饱满，同时又流畅自然，充分体现提问的组织功能。

（二）启发功能

语文课堂提问的启发功能，是指教师通过提问的设计与课堂实施，诱发学生的学习动机、激发学生的学习兴趣和启发学生积极主动思维。这个功能主要体现在以下两个方面：

1. 引导思维方向,启发主动思考

"学须先疑",疑问是思维的第一步。课堂提问的教学价值更重要的是培养学生思维的习惯、质疑的胆识。这种习惯与胆识并非天生的,需要教师的训练与培养。教学内容对于教师来说是已知的,对学生却是未知的,在课堂上学生的思维往往是肤浅并处于分散状态的。这时需要教师通过课堂提问给学生提供某种线索,让他们注意教材中的某些特点信息。这种有意学习行为能帮助学生的思维从分散走向集中、从肤浅走向深刻,并逐步学会学习。

教师提出问题后,学生必定绞尽脑汁,尽力搜索,或者从已经掌握的知识点中寻找答案,或者整合以前的资料,寻求更加可行、更有创意的答案。这是一个知识的输入—输出的循环过程,对促进学生的智力开发、正确思维模式的培养有着积极的意义。当然,教师在设计提问时要注意创造性问题的比重应高于常识记忆性问题的比重。这样,教师的提问教学一方面能给予学生学习质疑思辨的示范,另一方面又给予了学生大量锻炼的机会,学生的思辨能力和创新意识便得以形成。

2. 激发学习兴趣,诱发学习动机

兴趣是最好的老师,是促进学生学习的强大驱动力。当学生对学习感到枯燥乏味即将失去积极性时,教师若能提出一个别出心裁的问题,往往会给学生带来一种新奇、一份渴求,从而又激起他们的学习兴趣。学生对某个知识产生兴趣时,他们就会积极主动、心情愉快地进行学习,其思维就会处于高度自觉和主动的状态,学习效率将会大大提升。

在语文课堂教学中,当学生意识到每个人都有可能被教师提问,他们的注意力就有可能集中在所要学习的内容上;他们如果能在教师的帮助下正确地回答问题、体验到学习的快乐,就会更努力地思考问题、回答问题。不但如此,教师有技巧的提问设计能创设与教学内容相和谐的教学情境,激发学生的好奇心、想象力,诱导学生的学习动机,促使他们积极解决问题。

对于教师设计的课堂提问,学生若答对了,会得到一种满足感,形成一种向上、进取的心志。若学生答错了,只要得到教师耐心的纠正,加以适当的鼓励,学生的耐挫力、共情能力、解决问题的能力等就能得到培养,非智力因素就能得到很好的锻炼。

(三)反馈功能

语文课堂提问的反馈功能,是指教师通过提问的设计与课堂实施,有效实现学生信息的反馈,诊断学生的学习现状,从而改善教学效果。反馈是控制论中的重要概念,没有反馈则不可能达到控制。从教育学观点看,教师要完善自己的教学必须获得三种信息,学生反馈信息是其中之一。

学生的学习现状是教师教学的起点。了解学生的学习现状不仅要了解学生现有的知识水平,还要了解学生的最近发展区。一个好的教师,除了在课前的提问设计环节就要了解学生的学习现状,还应该做到在课堂提问中根据学生的学习情况灵活调整,这样才能找准真实的教学起点,为学生新知的学习量身定制。

了解学生的学习现状根据程度不同分为以下几个方面:一是对特定知识的记忆。通过课堂提问,引导学生及时复习,帮助教师检查学生的记忆,充分了解学生,确认学生是否已经具备了进行新的学习所必须掌握的知识。二是对知识与技能的理解和应用。为了审核学生对已学知识与技能的理解度,教师可以出示相应的题目让学生利用所学的知识解决问题,也可以通过提问具体深入地了解学生的状况:学生是否已经理解所学知识和技能?哪些部分理解了?哪些部分还需要进一步的学习与实践?有多少人理解了?理解的程度怎样?三是方法的应用情况。正确的方法是达到成功教学的必备因素。在不同学科的教学当中,都会涉及方法的学习。没有方法,靠死记硬背会学得很辛苦;学了方法,但不能灵活应用,则会学得很机械。

教师还可通过提问,从学生的反馈信息中了解教材难度、教学进度、授课方法、课后练习等是否适合学生,从而补充、调整,实现教学效果的自我检测与修订,既可以为下一次上课提供参考,也可以为课下个别辅导提供依据。同时,学生也可以从教师那里获得评价自己学习状况的反馈信息,在学习中不断审视自己,改进自己的学习态度、方法、习惯等,使自己后继的学习活动更富有成效。教师与学生之间还可以借助反馈功能,实现情感上的互动,增进师生感情,创造和谐的课堂。

二、语文课堂提问的问题类型

语文课堂提问的问题类型比较复杂,所用标准、角度不同,可以有不同的分类。这里主要对根据问题所对应认知水平层级的分类加以了解,其分为以下四大类型:认知性问题、理解性问题、评价性问题和创造性问题。

(一)认知性问题

认知性问题是指关于确认言语信息类知识的问题类型。言语信息类知识的确认包括个别的具体的事实、文字的符号意义、回忆表述、"是"或"否"的选择等。例如:"中国四大古典名著是什么?""老舍的原名是什么?""这篇文章的作者是谁? 他还写过什么作品?""这篇课文的体裁是什么? 以前学过的同类体裁的课文有哪些?""这个细节描写用了哪些动词,什么修辞手法?""在《装在套子里的人》中,作者从哪些方面来表现别里科夫的保守性?"这些问题缺少思维深度,答案是现成的或单一的,其目的不在于对学生进行思维的训练,但可以为新的学习情境提供心理准备和背景材料、做好教学上温故与知新的衔接过渡、提示学生注意教材和教师的教学内容等,主要用作更高一级水平问题的铺垫和基础。

(二)理解性问题

理解性问题是指运用智慧技能和认知策略的问题类型,包括明了事实间关系、组织原理分析、识别概念、对比材料、分辨义理等。回答时要对所接受或记忆的资料进行分析、统整、推理、比较,提供简单的叙述和解释,提供已知原理的例子。常有固定的思考结构依循,常导致某一预期的结果或答案,如:"《祝福》中短工'淡然地回答'如换成'茫然地回答',效果有何区别?"与认知性问题相比,理解性问题层次更深,其不满足于对知识的简单识记与回忆,能起到深化教学内容、培养理解能力、引导学生思维方向、训练学生分析能力等作用。若没有理解性提问,就激不起学生的思考,也无法将书本知识、他人经验内化为自己的东西。因此,理解性问题是课堂教学提问时的主要问题类型,其引导学生通过概述、解析、比较、转换、区别、推断、分类等方式达到理解的目的,也是贯彻启发式教学的重要途径。

(三)评价性问题

评价性问题是指关于批判(即评论)和抉择对象的问题类型,也要求运用智慧技能和认知策略。但与理解性问题不同的是,其要求学生以自己的价值判断和经验为参照、为论据来解决问题,答案是多元的,因答者而异。这类问题指向的重点不是作品,而是阅读主体即学生的观点、认识和经验。认知性问题和理解性问题主要是让学生"钻"进作品,而评价性问题不仅让学生"钻"进作品,而且要学生"跳"出作品。这类问题评论和抉择的对象包括:事物的性质、课文观念、观点和情感倾向、文本与现实的联系、价值取向、鉴赏的好恶、知识信息的信度(有无矛盾、失真和不妥)等。如:"《装在套子里的人》中别里科夫的'套子'

只是用来'套'自己的吗?""《祝福》中柳妈是不是杀死祥林嫂的凶手之一?"学生回答时要先设定标准或价值观念,据此对对象做出评价、判断或选择,是针对文本需要做出评价的内容进行的提问。这种提问考察的是学生能否评定所学材料的合理性,如材料本身的组织是否合乎逻辑,还能考察出学生能否评定所学材料的意义性,涉及学生对所学材料的价值判断,体现出学生对所学材料已达到的最高掌握水平。

(四)创造性问题

创造性问题是关于构建和发表独创见解的问题类型。它的答案不仅是多元的,且可能是易生歧义的,甚至是相悖的。一般不能得出单一性的标准答案,也常出乎教师的预设。如:"现实中有南郭先生吗?他永远只能作为反面典型吗?""《愚公移山》中的愚公有没有更好的方法来移山?""作为报告文学,《包身工》中的时间、地点、人物、事件、史实、数据,是不是真实可靠的?"创造性问题常常在如下情形提出,如理解文本背景、将课内与课外解读鉴赏经验联系、让学生发表个人独特见解、基本完成教学任务后的总括课文主旨、提示文章特点、学习写作方法等场合。创造性问题对于优化学生的智慧技能、强化学生认知策略的个人风格、培养学生的创造性思维、拓宽学生的文化视野、增强学生的文化辨识敏感等有其独特的作用。

这四类问题各有作用,教师在教学设计与课堂使用时,可有所侧重,综合运用不同类型的问题来进行提问,以使不同层次的学生都能有用武之地。

三、语文课堂提问的方法

我们主要了解三组最基本的提问方法。

(一)深题浅问法和浅题深问法

深题浅问法用于处理难度过大的问题,通过降低问题难度的方式,从浅处提出符合学生认知水平和接受能力的问题,化难为易,让学生容易进入,四两拨千斤,最终解决难题。浅题深问法则相反,用于似浅实深又常被学生忽视之处的提问,通过有深度的提问,让学生平中见奇,切实加深理解,而非从表面滑过。这两种方法配合得当,可化解卡壳、冷场等场面,激发学生深入求知的愿望。

(二)直题曲问法和曲题直问法

现行语文教材,深入浅出,透明度较高,市场上辅助资料又多,若教师照本宣科,平铺直叙地提问,学生会感到索然无味。此时可假设某种情境,将问题蕴含其中,学生便会兴趣大增,热情高涨。钱梦龙老师就是这方面的高手,他把曲问练成了一种艺术,常用于自己的课堂实践。对于有些复杂曲折的问题,比较隐晦,让人感到茫然,此时则需曲题直问,缩短问与答的距离,使学生"跳一跳就能摘到桃子",利于迅速解决问题。

(三)整题零问法和零题整问法

对一些繁难复杂的问题,教师必须循循善诱,由近及远,由易及难,顺藤摸瓜,逐步抓住问题的实质。要做到这一点就须在提问中化整为零,在解决一个个小问题的基础上深入问题的中心,此为整题零问。相反,对一些简单零碎的问题,看起来较琐细,这就要求我们从细处着手,从大处着眼,整体上把握,则可以聚零为整,触类旁通,此为零题整问。

以上这三类六法,如能灵活运用,可以收到事半功倍的效果。

四、语文课堂提问设计的原则

关于课堂提问设计,不同专家学者也总结出不同的原则。如启发性、适宜性、整体性、层次性四原则;关联性、生本、预设性、把握时机、引导、兼顾性六原则。结合诸多专家学者的研究成果,我们将语文课堂提问设计的原则概括为四点:适时性原则、适地性原则、适度性原则、适量性原则。

(一)适时性原则

适时性原则指设计课堂提问要注意选择合适的时机。这个原则解决的是什么时候提问的问题。孔子说过,不愤不启,不悱不发。要发挥语文课堂提问的最佳效益,首先需要选择合适的提问时机。关于提问的最佳时机,目前尚无权威的标准,教师需结合学生情况、教学目标、具体的教学内容等方面综合考虑,可以在课初、课中、课末各阶段提问。下面介绍几种比较常见的提问时机:

1.无法突破时

学习需要自己主动思考,但面对文本如果过难或过易,就会读不懂而发现不了问题,或觉得平淡而不知问题所在,从而使思维停滞,无法找到突破口。这时就需要语文教师通过课堂提问帮助学生找到相应的突破口,示范并引导他们如何质疑问难,从而解决问题,培养出相应的能力。

2.注意力分散时

不同年龄段的学生,注意力集中的时间长度不一,年龄越小,时间越短些。加上个体的差异、课堂上的特殊情形,注意力分散是常见的事情。教师可以通过直接点名善意提醒,也可以通过向其周边注意力集中的学生提问间接提醒,若是能够借助对该生本人提问来提醒,则既可以达到警示的作用,更可以巧妙地帮助学生重新将注意力拉回。

3. 争执出现时

课堂上经常会遇到学生之间就某一问题发生争执的情形,尤其是在开放式课堂,或者面对开放式问题时。此时学生各执一词,各抒己见,场面热闹,甚至混乱。教师固然可以直接宣布正确答案,结束争执,但这样的效果最不理想,因为学生没有通过争辩达到明理的目的。教师此时可以利用经验与智慧,针对争论焦点,提出一些引导性的问题,促进学生深入思考,在时间允许的情况下还可以组织讨论,让学生自己找到答案或方法。

4. 新旧知结合时

"师者,所以传道受业解惑也。"教授新知,是教师在课堂上的重要任务之一。有些教师会直接将知识全盘灌输给学生,这样省时又省力,但学生吸收效果较差。此时,若能通过巧妙的提问,回忆复习旧知识,在旧知识与新知识之间建立有机联系,把新知识纳入学生已有的旧知识的体系中,形成知识网络,则学生既能轻松记住新知,又能实现知识的有效迁移,甚至由此生成更新的知识,实现学习效益最大化。

(二)适地性原则

适地性原则指设计课堂提问时切入点的选择要合适。这个原则解决的是问点在哪里的问题。语文课堂提问选择了合适的时机,还需要选择合适的切入点,否则效果也不一定佳。常见的提问设计切入点有以下几种:

1. 学习重点处

教学重点是学生在课堂学习中要理解、掌握的最主要的点,往往也是他们学习的疑点、兴趣点。著名的瑞士心理学家皮亚杰曾说:"一切真理都要学生自己获得,或者由他重新发现,至少由他重建,而不是简单地传递给他。"[①]所以面对重点,教师不能大包大揽,让学生亦步亦趋去掌握,而应在重点处精心设计问题,引起学生重视,帮助学生加深对重点处的印象,引导学生主动理解、分析,从

---

① 严永金.让学生的思维活起来:名师最激发潜能的课堂提问艺术[M].重庆:西南师范大学出版社,2008:51.

中体会快乐与满足感。

2. 学习难点处

学习难点是学生在课堂学习中感到费力、困难或者自己难以理解、解决和掌握的点,也属于教学中应该特别重视的地方。如果不能突破难点,尤其是同时属于重点的难点,学生学习必将受阻,效果堪忧。面对难点,教师同样不要急于把答案或结论直接告诉学生,而应在难点处巧妙地设计问题,帮助学生踢开绊脚石,让学生自己一步步攻坚克难,自行跨越学习的障碍。

3. 考试要点处

考试要点是考试中的热点、难点、重点,有时不一定是一堂课中的教学重、难点,教师为了引起学生对相关考点的重视,应有意识地围绕这些点设计问题,力求让学生通过一个又一个问题,知道考试的基本内容,在今后学习与复习中有的放矢,学得明确且轻松。由考试要点延伸的问题,教师应该尽可能地变换角度,让学生从多角度、多层面进行思考,最大限度与考试情形对接。

4. 文本关键处

文本关键处是指对文本解读能起到重要作用的地方。语文教学,尤其是阅读教学,文本解读是非常重要的环节,抓住了文本关键处,解读就会容易许多。文本关键处通常包括题眼、文眼、中心句、能起线索作用或表现主题的关键词语。这些关键处往往内涵非常丰富,在文中起到独特的作用,抓住了就能避免问题空洞无力,使学生学习有抓手,能又快又准地进入文本,将学生语感的培养、文本美感的领略全部落到实处。

5. 矛盾对比处

语文教师在课堂上带领学生深入文本时,除了抓住前面文本关键处外,还有一些文本本身出现的矛盾、对比的地方也可以很好地利用。这些地方具有相反或相对的意思,构成一对矛盾,或可以前后比较看出差异。这种矛盾或差异若是作者有意的安排,则可以由此去体会作者的特殊用意;若是无意的创设,则形成了文本的缝隙,更是可以从中解读出恐怕连作者本人都未曾发现的深意或新意。有时候,这种可比之处,可延伸到文本之外,从同一作者的不同文本之间、不同作者的类似文本之间,找到写作背景、体裁、风格、取材、思想感情、主题立意或写作方法上的可比因素,作为切入点设计问题,这种方法就是目前阅读教学非常重要的比较阅读法。

（三）适度性原则

适度性原则指设计课堂提问时应把握分寸，注意难易适当。这个原则解决的是提到什么程度的问题。一个班级中，从成绩来分，通常会有优等生、中等生和相对的差生。问题如果设计得太容易，连差生都可以轻松回答，那中等生尤其是优等生会感到没有挑战性而索然无味。但如果设计得太难，那优等生都可能答不出来，中等生尤其是差生会因看不到解答的希望望而却步。所以，设计时首先要面向大多数学生，让他们通过思考能回答出来。同时又应通过在不同的知识环节上设置难度不一的问题，或者在同一个知识点设置由易到难不同梯度的问题，分别满足优等生和差生的需求，尽量使每个层次的学生都有机会回答问题而且可能回答正确。由易到难的问题，可以结合前述根据认知水平划分的提问类型，分别设计成认知性问题、理解性问题、评价性问题和创造性问题。通常，认知性问题尽量选择差生回答，理解性和评价性问题主要面向中间的大多数，创造性问题则可以满足优等生的挑战心理。

（四）适量性原则

适量性原则指设计课堂提问时应把握提问的数量，不宜过多或过少。假如教师的课堂提问选择了合适的时机与切入点，难度又适宜，是否就可以满堂问呢？答案是否定的，因为还要考虑量的问题。适量性原则可以从以下三个方面考虑：一是整堂课问题数量的多少。过多可能造成满堂问，过少造成满堂灌，都不好。二是单个问题容量的大小。教师提问时应抓住问题的关键或本质，尽量少而精，能用一个问题解决的地方尽量不要提两个问题。三是提问学生人数的多少。一堂课中尽量能让不同层次的学生都有参与的机会，不可过于集中地只向某几个学生提问。

案例分析

一、针对同一教学内容的前后提问比较分析

请看《云南的歌会》一个语段的教学：

这是种别开生面的场所，对调子的来自四方，各自蹲踞在松树林子和灌木丛沟凹处，彼此相去虽不多远，却互不见面。唱的多是情歌酬和，却有种种不同方式。或见景生情，即物起兴，用各种丰富譬喻，比赛机智才能。或用提问题方法，等待对方答解。或互嘲互赞，随事押韵，循环无端。也唱其他故事，贯穿古

今,引经据典,当事人照例一本册,滚瓜熟,随口而出。在场的既多内行,开口即见高低,含糊不得,所以不是高手,也不敢轻易搭腔。那次听到一个年轻妇女一连唱败了三个对手,逼得对方哑口无言,于是轻轻地打了个呹喝,表示胜利结束,从荆条丛中站起身子,理理发,拍拍绣花围裙上的灰土,向大家笑笑,意思像是说,"你们看,我唱赢了",显得轻松快乐,拉着同行女伴,走过江米酒担子边解口渴去了。

起初的提问设计	修改后的提问设计
1. 对歌的地点在哪里? 2. 对歌的内容是什么? 3. 为什么说"多是"? 4. 对歌的方式有哪些呢? 5. 什么叫"见景生情"? 6. "即物"是什么意思? 7. 这里的描写表现了对歌的人什么样的特点? 8. 对方为什么"哑口无言"? 9. 你能够读出"轻轻地打了个呹喝"的味道吗? 10. 谁能告诉我什么是"江米酒"? 11. 你觉得对歌时最要注意的是什么?①	1. 你从课文中能读出什么感觉,从哪里读出来的? 2. 本段的语言表达之美体现在什么方面? 请结合例子来说说。

【分析】

这位教师起初的提问,是典型的琐碎性提问。表面看起来一问接着一问,一环扣一环,颇有点连环发问的气势,但这 11 个问题基本在同一个层次,也简单,学生不需要深入思考就可作答,达不到提问应有的功效。课后该教师意识到了不足,反思之后在另一个班级教学时,将 11 个问题修改成 2 个问题,看似学生思考少了,但思考的质量明显提升。

二、提问的问题类型多样

某教师在执教《我有一个梦想》这篇课文时,共提出了以下四个问题:

1. 马丁·路德·金的梦想是什么? 课文哪些地方集中表达了他的梦想?

2. 马丁·路德·金为什么有这样的梦想?

3. 马丁·路德·金的梦想能否实现? 如果马丁·路德·金生活在今天,他又会有怎样的梦想?

---

① 余映潮.余映潮谈阅读教学设计[M].北京:中国人民大学出版社,2019:75.

4.今天我们该如何来看待马丁·路德·金的梦想?①

【分析】

这个案例中,教师虽然针对通篇课文只提出了四个问题,但分属不同的问题类型——记忆性问题、理解性问题、运用性问题和评价性问题。这四个问题能够由浅入深、逐步递进,让学生能够在解决记忆性和理解性问题的基础上回答后面难度更大的问题,为学生搭建了很好的平台,让学生不因难度大而畏难,反而获得了思维的成就感。同时,问题都紧扣了文章的关键,形成了一个立体的组合,增加了学生的兴趣,利于学生对课文的理解与整体把握。

实践演练

一、下面是从蒲松龄的《狼》一文中提取的 10 个内容要点,可以作为学生深入品读课文的话题、活动、任务或抓手,请从中选择三个话题进行主问题设计,构成一节课的教学框架,要求结构清晰且逻辑层次分明。

(1)请学生运用"情景表现"的方法朗读课文。

(2)先从"屠户"的角度,再从"狼"的角度,概括段意。

(3)尝试从小说要素的角度简析课文。

(4)分析课文层次,阐释各个部分的作用。

(5)请从"读诵注释法""分类集聚法""随文释词法"三种学习字词的方法中任选一种,自读、理解课文字词。

(6)《狼》的故事情节紧张曲折、层层相扣。给《狼》的每一段文字写 30 字左右的"课文点评"。

(7)请对课文进行"字词品析",举例分析《狼》的字、词、句的表达作用。

(8)以"狡猾"与"机智"为话题,谈谈你对这个故事的理解。

(9)写短文分析《狼》中之"狼"。

(10)论析《狼》的"小说技法"。②

二、下面两个案例中的提问设计大而难,学生回答效果不理想,请你试着重新设计,将问题拆分成学生经过努力能够回答的问题,并详细说明这样设计的理由:

① 蔡伟.语文课堂教学技能训练[M].上海:华东师范大学出版社,2009:154.
② 余映潮.余映潮谈阅读教学设计[M].北京:中国人民大学出版社,2019:72.

（1）某教师执教《项链》一课,设计问题如下:作者刻画卢瓦泽尔夫人在当时有什么现实意义?

（2）课文《药》的结尾处有一段对夏四奶奶的描写:"忽然见华大妈坐在地上看她,便有些踌躇,惨白的脸上,现出些羞愧的颜色;但终于硬着头皮,走到左边的一座坟前,放下了篮子。"某教师针对此段描写设计了这样的问题:这段描写的含义和作用是什么?

学习资源单

1.陈明选,沈伟.初中语文课堂教学问题诊断与教学技能应用[M].2版.北京:世界图书出版公司,2009.

2.严永金.让学生的思维活起来:名师最激发潜能的课堂提问艺术[M].重庆:西南师范大学出版社,2008.

3.曹丽娟.中学教师课堂提问技巧与方式[M].沈阳:白山出版社,2012.

4.胡庆芳,孙祺斌,李爱军,等.有效课堂提问的22条策略[M].上海:华东师范大学出版社,2015.

5.李涛,周静,杨建伟.课堂提问讲解技能及案例分析[M].北京:中国轻工业出版社,2017.

第六章　语文课堂呈示设计

学习目标

1. 理解语文板书设计、语文课件的含义与功能；

2. 通过实践训练，掌握并熟练运用语文板书的类型，达到语文板书设计及呈示的要求；

3. 熟悉语文课件制作及呈示的要求，并通过实践训练达到相关要求。

内容提要

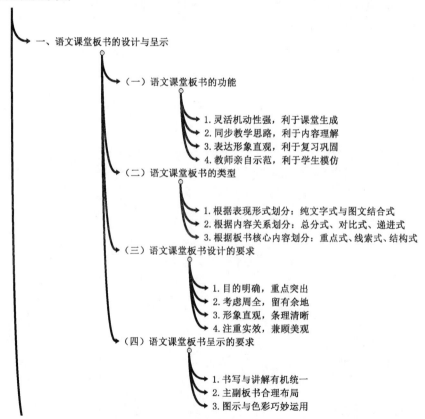

第六章 语文课堂呈示设计

一、语文课堂板书的设计与呈示

（一）语文课堂板书的功能

1. 灵活机动性强，利于课堂生成
2. 同步教学思路，利于内容理解
3. 表达形象直观，利于复习巩固
4. 教师亲自示范，利于学生模仿

（二）语文课堂板书的类型

1. 根据表现形式划分：纯文字式与图文结合式
2. 根据内容关系划分：总分式、对比式、递进式
3. 根据板书核心内容划分：重点式、线索式、结构式

（三）语文课堂板书设计的要求

1. 目的明确，重点突出
2. 考虑周全，留有余地
3. 形象直观，条理清晰
4. 注重实效，兼顾美观

（四）语文课堂板书呈示的要求

1. 书写与讲解有机统一
2. 主副板书合理布局
3. 图示与色彩巧妙运用

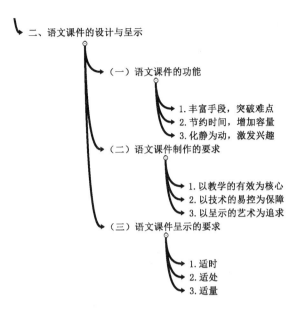

二、语文课件的设计与呈示

（一）语文课件的功能

1.丰富手段，突破难点
2.节约时间，增加容量
3.化静为动，激发兴趣

（二）语文课件制作的要求

1.以教学的有效为核心
2.以技术的易控为保障
3.以呈示的艺术为追求

（三）语文课件呈示的要求

1.适时
2.适处
3.适量

语文课堂教学中，教师为了配合内容的讲解，充分调动学生耳、眼、口、手、心等的参与，需要将教学内容简洁直观形象地呈示出来，让学生易于感受、体会、理解。这种呈示主要包括板书和多媒体（主要是课件）这两个方面，下面分而述之。

一、语文课堂板书的设计与呈示

所谓板书，是指教师根据教学需要，为引导学生学习、达成教学目标，辅助教师课堂口语的表达和教学内容的概括、深化，而书写或呈示在黑板等工具上的文字、符号或图表等。传统语文教学中，板书可以说是运用得最多的呈示手段，通常与讲述同步进行，择其要而书之，故素有"微型教案"之称。然而，由于多媒体信息技术的不断发展与广泛应用，当下许多语文教师板书意识较弱甚至缺乏，不少教师以 PPT 或幻灯片投影等代替了传统的板书。这对于学生的记忆和理解都是较为不利的，因此，即使在教学技术手段时常更新的今天，我们都不能忽略板书。

（一）语文课堂板书的功能

1.灵活机动性强，利于课堂生成

多媒体辅助教学使用得当，有助于教师突破教学难点，但备课时间长，且精心准备后往往要按照预设的环节进行，无法根据实际需求自动调节播放顺序，更无法现场更改上面的内容。板书则可以很好地解决这些问题。首先，内容可添可减。板书既可以临时增加新的内容,也可以擦去不适合的内容。其次,时间可长可短。板书只要不擦掉,就可以一直呈示,不像多媒体课件"昙花一现"。最后,顺序可先可后。板书可以根据内容调整的需要,将后面的板书放到前面来书写,或者将前面的板书放到后面来呈示。这样,教师可以灵活地根据课堂上学生的回答、新的灵感、突发的情况等,来调节板书的内容,生成新的教学内容,让师生、生生的思想与智慧得到自如的交流与碰撞。

2. 同步教学思路,利于内容理解

一堂好课,需要清晰的教学思路。而清晰教学思路的形成,需要教师在板书设计过程中,对教材、学生、背景资料等教学资源进行整理、分析、筛选与组合。教师最终将教学资源综合思维结果物化成教学思路,把凌乱的内容有条理地表现出来,或把繁复的内容以合理的形式表现出来。但在具体的教学过程中,教师需要配合自己的讲述,将体现在教学设计上、存在于脑海中的教学思路同步向学生展示,将无形的思路通过简单、明了的有形板书表现出来。这样,学生在用耳朵听教师讲解的同时,又能用眼睛看教师的板书,再加上自己用手记、用脑想,充分调动了各种感官,有利于学生对教学内容的理解。

3. 表达形象直观,利于复习巩固

心理学实验研究表明,看一遍比听一遍能多接受 1.66 倍信息,且三天后单凭听觉只能记住 15%,而单凭视觉则可以记住 75%。① 因此,在教学实践中,教师要充分发挥板书的作用,通过符号、线条、图画等形式,再配以优美的书写,化抽象为具体,使教材内容变得更加形象、直观,从而大大减少学生接受知识的难度,有效提高学生获得知识的效率,优化教学过程,提高教学实效。此外,形象、直观的板书,还可以使学生在复习时,能通过对具体板书展开联想,建立与旧知识体系的牢固联系,并在运用时便捷地回忆起所需知识,进一步巩固所学。

4. 教师亲自示范,利于学生模仿

和 PPT 或幻灯片投影等方式相比,板书必须教师亲自书写,不可能一次性显现。因此,语文课堂上的板书,具有示范和引导作用。尤其是小学阶段,学生正是识字、认字、规范书写汉字的黄金时段,教师的正确书写,可以让学生学会正确的笔顺;教师的认真书写,可以让学生学会端正的态度和严谨的作风。若

---

① 张学凯,刘丽丽.语文课程教师专业技能训练[M].北京:北京大学出版社,2017:101.

是能运用一定的美学方法合理布局,从构图、字体、色彩等方面精心设计,再配以优美的书法,板书则还能让学生获得审美愉悦的同时,模仿教师的设计与书写,获得知识之外的诸多收获。

(二)语文课堂板书的类型

语文板书的类型,因研究者采用的划分标准不同而种类繁多,如有的研究者根据板书的性质与地位分为主板书与副板书,根据时间分为课前板书、课中板书、课后板书。不同的种类划分相互之间时有矛盾或交叉,故至今难有定论。结合前人的研究成果,本书做简要分类如下:

1.根据表现形式划分:纯文字式与图文结合式

纯文字式板书是纯以文字呈示的板书。这种板书往往由课文中关键性词语或对课文高度归纳性的词语组成,文字要尽量简练,不能冗长,要体现出板书的简约而不简单之美,有利于学生抓住关键、核心来理解课文,提高其概括、归纳及表达等能力。如《论雷峰塔的倒掉》的设计:

希望倒掉

居然倒掉

活该倒掉

图文结合式板书则是将文字与符号、表格、图画等形式结合来呈示的板书。符号与文字结合的板书,通过线条或关系框图等符号与文字的组合,帮助归纳、分析、推理,形成一张简易思维导图,常有一个中心或一个核心词汇,通过符号形成分支链向四周发展或归于同一中心。表格与文字结合的板书,常针对可以明显分项的教学内容设计,将相关内容统一列为表格,进行对比、整理、归纳,运用方式比较灵活,可以由学生完成表格,也可以由教师边讲边完善,类目清楚、排列有序是其最大的优点。图画与文字结合的板书,通过几何图形、简笔画甚至是图画等,再辅以文字,将教学内容所涉及的事物形态、结构等形象直观地展现在学生面前,易于学生理解。如《孔乙己》的设计:

（短衣帮）　　　　（长衫主顾）

靠柜外站着　　　　踱进店里面

买一碗酒　　　　　要酒要菜

喝了休息　　　　　慢慢地坐喝

通常来说,使用纯文字呈示的板书概率少些,绝大多数情况下,板书会适当借助各种符号、表格甚至图画来呈示。

2. 根据内容关系划分:总分式、对比式、递进式

总分式板书是将总体和局部有机结合进行呈示的板书。这种板书适于先总后分、先分后总或总分总式结构的教学内容,具有条理清楚、关系分明的特点,能给人以清晰完整的印象,有助于学生理解和掌握课文的结构,或全面系统地掌握所学知识。如《六国论》的设计:

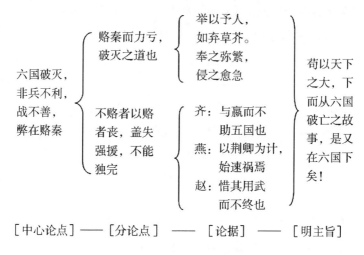

[中心论点] —— [分论点] —— [论据] —— [明主旨]

对比式板书是把课文内容中彼此对应的两方面排列起来进行对比而形成的板书。这种板书常用于不同的事物或同一事物的不同方面的相互比较,能通过对比揭示知识结构和各部分的逻辑关系,更好地表明事物之间的关系,突出重难点;或把易错易混的知识进行区别对比,易于掌握;或把复杂的内容用符号、图表等形成鲜明的对比,给学生以强烈的感知,有助于加强联想,拓展学生的思维。如《从百草园到三味书屋》的设计:

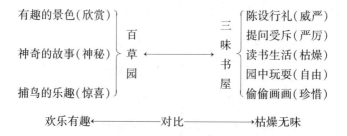

递进式板书是将教学内容逐层递进呈示的板书。这种板书能按照文章的

特点,抓住文章内容的逻辑性,形象地表现教学内容的层次以及层次间的关系,具有直观性强、便于使用的特点。如《石钟山记》的设计:

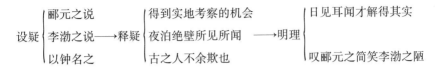

3.根据板书核心内容划分:重点式、线索式、结构式

重点式板书是针对不同的文本类型,为突出某一个教学重点、难点,或针对课文的某一方面知识或重点段落而设计的板书。这种板书通过有针对性地突出课文的某一部分或某一方面,能够有效加深学生印象,帮助学生理解教学内容。如《爱莲说》的设计:

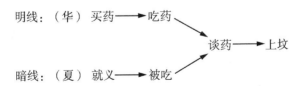

线索式板书是专门展示课文故事发展线索或内在情感变化过程的板书。这种板书根据不同的课文所呈示的情节发展、人物活动、时间推移、地点转换或情感变化线索,抓住显示文章线索的关键词语,简要概括出行文的线索,帮助学生轻松掌握文章全貌。如《药》的设计:

明线:(华)买药——→吃药
　　　　　　　　　　　　↘
　　　　　　　　　　　　　谈药——→上坟
　　　　　　　　　　　　↗
暗线:(夏)就义——→被吃

结构式板书是专门显示文章结构形式的板书。这种板书需要教师具有高度的概括能力、良好的抽象思维,方能用文字把文章的结构归纳概括出来,往往采用文字和图形相结合的手段,形象地展示文章的结构特点,帮助学生掌握文本、文本的结构,进而理解文本内容。如《死海不死》的设计:

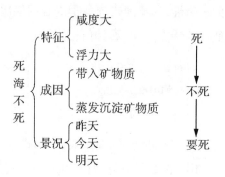

(三)语文课堂板书设计的要求

语文板书的设计,主要考虑三方面的问题:一是为什么要设计,二是怎么设计,三是要达到什么效果。围绕这三方面问题,语文板书设计须注意如下要求:

1. 目的明确,重点突出

语文教学须有明确的教学目标。从教学设计开始就应该围绕教学目标展开,理清每个环节、每个活动对于教学目标实现的意义。若是发现与教学目标无关的环节或活动设计,则应毫不犹豫地删除。同理,板书作为"微型教案",在设计时就必须紧密配合教学设计,围绕教学目标的落实来确定其内容、种类和形式。所以,优秀的板书往往都能清楚地展示出本节课的知识、目标及重点。而拙劣的板书则远离教学目标进行设计,往往使学生不知所向,甚至一无所获,课堂教学效果因此大打折扣,板书便失去了其应有的教学价值。因此,板书设计应根据文本教学内容、学生学习的需要,针对教学目标,做到有的放矢。但同时,板书毕竟不是完整教案,它会受到书写时间、空间的限制,因此板书设计还必须做到重点突出。也就是说,设计时要从呈示的内容中精选,挑出核心内容予以突出。这样的板书概括性强,能起到提纲挈领的作用。如果眉毛胡子一把抓,板书内容过多、过杂,就会冲淡教学重点,起不到板书应有的作用。

2. 考虑周全,留有余地

语文板书设计,作为教师上课前制订的计划,具有计划性。优秀的板书往往考虑周全。教师在上课之前做板书设计时,对于板书内容的呈示时机、先后顺序、前后的呼应,以及文字的大小、符号的运用、整体的布局等,都要事先有周密的考虑和细致的安排。此外,板书设计毕竟是一种计划,所谓"计划不如变化",课堂教学不可能完全按照预设的情形发展下去,实际的课堂总是千变万化的。尤其是在师生双边活动中,在一些强调智慧生成的课堂中,常常会遇到或教师有意地引导出一些预料之外的情形,如果还是生搬硬套地将原来设计好的板书呈示,效果自然不好,有时会贻笑大方。因此,板书设计必须留有余地,具有适当的灵活性,采用随机应变的措施,确保教学目标保质保量甚至超额完成。

3. 形象直观,条理清晰

语文课堂教学,须充分调动学生的各种感官参与,方能保证教学效果的实现。而板书调动的是学生的视觉,是对学生的一种视觉刺激。因此,板书设计得越形象有趣,越能引起学生的注意,而学生的注意力越集中,对课文内容的理解和记忆就越有利,往往能让学生在不知不觉中理解、记住。但板书设计仅仅形象直观还不行,还须体现条理性与清晰性。设计板书时,除了形象直观展示主要教学内容外,还应讲究板书的布局,理清教学内容间的逻辑层次,将内容尽可能地按一定的顺序、条理清晰地呈示出来。这样学生就能更好地领会教师讲授的内容。

4. 注重实效,兼顾美观

语文板书设计要强调实用价值,毕竟板书是服务于课堂教学的,而课堂教学的核心是围绕学生的成长,让学生每一堂课都有所得,都能获得身心的发展。所以板书设计时要充分考虑学生的知识水平、心理特点及接受能力,调动学生的学习兴趣,想办法使学生容易看懂、容易吸收。如果忽视了板书的实际操作价值,板书就只能是摆设,或者是作秀。同时,板书设计还要兼顾美观,具有一定的艺术性。当前多媒体教学盛行的趋势下,板书在语文教学中的运用,应当超越写下重要内容便于学生做笔记的初衷,上升到美学层面,帮助学生在获得语文知识、习得语言运用、发展思维能力的同时,能得到某些审美体验。

(四)语文课堂板书呈示的要求

语文板书经过精心设计后,还有一个从理想预设状态到最终呈示在黑板等教具上的环节。这个呈示的环节,既不能完全按部就班,也不能完全随心所欲,须注意呈示的时机和形式等。

1. 书写与讲解有机统一

确定了好的教学内容,有了好的教学思路及板书设计,教师什么时候配合自己的讲述,通过有形板书将教学思路同步展示,就显得非常重要。优秀的语文教师能将板书和语言讲解有机结合,在课堂上边讲边写,或者先讲后写,也可以先写后讲,整堂课行云流水,给人一种浑然一体、不可分割的感觉。语文板书呈示时机把握得越好,越能更好地传递教学信息,将板书同步教学思路利于内容理解的功能发挥到最大。教师切忌整堂课讲完后一股脑将板书抄在黑板上,也不能先把板书全部写在黑板上,然后一路讲解下去。

2. 主副板书合理布局

前面我们在对语文板书进行分类时提到了主板书和副板书,虽然我们的分类主要是针对主板书而言,但在语文板书的呈示时,往往会出现一些计划外的内容,如与教学有关的零散知识、语言讲解涉及的学生不理解的词语、不同学生课堂发言时的主要观点等。这些内容,虽然不是板书预设的呈示对象,但如果不呈示出来,就不利于学生对主板书内容的理解。这时,教师临时写上的相关补充、提示、演绎、分析等内容,就是副板书,是对主板书的辅助和说明。主、副板书须注意明晰二者关系,合理搭配。主板书是基本板书、中心板书,是课堂教学的主体部分,处于主体地位,应在显眼的位置或居中的位置,而副板书是辅助板书、附属性板书,是课堂教学的必要补充,处于从属地位,故应在不显眼的位置或主板书的一侧。这样既主次分明,又相辅相成,用生成补充了预设,体现教师在课堂上的智慧。

3. 图示与色彩巧妙运用

语文教师的主要工具是语言文字,在板书呈示时,相比其他学科,承担着更多的任务。首先是汉字的书写,要求笔顺正确、横平竖直,不能随性使用草书,否则学生可能看不清楚,这点在义务教育小学低段体现得尤其鲜明。汉字的书写、版面的布局,有时包括图形的绘制,要考虑学生年龄段,尽量符合他们的审美习惯。其次是色彩的运用,一般以白色为主,但可以恰当地运用一些彩色,合理地搭配色彩,使板书生动美观。不过,颜色也不能太多,一般不要超过三种。若是颜色太多,则非但不能起到应有的提示与美化作用,反而"乱花渐欲迷人眼",扰乱了学生的视线与思路。总之,语文板书呈示时要注意书写与色彩的巧妙运用、合理搭配,就能在一定程度上提高教学效果。

二、语文课件的设计与呈示

语文课件就是运用计算机辅助语文教学中使用的教学软件,通常是指当前运用较广的多媒体课件。多媒体是多种表现信息的载体与存储信息的实体的集合,故多媒体课件就是将文字、图形、声音、动画和视频等多媒体元素合为一体的教学软件。因其图、文、声、像并茂,方式灵活,更易接受,常被教师用来解决教学中难懂的、抽象的、复杂的或动态的内容。这里主要站在语文教师的角度,从理论层面来探讨其功能、制作要求与呈示要求。

(一)语文课件的功能

语文课件运用现代多媒体计算机系统,尤其是结合互联网技术,给教学带来了深刻的变革,其功能强大,与传统教学手段相比,主要体现在如下方面:

1. 丰富手段,突破难点

语文课程具有丰富的人文内涵,承担着德育渗透、情感培育的功能,因此在语文教学中,应注重引领学生深入品析课文,让学生获取情感体验,受到高尚情操与趣味的熏陶。但是情感是无形的、抽象的,是"只可意会不可言传"的,情感与德育的目标通常是教学的难点,还有一些抽象的知识、远离学生生活实际的场景与体验,学生同样难以理解。面对这些难点,传统语文教学中,只能凭讲解或简单的辅助手段,结果是教师台上唾沫横飞,学生台下睡眼蒙眬,可谓事倍功半。此时语文课件能借助现代多媒体和互联网技术,创造丰富的手段,将难点轻松突破:能变抽象为具体,加上教师恰到好处的点拨讲解,易于学生理解;能运用多媒体将各种素材融合在一起,带动学生迅速进入文本,使教学更直观、有效;能通过精美的界面、优雅的音乐等再现课文生动的形象,营造出浓郁的教学氛围,让学生徜徉其间,深受感染。

2. 节约时间,增加容量

语文的外延等于生活的外延,这要求语文教师必须丰富课堂,大面积、大容量、高速率地使学生在单位时间内掌握更多的知识,形成更多的能力。作为新时代的语文教师,必须能充分利用现代信息技术,制作好语文课件,解决上述问题。否则,只能像传统教学遭遇的尴尬一样:花费大量时间抄写板书,翻来覆去跟着磁带朗诵,举着挂图环游教室……多媒体技术、网络技术与课堂教学的融合,让这些尴尬迎刃而解、随风而逝。你可以运用计算机将你所需要的信息事先处理,还可以根据需要随心所欲地进行操作,或直接投影,或调整大小,或任选进度,最大限度地省却了用于无效或低效的机械操作时间,在有限的时间内给学生传递尽可能多的信息,使他们提高语文学习的效率。同时,语文课件还可以利用多媒体计算机强大的功能,自如地增加课堂信息传递通道,提高单位时间内传递信息的容量,增加课堂的密度及课堂容量。网络提供的学习资源远远大于任何教师、任何教材,甚至任何一个图书馆所能提供的信息量。教师可以利用网络,收集与课文相关的各种资料,做好整理,制成课件,帮助学生理解课文,拓宽学生文化视野,提高他们的语文修养。

3.化静为动,激发兴趣

传统的教学注重书本内容,依据书本内容形成教案用于课堂教学,而学生也主要是根据书本上的文字来学习,无论是教师的教还是学生的学,知识都以静止的、抽象的姿态呈示。这样,学生由于年龄、阅历等的限制,面对抽象的文字,往往兴趣不高,或难以较长时间维持兴趣,从而影响对内容的理解、知识的掌握及思想感情的领会。语文课件能运用计算机教学,借助图、文、声、像,利用鲜明的色彩、逼真的音响、直观的图像或视频,变抽象为形象,变模糊为直观,将以静止的、抽象的姿态呈示的知识转变为形象、具体、生动的形态,使学生能形象地感知课文,更快、更准确、更牢固、更大容量地接受信息和知识。这样化"静"为"动",为学生营造出形象逼真的学习环境,充分调动了学生的多种感官,唤起了学生浓厚的学习兴趣,有效地帮助学生记忆、理解和思考。

(二)语文课件制作的要求

语文课件功能强大,越来越受到教师们的喜爱与广泛运用,但是课件制作起来,花费的时间较多,尤其是参加公开课或教学竞赛时,教师们往往反复修改、精雕细刻。要让花费诸多时间与精力的语文课件发挥其应有的作用,须在课件制作时遵循如下要求:

1.以教学的有效为核心

语文课件的制作要紧紧围绕教学目标的有效实现来进行,所以制作前首先要考虑这堂课是否有必要使用课件。如果用传统的教学方式能达到良好的教学效果,就没有必要花费大量的精力去制作课件。确定其必要性之后,尽量发挥其有助于节约时间增加容量的功能,解决耗时的外围问题后,将课件制作重心放在教学重点的突出与难点的突破上,确保内容正确、逻辑严谨、层次清晰。同时,注意不能将所有教案上的内容全部照搬到课件上,也不能为了用多媒体吸引学生的眼球而制作得花里胡哨,要利用课件优化课堂教学结构,提高课堂教学效率,既要有利于教师的教,更要有利于学生的学。总之,语文课件的制作必须以教学的有效性为核心,服务于课堂的高效,服务于学生的收获,向课堂要质量,让单位教学时间内的效益最大化。

2. 以技术的易控为保障

语文课件的制作,需要教师的技术作为保障。这个技术首先体现为语文教师能熟练掌握一些软件的功能,这是制作教学课件的基本条件。其次,教师运用各种软件制作出来的课件,须确保"人—机"交流顺畅。一堂课的时间只有45分钟左右,要向课堂要质量,就不能把宝贵的时间浪费在课件的操作和控制上。因此,界面设计是否友好、交互操作是否简单实用,也是评价语文课件质量的重要标准。操作界面要友好,在课件的操作界面上有含义明确的按钮和图标,要支持鼠标操作,避免复杂的键盘操作,设置好各部分内容之间的转移,可以方便地向前、向后和跳跃。语文课件的整个框架结构要完整、规范、合理,利用视频、音频、动画等技术时,要有相应的控制技术,启动、链接和转换的时间要短,不能有导航、链接的错误。要确保语文课件具有良好的稳定性与安全性,界面人性化且操作起来方便灵活,能根据需要选用最适当的技术手段,能够在大多数计算机环境中运行,应用效果好。

3. 以呈示的艺术为追求

语文课件的制作,除了教学的实效和技术的易控,还应以艺术性为追求目标。学生通过语文课件获得知识和信息的同时,还应该得到艺术的享受。当然,这是对语文课件较高的要求,一般是在课件的结构基本确立后,再进行流程的优化处理、画面的艺术加工。具有艺术性的语文课件,往往界面布局合理,整体风格统一,色彩搭配协调,界面及界面内容简洁美观,符合学生的视觉心理;文字、图片、音频、视频、动画等配合恰当,操作起来行云流水。总之,教师需要准确把握学生的需要,巧妙利用多媒体技术,精心精细制作语文课件,用精美的课件为语文教学锦上添花,增强语文课件的吸引力和感染力,激发学生浓厚的学习兴趣,这样教学就会取得理想的效果。

(三)语文课件呈示的要求

语文课件的制作往往需要花费教师非常多的时间和精力,但制作出来后,要充分发挥课件的作用,还得在呈示环节做好,要做到如下三点:

1. 适时

语文课件的呈示要掌握好时机。这点与板书的呈示有相似之处,也是和语言讲解有机结合,可以边讲边呈示,或先讲后呈示,或先呈示后讲,都是依据讲解的需要灵活处理。但与板书的呈示也有不同之处,主要体现为板书和课件的性质与特点不一样。课件相较于板书,灵活机动性差些。板书并没有固定的程序,可以自如地做出调整,或增加或删除或改动,都可以根据课堂实际需要来进行。课件基本上是按照从前到后的顺序来播放,即使勉为其难地调整,比如先讲后面的内容再讲前面的,也会导致时间的浪费、流程的不畅,哪怕只是跳过一到数张不讲,也会给学生造成不良的印象。

2. 适处

语文课件要出现在适宜的地方。虽然课件是按顺序播放的,但并不意味着在教案中所有的内容都要用课件呈示。有些内容,教师可以不借助课件而直接讲述,如课堂提问不用 PPT 直接展示,反而对学生的听力能起到很好的训练作用。那到底哪些内容应该用课件来呈示,换句话说,语文课件应该运用在哪些地方才是适宜的? 一是课堂导入之处,常常需要通过课件引起学生的注意,激发他们的学习兴趣;二是突破难点之处,可能仅凭教师口头讲解,学生始终难以理解,则需要多媒体的搭桥铺路,让学生打开思路,加深理解;三是凸显重点之处,适当使用多媒体手段,可以引起学生的重视并降低学生的理解难度;四是信息需求之处,可以利用课件为学生带来新的知识,填补信息的空白,为其搭好脚手架。此外,还可以在比较抽象、需要调动情感、需要做拓展延伸的地方,借助课件实现教学目的。

3. 适量

互联网技术的融入,给语文课件的制作提供了丰富的资料来源,同时也带来了幸福的烦恼——资料太多,甚至所有内容一应俱全:从作者作品简介、写作背景介绍到字词字音教学、语段训练、问题探讨,再到拓展延伸、板书设计、课堂小结,直至作业布置、标准答案,一节课下来,幻灯片或相关链接呈示多达三四十张(处),甚至更多。这样平均下来,学生接触每一张幻灯片不超过一分钟,学生整堂课忙于看幻灯片、记答案,语文学习变成了看电影,学生根本没时间去朗读、去思考、去感受、去用语言文字表达。因此,要控制语文课件的量,不能太满,要始终牢记语文课件以教学的有效为核心,不能让"人—机"交流占满课堂,应留出足够的时间与空间,多展开师生、生生之间的"人—人"交流,让学生在获取专业知识外,还得到心理、感情、思想的发展。

案例分析

一、同一课文不同类型的板书示例与分析

《故乡》的三则板书

【例1】

	近故乡	见到时的悲凉心情
"我"	在故乡	回到时的所见所闻
	离故乡	离别时的无限感慨

【例2】

回故乡 —— "我"见到故乡时的心情 → 悲凉

↓

在故乡 —— "我"回故乡的所见所闻 → 母亲：高兴、凄凉
闰土：中年木偶人
杨二嫂：圆规、鄙夷

↓

离故乡 —— "我"离别故乡时的感慨 → 惘然、希望

【例3】

	闰土形象	服饰	外貌	印象
人物形象对比	少年	小毡帽 银项圈	紫色的圆脸 红活圆实的手	小英雄
	中年	破毡帽 极薄的棉衣	脸色灰黄 手似松树皮 眼睛红肿	木偶人

【分析】

《故乡》是鲁迅先生的一篇著名小说,通过"我"回故乡的见闻和感受,描述了农村的破败和闰土的巨变,深刻地揭示了其社会根源。例1为了指导学生理清文章情节、明晰文章脉络,采用了纯文字式板书,简单但不失明晰,以文章思路为主体设计板书,有效地帮助学生梳理小说的情节发展。例2是线索式板书,同样抓住"回故乡、在故乡、离故乡"这条主线,但在纯文字外,增加了一些符号,直观地显示出了人物的行踪,展示了文章的内容。例3则是抓住典型人物闰土来进行板书设计,运用文字与表格结合的形式,从人物的服饰、外貌以及"我"的印象三方面入手,条理清晰地展示了少年和中年两个时期的闰土形象。少年闰土到中年闰土的变化之大,从一个小英雄到一个麻木木偶人的形象颠

覆,让"我"感到悲哀和惘然,让学生深切地体会出旧中国农村衰败的经济和落后的封建思想给闰土带来的戕害,感悟到了作品的主题思想和创作技巧。这三个板书设计各有特色,各有合理精妙之处,具体设计时应依据教学目标与教学内容的特点,结合学生的年龄与兴趣爱好,恰当地、有针对性地选择板书类型,清晰地呈示教学信息。

二、不同课文的板书设计示例与分析

【例1】《祝福》板书设计

祥林嫂 ├ 第一次:白头绳,脸色青黄,两颊红,顺着眼
　　　　├ 第二次:白头绳,脸色青黄,两颊无血色,顺着眼,带泪痕
肖　像 └ 第三次:脸色黄中带黑,头发全白,脸似木刻,眼珠间或一轮

【例2】《为学》板书设计

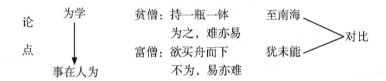

【例3】《我的叔叔于勒》板书设计

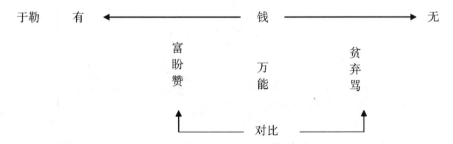

【分析】例1《祝福》这篇课文中祥林嫂的肖像描写适于采用对比板书,通过对比可以使学生更直观地理解祥林嫂的变化,理解课文的情感色彩。板书体现了三组对比:衣着打扮、脸色、眼睛。这三组对比,直观地体现了祥林嫂从一个干净、整洁的女人变成一个神色麻木、心如死灰的乞丐,让学生深切体会到封建礼教对人的毒害。例2则是运用对比的方法来组织材料,结构全文,突出中心。《为学》是一篇议论性文言短文,其首尾两段用精心提炼的精辟的句子表达作者的主张,中间用对比的手法和生动的对话写贫僧富僧的故事以证明作者的主张,说明了"事在人为"的道理。这里在中间主体部分运用对比法的基础上,结合了整体结构上的总分总式。例3通过菲利普夫妇对待亲兄弟于勒贫和富时

截然不同的、反复无常的态度,透视他们冷酷、自私、金钱至上的思想,反映资本主义社会人与人之间的金钱关系。但《我的叔叔于勒》这篇小说,虽然标题是"我的叔叔于勒",但实际上于勒并非这篇小说的主人公,他在小说中只起线索作用,小说情节是根据他的贫富变化线索展开的,因此这个板书设计案例是在主体部分运用对比法的基础上,结合了线索的呈示。通过上述三例,我们可以看到,同一板书类型,并非只能运用一种情况,还可与其他标准划分出的类型相结合,产生出许多变化。

实践演练

一、以下是课文《狼》的两种板书设计,请结合板书形式与内容说说这两个板书各自适用的该课核心教学目标,并结合从这两个板书设计中获得的启发,自己再设计一个《狼》的板书。

【例1】

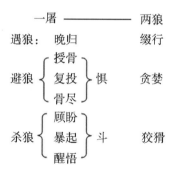

【例2】

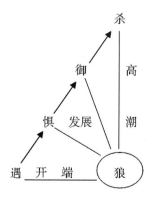

二、下面是《从百草园到三味书屋》的第二段文字,请根据此文章片段进行

板书设计,并说明该板书的设计意图和设计特色。

不必说碧绿的菜畦,光滑的石井栏,高大的皂荚树,紫红的桑葚;也不必说鸣蝉在树叶里长吟,肥胖的黄蜂伏在菜花上,轻捷的叫天子(云雀)忽然从草间直窜向云霄里去了。单是周围的短短的泥墙根一带,就有无限趣味。油蛉在这里低唱,蟋蟀们在这里弹琴。翻开断砖来,有时会遇见蜈蚣;还有斑蝥,倘若用手指按住它的脊梁,便会啪的一声,从后窍喷出一阵烟雾。何首乌藤和木莲藤缠络着,木莲有莲房一般的果实,何首乌有臃肿的根。有人说,何首乌根是有像人形的,吃了便可以成仙,我于是常常拔它起来,牵连不断地拔起来,也曾因此弄坏了泥墙,却从来没有见过有一块根像人样。如果不怕刺,还可以摘到覆盆子,像小珊瑚珠攒成的小球,又酸又甜,色味都比桑葚要好得远。

学习资源单

1.刘春慧,刘自匪.板书技能　演示技能[M].北京:人民教育出版社,2001.

2.潘天士.中学语文课件制作实例与技巧[M].北京:机械工业出版社,2004.

3.刘显国.板书艺术[M].2 版.北京:中国林业出版社,2017.

4.迈耶.多媒体学习[M].牛勇,邱香,译.北京:商务印书馆,2006.

第七章　语文作业设计

学习目标

1. 理解语文作业的功能,明确语文作业设计的重要性。

2. 了解语文作业的类型,合理设计不同类型的语文作业。

3. 把握语文作业的要求,在语文作业设计实践中自觉遵循相关要求。

内容提要

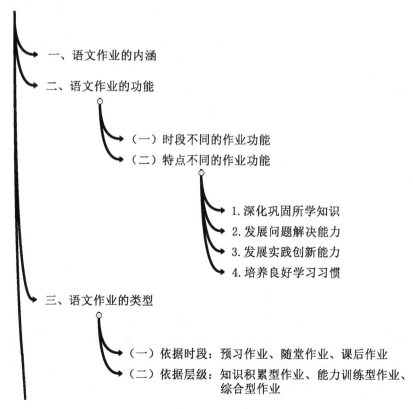

第七章 语文作业设计

一、语文作业的内涵

二、语文作业的功能
　　(一)时段不同的作业功能
　　(二)特点不同的作业功能
　　　　1. 深化巩固所学知识
　　　　2. 发展问题解决能力
　　　　3. 发展实践创新能力
　　　　4. 培养良好学习习惯

三、语文作业的类型
　　(一)依据时段:预习作业、随堂作业、课后作业
　　(二)依据层级:知识积累型作业、能力训练型作业、综合型作业

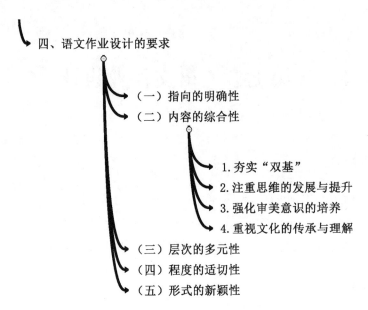

四、语文作业设计的要求

（一）指向的明确性

（二）内容的综合性

1. 夯实"双基"
2. 注重思维的发展与提升
3. 强化审美意识的培养
4. 重视文化的传承与理解

（三）层次的多元性

（四）程度的适切性

（五）形式的新颖性

作为语文教学的第一辅助，作业的设计一直都是语文教师在日常教学中不容忽视的方面。只是现实教学中，语文作业的设计却常常面临被忽视甚至漠视的尴尬局面，诸多语文教师甚至淡忘了作业设计是自己的专业职责所在，往往被各种各样的辅导资料裹挟，经常只是直接要求学生购买各种各样的辅导资料，然后让学生直接做辅导资料上的题目。当前，在"双减"政策下，如何让学生在有限的时间内能够学得有效且高效，语文教师无疑需要重视作业设计，不能让学生只是以题海战术"刷题"。语文作业设计的求创新、求精准、求效率应该成为所有语文教育工作者努力追求之所在。

一、语文作业的内涵

以"熟悉的陌生人"来形容作业可谓贴切，"作业"二字耳熟能详，但进行精确界定却不易。从广义上来说，作业泛指学生为达成一定的学习目标而需要完成的任务，包括课前预习、课中任务和课后练习；从狭义上来说，作业特指学校教师布置给学生利用非课堂时间加以完成的任务。我们取其广义，从时空角度来说，包括课堂内外学生要完成的任务；从完成主体来说，包括学生个体独立完成、学生团队合作完成乃至学生与家长等其他人共同完成的任务。单从语文教师进行作业设计的角度来说，强调"作业"的设计者为语文教师，希冀语文教师具备独立设计作业的能力，能够自我进行原创性或改编性的作业设计。语文作业，即泛指学生为达成特定的语文学习目标而需要完成的任务。

二、语文作业的功能

作业的功能既包括作业自身所具有的作用,也包括因作业应用而衍生的作用。作业功能认识会对如何科学设计作业和有效利用作业等产生影响。明末清初思想家、教育家颜元在其《颜李遗书·总论诸儒讲学》中曾言:"讲之功有限,习之功无已。"语文作业是语文课堂教学的有机延伸,是检测、巩固和拓展学生所学的重要途径。基于不同的视角,语文作业的功能会有不同的表现。

(一)时段不同的作业功能

从课堂教学内外不同时段来看,课前、课中、课后的语文作业有着不同的作用。一是教师通过课前作业初步检测预设的教学目标,引导学生以自学、自测的方式完成对新篇章、新知识的初步掌握,并在此基础上鼓励学生大胆质疑。二是教师针对重难点设计的课中作业有助于师生及时了解对相关知识、方法的掌握情况,并依此不断推动教学活动的开展。三是针对具体课堂教学相应的课后作业以及用于单元、期中、期末等阶段性或综合性的检测作业,能够促进学生实现知识从输入到输出的融会贯通,教师也可以及时对照自己的阶段性教学加以反思,进而不断提升自己的教学水平。

(二)特点不同的作业功能

1. 深化巩固所学知识

语文教师设计的一些围绕课堂学习内容或课堂所表述的知识内容的相关作业,有利于学生巩固所学的相关内容,既能促进学生对事实性知识的记忆,又能深化学生对所学知识的理解。

2. 发展问题解决能力

语文教师紧扣课堂所学内容,设计一些具有以下特征的作业:涉及课堂上未提及的情境,要求学生应用课堂所学知识去解决具体情境下的问题,这样的作业有助于发展学生应用知识去解决问题的能力。

3. 发展实践创新能力

语文教师设计的作业,要能培养学生的创新精神和提升学生的实践能力,更进一步促进学生的信息加工能力与批判性思考的能力。这类作业的特征大体如下:一是与课堂学习主题密切相关,但不一定涉及具体而细微的课堂学习内容;二是学生需要综合其他方面的信息与知识才能解决问题;三是指向于能力的发展,而非具体的知识本身。

4.培养良好学习习惯

语文教师设计一些要求学生跨课时的长周期性的作业,教师只要求作业完成的时间节点,而作业完成的过程则由学生自行安排,学生往往需要自主寻找相关信息、收集资料才能完成好这类作业。具有上述特点的这类作业,学生为完成作业需要自我合理规划和安排时间,将任务进行细化与分解,在此基础上,学生不断自我调控完成作业的进程,不断地收集、选择与加工所搜集的相关资料。在完成的进程中,学生的自我管理、自我反思、自我监督的能力不断得到提升。

三、语文作业的类型

教学实践中,人们依据不同的分类视角往往对语文作业有着不同的分类。

(一)依据时段:预习作业、随堂作业、课后作业

依据教学阶段,语文作业可分为预习作业、随堂作业和课后作业。预习作业用于新课教学之前,是在正式教学之前指导并帮助学生自行熟悉文本的同时解决一些基础的知识点,作业内容重点是在初读文本的同时辨识生字生词,分析文本结构并结合预设问题对文本进行初步解读。针对初、高中阶段的文言文,可以以预习的形式组织学生提前对文本做相关文言文知识(重点实词与虚词的意义与用法、通假字、古今异义、词类活用、特殊句式等)的分析与归纳。预习作业在具体实施之前可以对学生进行预习通用方法训练,也可以针对重点课文设计预习学案,这两种方法在教学中建议交替进行。随堂作业是在教学实施过程中最灵活的作业形式。一方面,作业量小,其紧跟在某一教学环节之后,是要在最短的时间里对教学进行检测;另一方面,作业有效性高,随堂作业紧跟教学,是"趁热打铁"式的,可以辅助教师及时获取教学效果反馈。基于这两个特点,随堂作业的设计就显得尤其独特,需要教师结合教学实际随时进行调整。课后作业旨在对课堂所学加以延伸和拓展,或是基本知识的试题巩固,或是同类文本的阅读训练,或是相关语文实践活动的课外实施。课后作业能够有助于让学生在有限的时间里得到语言能力和素养的训练。

(二)依据层级:知识积累型作业、能力训练型作业、综合型作业

根据层级水平,语文作业可分为知识积累型作业、能力训练型作业、综合型作业。

知识积累型作业主要是检测语言运用和知识积累的作业。这类作业主客

观题型灵活多样,题目类型也五花八门。教师在设计这类作业时要重点考虑如何借助试题巩固相关知识点、训练相关能力,并从语法、语言运用规则上引导学生养成严谨的语言使用习惯。

能力训练型作业是培养学生语文核心素养的重要途径。根据训练能力的不同类型,其又可以分为口语交际型、模拟情景型和思维拓展型三类,这三类作业没有明显的界限,作业设计中往往能实现互相融合。如果说语文作业也能与兴趣、新颖等词相关联,那口语交际类型的语文作业就属于这一类,设计好这类作业也是能第一时间让学生爱上语文的重要方法之一。比如语文课堂朗诵的形式尽可能多样化,中英文双版本、方言朗诵版、说唱版、配乐版等形式都可以训练尝试。以模拟对话与问答、主题脱口秀、即兴演讲等情景做口语训练,在教学中长期坚持,对学生的口语表达能力将有极大的提升。初中学段可以结合不同的生活情景设计角色扮演展示,组织学生自编自导自演相声、小品等帮助学生体会各种语言逻辑现象,这类活动的设计能为高中语言逻辑夯实基础。高中可以多组织学生进行课堂论辩,比如在戏剧单元的学习中,《雷雨》里关于"周朴园对鲁侍萍是否有真爱"、《窦娥冤》中是否赞同有人评价窦娥是"善良的野蛮人"这一观点,都可以设计成课堂的小型辩论作业展示。

综合型作业是顺应新的语文发展观而产生的培养学生语文综合素养的新的作业类型。这类作业适合调动学生的团队积极性,以小组分工合作的形式共同完成小到校园语文活动、大到社会实践调查的综合性作业。比如结合部编版高中第六单元《读书:目的和前提》《上图书馆》的教学内容,可以设计"上图书馆"的语文活动,让各小组带着熟悉图书馆设施、查找图书资料并学写读书笔记、读后感等学习任务,集体上图书馆,感受浓厚的阅读氛围。还可以结合互联网＋、5G、信息技术等资源或手段,组织学生进行大量的语文社会实践活动,比如全方位了解"家乡的文化生活",对家乡的美食、建筑、特色工艺、地方文化、方言片区化等有乡土特色的内容进行大量的调查研究,通过摄影展、人物访谈、问卷调查、"我为家乡献言献策"等形式形成小组成果,并上传至学校官网,实现资源共享。

四、语文作业设计的要求

(一)指向的明确性

语文学科的作业设计与其他学科尤其是理科学科的作业设计最大的不同

是它的多元化和复杂化,但是所有的多元化与复杂化都要服务于目标的明确性,因为只有目标指向明确的语文作业,才是能实现实效性的作业,才能起到辅助教学的作用。而目标指向明确,即指作业设计要紧紧围绕教学目标进行,能突出重难点,能锻炼学生的听说读写和思辨能力。

(二)内容的综合性

好的语文作业设计的内容要尽量涉及语文学科素养的各个方面,以实现"一题多练""一题多得"。设计时要兼顾以下几个方面:

1.夯实"双基"

"双基"的检测一直是语文教学中的重点,但是学生对此的重视度一直不高,语文教师要坚持设计不同类型、不同数量的作业以强化学生的"双基"能力培养,这一点尤其凸显在文言文的教学中:试卷上的文言文阅读语段大都选自课外,很多学生因此忽视课内文言文本的阅读和知识积累,但是纵观近些年的高考真题之文言文部分,我们不难发现,很多考点可以直接对接所学的课内知识。为了巩固这些"隐形的考点",就必须设计一些基础练习题做反复训练,比如文言文的挖空训练就能让学生以准确回忆的形式对文本实词、虚词等知识进行检测;教材经典语句的翻译与试卷同类句型翻译的对比能让学生很快建构起有效的翻译思路。

2.注重思维的发展与提升

语文的作业设计一定要将思维的发展与提升渗透其中,因为语言的深刻性是通过思维的发展与提升来具体体现的。例如,对语段的分析(包括阅读语段和作文材料语段)可以设计训练提取或者替换关键词的方式提升学生的有效阅读,议论文论述语段的写作训练可以对同一素材进行调整以适应不同的分论点,等等。

3.强化审美意识的培养

审美是语文学科在学生心中的"诗和远方",比如网络上一度热议的如何用古诗词表达常见心情的作业设计,就能让学生在沉浸式鉴赏中感受诗词的魅力。作业中如能巧妙融合绘画、雕塑、书法、音乐等形式更是能帮助学生提升对文字审美的认知。

4.重视文化的传承与理解

语文课堂和语文教学是贯彻文化传承与发展理念、提升文化自信的第一阵地、第一战线,我们的作业设计更是要将这一时代需求贯彻实施,在创设作业情境的时候有意识地将文化传承与发展的理念渗透其中。比如高中部编版必修上册《家乡文化生活》单元可以指定对家乡的古建筑、传统戏剧、地方美食、方言等进行深入解读并形成小组研究报告,对家乡文化各元素的传承发展提出建设性意见和建议。

(三)层次的多元性

语文作业设计,既要有统一要求,又要因材施"作",需要综合考虑同一班级学生在知识水平、接受能力、表达能力方面的不同。面对不同水平的学生实施无差异的作业设计会导致学生"吃不饱"与"吃不消"现象的发生。而不同梯度的作业设计,不仅能激励不同层次学生的学习兴趣,更能帮助教师及时跟踪不同层次学生的学习状况。作业设计时通过"一课多题""一题多问"等形式实现层次的多元性。比如,针对基础知识牢固的学生,作业设计可以淡化基础型,侧重阅读拓展型和综合型作业;同一道题,通过问题的逐层展开与深入,能对学生的各种能力做逐一考察,针对性强。

但是分层作业的根本宗旨不在于作为对学生学习能力和已有学习水平的等级划分与层次划分,而在于作为学生进行自主选择与挑战的一种策略。教师对所有学生提出"努力争取难度最高级别的作业",此时,作业虽然被分为层级水平不同的几类,但具体哪些学生做哪一层次的作业没有固定,而是只要学生努力,学生在各层级水平的作业完成情况达到教师设定的标准时便可做更高一层级水平的作业。这样,最高难度的作业成为一种最具尊严感和荣誉感的,并是作业量最少的。因此,层次多元的作业便成为一种对认知的奖励性资源,以挑战性任务的方式,让学生不断挑战自我,使学生产生较高的自我效能感。这能够避免作业分层所带来的标签性的负面作用,使学生更加积极主动地去完成作业。

(四)程度的适切性

一方面,作业在数量上的强度要适切。有研究发现,作业量与学习成绩间并非呈绝对的正相关。适量的作业可以提高学生的学习成就水平,但过量的作业会增加学生的学习压力,导致学生的学习态度消极,以致产生负面影响。另一方面,作业在质量上的难度要适切。过于简单的作业难以为学生带来成功所需的技能水平的提升,无法让学生获得学习的成就感,易导致厌烦情绪;难度过大的作业又难以让学生感受到成功的喜悦,导致学生产生畏难心理,并且常常会因为需要付出过多的努力而带来自我效能感的降低;中等难度的作业往往是学生经过一定的努力可以完成的,其能够让学生感受到通过努力而获得自己对作业活动的控制感,同时也能提升其自我效能感。

(五)形式的新颖性

作业设计还需兼顾兴趣,教师应多研究和关注学生对待作业的心理,设计能够让学生主动投入地去完成的作业。瑞士心理学家皮亚杰认为:"所有智力方面的工作都依赖于兴趣。"实践证明"百学趣当先",如果通过对作业的设计,能让学生满心欢喜地去完成作业,并充满期待地渴望下一次作业,这样的作业就一定是学生向往的作业,也是融洽学生语文学习氛围的最佳方法。如学习完《孙权劝学》《皇帝的新装》等人物性格较鲜明的课文之后,可让学生课下自由选择角色,编写剧本,进行排练,由学生自己评选最佳演员、最佳创意等奖项,尽量达到让每一个学生都享受到成功的喜悦。又如学习语言发展之新词新语时,可以组织一次网络语言交流与模拟弹幕评价活动,让学生在使用网络语言交流放松之后加入理性分析,融兴趣与理性为一体。

案例分析

紧扣文体特征构建"问题链"一体化作业设计示例与分析

下面是一位老师设计的《变色龙》的预习作业、课堂作业和课后作业①。

(一)预习作业

根据课文内容,结合判决书的提示,提取相关信息,完成《"变色龙"判决书》。

	审判结果	审判依据
第一次	弄死狗,罚狗的主人	
第二次		有人说:"这好像是席加洛夫将军家的狗。"
第三次		巡警说:"这不是将军家的狗。"
第四次		

① 上海市教育委员会教学研究室.学科单元作业设计案例研究[M].上海:华东师范大学出版社,2018:52,58-59.

续表

	审判结果	审判依据
第五次	"这是条野狗""弄死算了"	
第六次		厨师说:"这是将军的哥哥的狗。"

(二)课堂作业

第一课时的课堂作业:

1. 文学常识。

(1)《变色龙》的作者是(　　　)(国籍)小说家(　　　　　)(人名)。

(2)《变色龙》的作者的小说代表作有(　　　　　　　　)(请列举)。

2. 给生字标注拼音。

(1)筛(　　)子　　(2)咳嗽(　　　)　　(3)无缘(　　　)无故

(4)还不赖(　　　)

3. 根据图表提示,梳理人物及社会阶层间的关系。

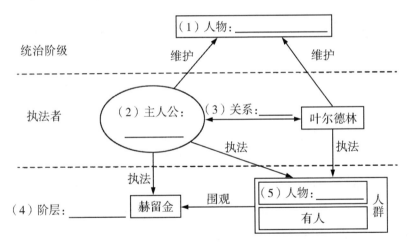

4. 结合具体情节,分析奥楚蔑洛夫在断案过程中反复改变自己立场的原因,并说说他的性格特点。

第二课时的课堂作业:

1. 结合课文中赫留金的相关表现,分析其特征。

2. 将军哥哥的狗咬了赫留金,普洛诃尔竟然"喊一声那条狗的名字,带着它从木柴厂走了"。这一行为反映了怎样的社会现实,请加以分析。

3. 研读"人群"的表现,并回答下列问题:

（1）第 1—3 段中说广场上原来没人，但很快又聚了一群人，这些人出现的目的是什么？

（2）第 28 段"那群人就对着赫留金哈哈大笑"，此处"笑"的含义是什么？

（3）"这群人"的言行反映出当时俄国社会的环境特点是怎样的？

4.同桌合作，从统治阶级、执法者、围观群众三个角度探讨"赫留金被咬案"最终没能得到公正审判的原因，并分析作者以此传递出的情感倾向。请将讨论结果书写下来，要求不少于 200 字。

（三）课后作业

1.奥楚蔑洛夫的军大衣在小说中反复出现，请仔细体会这些细节，分析奥楚蔑洛夫在审判时的心理变化。

第 10 段："席加洛夫将军？哦！……叶尔德林，帮我把大衣脱下来……真要命，天这么热，看样子多半要下雨了……"

第 20 段："哦！……叶尔德林老弟，给我穿上大衣吧……好像起风了，挺冷……"

第 29 段："我早晚要收拾你！"奥楚蔑洛夫向他恐吓说，裹紧大衣，穿过市场的广场径直走了。

2.结合《"变色龙"判决书》与奥楚蔑洛夫在审判时的心理变化，说说作者为什么以"变色龙"为题。

【分析】首先，《变色龙》的预习作业和课后作业相互之间具有较强的内在逻辑关联，层层深入，体现了小说阅读的基本方法与路径，也关注了小说阅读时应解决的关键性问题。三道题目紧扣小说阅读的关键点，并站在作为读者的学生立场上，还原这篇小说解读的基本过程和路径，把阅读过程中的关键点以问题的方式转化成一组观照整体又在逻辑上不断递进的作业。

其中，第一题要求学生在阅读课文的基础上，把握该小说的情节，梳理人物活动及人物关系，紧扣主人公的主要表现。这是小说阅读最先涉及的层面。

第二题通过关注人物活动的细节，分析人物的内心活动以及人物在故事发展过程中的心理变化，品析小说所塑造的人物形象。这是小说阅读要关注的第二个层面。

第三题主要是在前两题的基础上，理解小说以"变色龙"为题的原因与效果。其表面是研究课题含义，实质在于领悟奥楚蔑洛夫在判案过程中所作所为背后的意义,探讨作者写奥楚蔑洛夫审判小狗咬人案件的意蕴。这一题指向于小说阅读的第三个层面,即研究作者叙述小说故事与刻画人物尤其是主人公背后试图阐述的意义、表达的情感与故事背后的思考等。

这三道题目的组合,依序引导学生探寻小说阅读以及思考的路径,学习如何阅读小说。三道题目的整体设计体现了该小说的作业设计目标指向极其明确,指向于小说阅读的过程、方法与路径。

其次,《变色龙》的课堂作业体现了教学的渐进性。《变色龙》这篇小说用2个课时完成教学,对每一课时都设计相应的课堂作业,这些不同课时的课堂作业之间内在逻辑严谨,不同题目的组合构成教学的问题题链,能够较好地还原解读这篇小说的思维路径。这篇课文第二课时的4个题目隐含了一个"问题链",即:1.这些次要人物在事件中有怎样的表现? 2.这些表现背后隐含着怎样的价值倾向? 3.综合这些次要人物的表现,能推断出怎样的社会特点? 在此基础上,结合第一课时的学习,思考第二课时的第四道题目:此次案件未能得到公正审判的原因是什么? 并由此推断出作者对这样的社会是怎样的情感与态度? 此题目的在于引导学生分析小说的核心情节,从而解读出小说所反映的社会生态,进而思考作者对这种社会生态的态度。

这些题目能够为学生创设有效的学习经历与过程,引导学生自我经历与体验小说阅读的路径,并在这一过程中提升语言素养。

实践演练

一、为了促进学生更深入地领悟《我的叔叔于勒》这篇课文的意旨,充分发挥学生的想象力,两位老师分别从不同的角度设计了下列课后作业,你认为哪个更优? 请加以说明并阐释理由。

作业设计1:想象一下,菲利普夫妇在船上发现一位百万富翁像于勒,他们会怎样? 试写成200字的短文。

作业设计2:想象一下,假如于勒也发现了菲利普夫妇一家,他会怎么想和怎么做? 试写成200字的短文。

二、下面是一位老师对《蒹葭》前后两次的作业设计,你认为哪次的作业设计更好? 请加以说明并阐释理由。

1.《蒹葭》第一次课后作业设计:

课后请完成下列作业：

（1）背诵课文；

（2）赏析诗歌中使用了"兴"这一手法的诗句；

（3）分析诗中运用重章叠句形式的表达效果。

2.《蒹葭》第二次课后作业设计：

请任选下列一种或几种作业加以完成：

（1）爱写作文的你，请写你学完此诗后的感受与思考；

（2）爱朗读的你，请有感情地朗读并背诵诗歌；

（3）爱绘画的你，请用画的方式讲述本诗所叙述的故事；

（4）爱表达的你，请口头讲述本诗所叙述的故事；

（5）爱唱歌的你，请将本诗改写成一首歌的歌词。

学习资源单

1.雷玲.名师作业设计新思维：语文卷［M］.上海：华东师范大学出版社,2017.

2.王月芬,张新宇.透析作业：基于30000份数据的研究［M］.上海：华东师范大学出版社,2014.

3.方臻,夏雪梅.作业设计：基于学生心理机制的学习反馈［M］.北京：教育科学出版社,2014.

4.上海市教育委员会教学研究室.学科单元作业设计案例研究［M］.上海：华东师范大学出版社,2018.

5.方建兰,汪潮."双减"政策下语文作业的设计趋势［J］.语文建设,2021(11)：4－9.

第八章　阅读教学设计

第一节　课文解读

学习目标

1. 明确课文解读的基本阶段。
2. 掌握课文解读的基本策略和方法。
3. 了解文学作品多元解读的路径及边界。
4. 活学活用,能有效进行课文解读。

内容提要

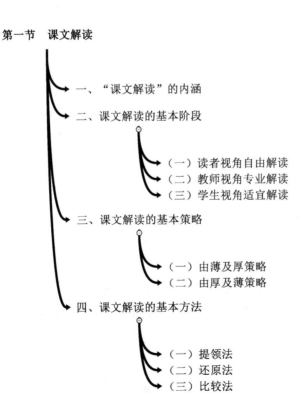

第一节　课文解读

- 一、"课文解读"的内涵
- 二、课文解读的基本阶段
  - (一)读者视角自由解读
  - (二)教师视角专业解读
  - (三)学生视角适宜解读
- 三、课文解读的基本策略
  - (一)由薄及厚策略
  - (二)由厚及薄策略
- 四、课文解读的基本方法
  - (一)提领法
  - (二)还原法
  - (三)比较法

众所周知,阅读占据着语文教材的半壁江山,阅读教学是语文教学的重中之重。作为语文教师,我们须知"课文解读"能力在教育实践过程中发挥着积极的作用,是语文教师教育智慧、教学艺术及个人语文素养的综合体现;语文的阅读课整体上应以"课文"为本,"课文"既是教学的出发点,也是教学的归属点。

一、"课文解读"的内涵

从本质上讲,"课文"就是"文本",但"文本"不全然是"课文"。"文本"进入教材系统后变成了"课文",它便承载着一定的教学任务,而"文本"却没有这一特质。"文本"选入语文教材成为"课文",其间最大的"变"就是多了"课"对"文"的要求和规定。也就是说,我们教"文"和学"文"时要意识到"课"的边界。所谓"课"的边界,就是"课文"的教学任务、教学目标等。那么,这是不是意味着对"文本"的解读就应该忽略不计呢? 显然不是。既然"课文"脱胎于"文本",那么"课文解读"也必然要以"文本解读"为基础,同时做好"文本解读"向"课文解读"的联系和转化。"文本解读"就是对"文本"的意思和意义进行品读和解释的活动,解读的主体可以是任何人,解读可以是"无穷解";而"课文解读"是教师聚焦"课文",根据课程标准、教材安排以及学生学情,对"课文"本身蕴含的教学资源及价值进行筛选,对符合学生发展和接受的"课文"内容进行取舍的活动,它解读的主体是师生,解读是"定向解"。

二、课文解读的基本阶段

对"课文"的解读不可一蹴而就,大体可按照"读者视角自由解读—教师视角专业解读—学生视角适宜解读"这三个步骤进行。如此这般,我们或可成为深邃的自由阅读者、优秀的课程理解者、完美的教学实施者。

(一)读者视角自由解读

教师讲授一篇课文,首先要把自己定位为一个普通的读者,以普通读者的身份自由地与文本及其作者对话。教师灵活的思想才是学生真正的课本。试想,一位思想缺位的教师,一位不能自由思考的教师,何以面对一群鲜活的、灵动的学生? 可是,真实的情况往往让人心痛。语文教师的自由解读常常处于缺失状态,教师的个性、教师的思想常年缺血,一些附庸式的解读反而大行其道。现在不少语文教师除了看与语文教学直接相关的专业用书外,无闲亦无心看其他书籍,更有甚者,语文教材和教师教学用书成了他们唯一的阅读内容。阅读面的窄化,让教师的思想在不经意间僵化。还有一部分老师对教学参考或专家学者的"权威解读"十分迷恋与盲从，这也让人头疼。教师在进行文本解读时要不要借鉴？答案是肯定的。适当地参阅教辅或参考名家解读可以开阔眼界，可以借鉴反省。但以他人解读代替自身解读，是值得担忧和警惕的。而且，目前各个学校大力提倡集体备课，发挥群体智慧和力量，提升备课的整体效果和质量，这种出发点是好的。但对于语文学科，过于规整的集体式备课，对个人思维的发展、个性化阅读或许并非好事。教师的个性得不到伸张，教师的惰性潜滋暗长，教师的思维不断弱化，长此以往，师者难为师！

　　所以，语文教师首先还是应该扩大阅读面，不断提升自我的阅读修养和水平；面对"课文"时，也需注重个人体验，积极地自由解读。许多经典作品之所以能成为经典，一方面是因为其思想内容的深刻性、审美意蕴的丰富性、艺术构思的独创性；另一方面也是因为读者对作品精彩的个性解读和演绎。优秀的语文教师往往是一些个性鲜明的人，他们兴趣广泛的同时又专攻一面，对文本自由的解读也投射出自我个性，而这些也时时反刍到他们的教育教学之中，成为他们教育教学的资本与底气。比如江苏南通李吉林老师擅长从情境创设的视角去解读文本，个性独具，在 20 世纪 90 年代便生成影响至今的情境教育理论，获得"全国教书育人楷模"光荣称号，成为教育界的典范。再如叶圣陶、朱自清等语文大家，其本身就是文本解读的高手。朱自清的《经典常谈》体现出他对古典文学的造诣，他的文本解读闪耀着智慧的光芒，这也成就了朱自清作为一位语文教师的深厚底蕴。这些例子对于今天的我们仍有深刻的启示。

　　那么，教师该如何才能展现个性自我，如何才能做到真正的自由解读呢？暂时忘记教师的身份和使命，让自己做一个自由的阅读者，做一个真正的读者，是个不错的选择。自由解读意味着对教师精神的尊重，我们可以结合自身的知识储备、阅读体验，用朴素的情感体验文本、触摸文本，继而提升自身的审美鉴赏能力和审美判断能力，丰富自己的精神和心灵。自由解读意味着对文本多元理解的包容，对文本解读个性差异的包容。我们可以带着自我的审美趣味走一条独辟的蹊径，体味文本的个中滋味，做一个快乐且自由的读书人，读己欢喜的，想己欢喜的，让个性适度放大，追求真性情、真性灵、真思想。

（二）教师视角专业解读

　　专业解读是指语文教师从专业实践的角度对文本做出的解读。这种解读不仅应立足于个性自由解读，更应指向语文学科专业实践。这种解读需要考虑更多的因素,比如课程与教材层面的思考、学生学情层面的分析,等等。在这一阶段,语文教师不再是一个普通的读者,而应该是教材诠释者、课程理解者。

当一篇"文本"进入教材编写者的视野并被选入教材时,"文本"就不再是原来的"文本",它不可避免地打上了编者的烙印,变成了"课文"。"课文"是对原始文本某些方面的权衡、筛选与考量。语文教师在这一阶段对文本的解读应是对教材课文的二次开发,我们有必要在文本的原始价值和文本的教学价值间寻求平衡、做出取舍。比如苏轼的《赤壁赋》,将它放在苏轼文集里和语文教材里的意义和价值是完全不一样的。苏轼文集中的《赤壁赋》,是品读其心灵、剖析其人格的窗口;进入语文教材中的《赤壁赋》则承载着教材编写者的意图、承担了一定的教学使命,而且不同的编排方式,所体现的编者意图、教师做出的专业解读、提取的文本价值都会不同。再以苏轼的《赤壁赋》为例。人教版将《赤壁赋》编入必修二第三单元,该单元学习古代山水游记散文,与之一起的还有王羲之的《兰亭集序》和王安石的《游褒禅山记》。该单元导语写道:"阅读这类文章,不但要欣赏其中描绘的自然风光,还要联系作者的身世和作品的时代背景,品味作者抒发的感情和文章寄寓的旨趣。反复阅读这些优美的篇章,体会其中的节奏、语气和韵味,有助于养成良好的文言语感。而体验古人徜徉山水、感悟人生的情趣,也有助于培养我们对自然之美的感受能力。"①读及此,我们对课文的解读就应偏重于引导学生知人论世,明析作者生平,通过文本中的景物描写品析文中情感的涌动和旨趣的生发。阅读教学方法上则侧重于诵读法。部编版中,《赤壁赋》被编入高中必修上册第七单元。该单元荟萃古今名篇,蔚为壮观。除《赤壁赋》外,还有郁达夫的《故都的秋》、朱自清的《荷塘月色》、史铁生的《我与地坛(节选)》、姚鼐的《登泰山记》。本单元导语写道:"学习本单元的写景抒情散文,体会民族审美心理,提升文学欣赏品位,培养对自然的热爱之情。要关注作品中自然景物描写和人生思考,体会作者观察、欣赏和表现自然景物的角度,分析情景交融、情理结合手法;还要反复涵泳咀嚼,感受作品的文

---

① 人民教育出版社课程教材研究所,中学语文课程教材研究开发中心,北京大学中文系语文教育研究所.普通高中课程标准实验教科书·语文2·必修[M].北京:人民教育出版社,2006:28.

辞之美。"①两相比较,便会发现,解读这一单元中的《赤壁赋》,在语文人文性层面,更应侧重对学生民族审美心理的建设,着眼于更为广大的核心素养的培养上;在语文工具性层面,除了人教版分析情景关系、反复吟诵外,也应关注情理结合和文辞之美,所以我们作为语文教师在解读时还应侧重分析《赤壁赋》中抒情和说理的成分,关注文中精美的用语特点等。

语文很有意思的是,它并不依靠抽象的概念或专门的学术话语呈现世间万象,而是用自己特有的方式介入这个丰富的世界。这种特有的方式就是通过丰富的语言系统和文学形象去透视人生、人性及社会等诸多方面。2017 年版普通高中语文课程标准把"语言""思维""审美""文化"作为语文核心素养,要求语文教学要着眼于语言建构与运用、思维发展与提升、审美鉴赏与创造、文化传承与理解。因此,在课文解读时,真正做到理解课程标准,真正把语言、思维、审美、文化这四个素养有机融进课本解读中,是语文教师有为且该为的。

以部编版高中必修下册第一单元为例。这一单元的人文主题是"中华文明之光",迁入了《子路、曾皙、冉有、公西华侍坐》《齐桓晋文之事》《庖丁解牛》《烛之武退秦师》《鸿门宴》五篇经典课文。且看单元导语第二自然段的表述:"阅读这些文章,有助于我们了解中华文化的一些重要理念,领会其中包含的人文精神,深化对传统文化的认识,增强文化自信。"这些话语毋庸置疑地说明本单元承担着"文化传承与理解"的使命,是这一学科核心素养在语文教材中的具体落实。我们在解读课文时,一定要引导学生了解儒、道两家思想的特征,认识其文化价值,增强学生对中华传统文化的认同感。再看单元导语第三自然段中的"要在理解文意的基础上,整体把握经典选篇的思想内涵"。这意味着什么?意味着把握篇章思想内涵需要以"理解文意"为基石。"理解文意"意味着大家需要借助注释和工具书,落实文言字词,继而掌握文意,提升阅读文言文的能力。这里显然又承担着"语言建构与运用"的任务。当然,在实践教学中,也可以引导学生比照诸子类作品及史传类作品在语言表达上的不同,我们会发现诸子类作品以说理性语言见长,而史传类作品以叙事、描写性语言居多,有些课文还颇具文学色彩,也需要我们进行"审美鉴赏与创造"。比如《鸿门宴》,这篇课文记述了楚汉争霸过程中一次重要的会面,叙事详备且扣人心弦,不仅介绍了这次

---

① 中华人民共和国教育部.普通高中教科书·语文·必修·上册[M].北京:人民教育出版社,2019:105.

宴会的前因,更"精描"了宴会各色人等的精彩表现。相比于叙事简洁的《左传》,其内容更为丰富,细节也更加传神,其中可供细细玩味及品析的"妙处"亦很多。

对于"思维提升与发展"这一核心素养,我们在解读本单元课文并实施教学时,大概需要更多的关照。因为本单元隶属于"思辨性阅读与表达"学习任务群,我们需更多地引导学生进行思辨性阅读,引导学生理性评价历史人物、历史思想,进一步提高认识历史的能力。阅读本单元两篇史传类作品时,我们不妨从历史的"长短"角度进行课文解读。比如可以立足较长的历史时段理解"退秦师"这一具体的历史事件,寻找历史真相;从楚汉之争的全过程来思考鸿门宴对历史发展的作用,考虑历史事件发展的内在动因。我们不妨从历史的"表里"角度进行课文解读。比如创设情境,烛之武之辞令固然出色,但决定其成功的因素还有其他否?刘邦、张良的策略为何能获得成功?这种思辨性解读可以帮助学生养成"大处着眼,小处着手"的读史方法,养成"透过现象看本质"的阅读习惯。阅读本单元的诸子类作品时,我们不妨引导他们一分为二地看待古人的思想。比如《齐桓晋文之事》中说:"无恒产而有恒心者,惟士为能。若民,则无恒产,因无恒心。"孟子一方面重视"保民",一方面又对平民百姓持有一定程度上的歧视。虽然孟子生活的时代,重"士"而轻"民"的现象比较普遍,但是在今天的教学中,我们应对这些思想的局限性有明确的认识,我们应肯定其"保民爱民"的积极意义,又需对其"轻民"、对其"保民是为了巩固统治阶级利益"有清醒的认识。我们在解读课文时既要认识古人无法回避的历史局限性,又要抓主流、看方向、识大体,充分把握古人思想中积极方面,指导学生将其吸收、内化为自己思想的有机成分。

(三)学生视角适宜解读

教师对课文的解读还有一个必须要考虑到的因素,那就是学情。学生是课程内容与结构的有机组成部分,从本质上说,学情分析同教材分析一样,属于教师课程理解的有机环节。与教材分析相比,学情分析要考虑的因素或许更多也更具体些。我们既需要考虑学生文本理解的整体水平与个体差异,也要考虑文本理解难度与学生理解水平之间的差距。此时,语文教师对课本的解读也许可消弭或缩短这些差距。具体实施时,大体需要把握两个原则:一是难文浅读,二是易文深挖。比如李白的名篇《梦游天姥吟留别》,全文辞采壮丽,神思飞扬,描绘了一幅惝恍迷离、雄奇壮美的山水图景。课文下面注释丰富,对于高中生理解词意文意不是难事。本文解读难在哪? 难在这首诗,不是纯粹意义上的山水游仙诗,是融入了作者强烈情感的诗作,主体段落山水景色的变化其实就是诗人现实人生的投射。对于此,高中生理解起来较为费劲,教师要做的应该是引导学生将文本朝浅易化方向解读。我们可以出示李白的事迹年谱,帮助学生更好地理解《梦游天姥吟留别》中的山水风物。再如初中课文莫怀戚的《散步》,文章浅近,记叙了祖孙三代在小路间相携前行的一件平凡小事。对初中学生而言,理解这样的文章不难。而对于语文教师,面对这样的浅易文本,需要引导学生深解深挖,引导学生理解"我背着母亲,妻子背着儿子"这温馨画面背后更深层次的内涵——对"尊老爱幼"这一孝行美德的传承,这是一个家庭和谐的基础,更是一个民族长治久安的基石。

三、课文解读的基本策略

我们以为,课文解读的基本策略用一句话来说,即"把书读厚再读薄",解读时先由薄及厚,再由厚及薄。

(一)由薄及厚策略

解读的厚化就是课文解读时要全面化、具体化,这意味着要把课文里的每项内容、每个细节进行详细的了解、理解,有时不仅要了解课文里的所有内容,还要延展至与课文相关的一些信息。新教师拿到一篇课文要做到解读全面化、具体化,不妨问问自己以下几个问题:第一,这篇文章写了什么? 这个问题关涉的是文章具体内容问题。此时,你不仅可以关注到文章中的字、词、句、段、章、篇,还可以解读到文章中的景、事、人、理、情等。第二,这篇文章是怎样写的? 这个问题关涉的是文章的写法、章法的问题。此时,你可以品读文章的结构布局、遣词造句、修辞手法、叙事技法、写景技巧、说理之道等。第三,为什么要写这篇文章? 这时你会想起去搜索一下这篇文章诞生之时的历史、时代;会想起去查找一下作者著文之时到底经历了什么,他的遭际怎样;会想起去探寻一下作者想借这篇文章表达什么情感、传达什么思想理念……第四,这篇文章写得怎么样? 这个问题关注的是对文章的评价。我们教师当然可以有对课文文本评价的权利,而且必须要有对课文文本评价的能力。正如上面章节所言,我们首先是个读者,需要有个性化的解读,继而生成个性化的评价。此外,选入教材的课文几乎都是古今中外的文学名篇,许多大家名士都对它们做过解读和评价,我们也可以多去看看名家解读,有助于我们进一步认识课文。

(二)由厚及薄策略

解读的薄化就是课文解读时要简约化、目标化。对于一篇课文阅读,倘若将全面解读的所有一股脑地讲,我们彻头彻尾讲三天三夜未必能讲完;对于整本书阅读,倘若将精细解读的所有全盘托出,我们争分夺秒地讲三年五年未必能讲完。所以,我们需要做的是把当初读厚的书再把它读薄,做到简约化、目标化。简约化并不是简单化,我们需要把全面解读中精粹的部分提炼出来,把服务于课文教学的"珍珠"挑出来。什么才是"珍珠"? 能达成教学任务、完成教学目标的就是"珍珠"。解读薄化的重要前提是你必须明确教材的编制、编者的意图、课程的意图、教学的目标等,唯有如此,你才能识别哪些是"珍珠",哪些是"鱼眼"。其实,说到底,简约化也就是目标化,就是我们课文解读时要明确课文教学目标,在教学目标的指引下去解读文本,选取能完成教学目标的内容,最大限度地发挥教学效能。

四、课文解读的基本方法

掌握课文解读的方法是提高文本解读能力从而提升语言素养的基本路径。课文解读的基本方法是指聚焦特定的阅读目的而形成的解读文本的思考过程及伴随这个过程的思考方法。什么才是阅读的目的? 我们以为读懂表层的文本内容不是阅读目的,理解表现内容的语言形式,进而理解语言形式中蕴含的思想情感及背后的更为深层的文化内涵才是阅读的目的。当然,这不是说理解表层内容就不重要,而是说要以理解表层内容为基,进行由表及里、由浅入深的渐进式阅读,方能达成阅读目的。我们要达成阅读目的,可以借助一些文本解读的方法。

想讲清楚解读之方法,是一个比较困难的事情。因为古今文本解读之法纷繁复杂、不一而足,诸名士大家的解读之法有交叠、矛盾、差异之处,而且不同的文章、不同的体式也会对解读之法的选择有影响。下面我们谈谈日常语文教学常用的课文解读之法。

(一)提领法

什么是提领? 提,意为抓;领,是为要害、关键。提领法就是解读课文时抓住课文关键所在的方法。那么,什么是文章的关键所在呢? 狭义地讲,文中的关键词句就是。我们解读课文时抓住课文中的关键词句,或可进行渐进式阅读,达成阅读目的。什么是关键词句呢? 诗词中的诗眼、词眼就是关键;抒情散文中的抒情语句就是关键;议论文中的观点句就是关键;等等。

下面,以诗歌为例来说说这种方法。中国的很多诗歌有诗眼。大家都知道,诗眼是诗歌中最能开拓意旨和表现力最强的关键词句,能给诗歌带来难以言说的艺术魅力。所以紧抓诗眼这一关键能够让我们很好地明确诗歌内容,继而感知诗歌意旨,感受诗歌魅力。比如曹操的《短歌行》,我们要理解这篇课文,便可用提领法,找出本诗的关键——诗眼。该诗的诗眼即"忧"。为什么诗眼为"忧",而非其他? 因为"忧"揭示全诗的情感,且"忧"在全诗中总共出现三次,是诗作中的高频次情感词,分布在诗作开头及中间,成为全诗的情感线索。为什么诗作结尾没有提到"忧"? 我们大可认为曹孟德已得解忧之道,自然"无忧",在诗中的表达便无须提"忧",所以文末并无"忧"字。围绕这一诗眼"忧",我们在解读时可以提出一系列问题。比如,本诗忧在何处? 我们可以把全诗中的"忧"找出来,厘清情感线索。再如,本诗所忧为何? 要解决这一问题,我们要找出对应的诗歌内容。"人生几何""去日苦多"告诉我们曹公心忧人生短暂;"青青子衿""呦呦鹿鸣"等典故告诉我们曹公心忧贤才难得;"周公吐哺"告诉我们曹公心忧天下未定。还如,以何解忧? 以何写忧? 自然杜康美酒可解其忧,可是真正让他无忧的,还是他心底打定的主意——求贤、一统。唯如此解读,才可见那个志向宏远、气壮如山的曹操,否则,借酒解忧的曹操与那些一遇困难便借酒买醉的市井之人何异? 至于以何写忧,自然会将我们引入对诗歌艺术手法的品鉴中去,这里不做过多叙述了。其实,围绕诗眼,我们还可以提出很多问题。因为解读永远在路上,永远不停息。

(二)还原法

还原法的首倡者是孙绍振教授。在 20 世纪,他面对百年来文学文本解读存在的问题与窘境,建构了自己的文本解读理论及具体操作方法。目前,其解读理论及具体操作已自成体系,宏大阔远,感兴趣的同学可以找来他的著作消化吸收,滋养己身。于此,我们仅对其解读文本的方法——"还原法"做些粗浅的介绍。

孙教授经过多年努力,在还原的基础上进行过细致的分析和比较,由此建构起一套系统分析层次:艺术感觉的还原、多种形式的比较、情感逻辑的还原、价值的还原、历史的还原和比较、流派的还原和比较、风格的还原和比较。这是一套庞大的系统,驳杂纷繁,但我们可以紧抓其法门,明其解读之道。什么是它的法门?"找出矛盾"就是它的法门。"还原法"还有一个名字,叫作"矛盾分析还原法",也就意味着"还原法"的重要抓手就是"分析矛盾"。那么问题来了,分析矛盾的前提是存在矛盾并且发现矛盾。这里说的"矛盾"是什么?它不是文学作品中人物与人物之间的冲突,而是指作品内容在生活中、字典里的原生态面貌、经验或感觉与作品中呈现的艺术形象、艺术情感、文本语境等之间的差异。要找出其间的差异,孙教授认为需先还原出其原生态面貌。现在我们总结一下"还原法"的解读步骤:还原原貌—找出差异—分析矛盾。当然,还有很多作品看上去似乎找不出矛盾,对于这样的作品要细细推敲、仔细寻找。

以部编版选择性必修下册第一单元的《氓》为例。我们来看看"送子涉淇,至于顿丘",通过分析,我们可以毫不费力地发现是女主人公送男主人公。可是,在现实生活中,更普遍的经验是男性送女性,从这个差异入手,可以发现这个异常的背后是女子对男子的痴情与深情,女子的形象跃然纸上。再如"匪我愆期,子无良媒。将子无怒,秋以为期",一般来说,男子来求亲,却没有找好"良媒",本来应该女子发怒,可是文本中却是女子请男子不要发怒,还与之约定时间。发现这原生面貌与文本语境间的差异,并进行分析,我们便可见男子鲁莽草率、脾气暴躁的特点,女子单纯善良、为爱妥协委屈的形象,也为下文两人婚变埋下伏笔。

(三)比较法

比较法作为一种经典之方法,广泛运用于语文学习的各个方面。现行的部编版高中语文教材中,大量的课文是由多篇文章组成的,也催生了一个新名词——群文阅读。群文阅读,本质就是一种比较阅读。用比较法进行课文解读,就像是一片广袤的蓝海,可比较的点犹如蓝海中的浪花,不可胜数。我们可以进行同类比较,可以进行异类比较,可以进行替换比较,等等。比如,我在讲《登高》时问杜甫诗的特点,学生们脱口而出"沉郁顿挫",再问"什么是沉郁顿挫""你对沉郁顿挫有感觉吗",学生茫然四顾。显然,学生接受的是一种贴标签式、灌输式的学习,思维呈僵化状,自然对"沉郁顿挫"无感。我们不妨进行同类比较,以当前需要学习的古诗词为连接点,让学生找出此作品之前及作品之后的同类作品,进行纵向比较,体现杜甫人生最后十年的作品中表现出的家国之思、颠沛流离的孤独和其间的深沉复杂的情绪。若能如此,学生对"沉郁顿挫"再也不会无感,再也不会对这一诗歌风格停滞于平面化的认知,将会对杜甫其人、其事,诗歌其情、其风格有更深一步的体会与理解。我们也可以将表面上没有相似性的文本进行比较,比如讲解杜甫《登高》时可比较李白的《梦游天姥吟留别》:这两首诗都是唐诗,都有传情达意之功用,为什么杜甫表达情意借用格律诗而李白却惯用古体诗? 从而引导学生探寻近体诗与古体诗在体式、声韵、表情上的不同。

使用比较法进行课文解读,我们首先要做的就是根据课程需要找出比较点,才能往下进行比较分析。要明确课程需要,就要调动我们的专业技能,以教师视角来解读文本。若比较点失之太宽,失之太散,失之太深,对学生领悟和教学时间配比等都有影响。比如部编版必修上册第七单元选取了五篇古今写景抒情散文,如果要将《荷塘月色》与《故都的秋》进行比较的话,我们可以把比较点设定在关注两篇文章景与情的关系上,比较情景交融这一特色在具体文章中呈现的异同。

在平时的备课中,替换法也常常被使用,不过替换之后还是要落实到将换句与原句进行比较。所以,在这里我将替换法与比较法合并,姑且称之为"替换比较法"。贾岛初次赴京科考,于驴背上得句:"鸟宿池边树,僧敲月下门。"又想用"推"字,反复斟酌未定之时,遇见韩愈,成就一段古今佳话。其实"贾韩推敲之争",就是运用了替换比较法。对课文的解读,尤其是古诗词的解读,不妨用用此法。比如《念奴娇·赤壁怀古》中"乱石穿空,惊涛拍岸"可否换成"乱石崩空,惊涛冲岸"?《饮酒》中"采菊东篱下,悠然见南山"可否换成"采菊东篱下,悠然看南山"? 通过替换比较法,能打开学生的思路,感受诗人、词人们的用词之妙。

案例分析

课文解读策略案例分析:《永遇乐·京口北固亭怀古》

首先,来说说把这首词读厚。

第一步,关注写什么。这首宋词是辛弃疾的代表作。全词共 104 字,分上、下两片。该词上片即景抒情,由景物联想起古代两位著名的英雄人物——孙权和刘裕,赞咏他们的丰功伟绩。"千古江山……雨打风吹去",叹英雄千古难再,帝王豪奢也经不起岁月的磨洗。"斜阳草树……气吞万里如虎",从回顾刘裕生平,揭示蓬门陋巷、出身低微同样可以建立功业。下片追述历史上的沉痛教训。"元嘉草草"三句,写刘义隆刚愎自用、好大喜功、冒失用兵,终落得全军溃逃、仓皇北顾的下场。"四十三年……烽火扬州路",词人由今忆昔,想到四十三年前,词人在战火弥漫的扬州地区参加抗金,率众南归,原本想依靠朝廷力量恢复中原,没有想到朝廷昏聩无能,使他壮志难酬。"佛狸祠下,一片神鸦社鼓"写的是北魏太武帝建在长江北岸的行宫,而今已是佛狸祠,现在在这里祭神赛会,香火不断。"凭谁问"到结束,用廉颇的故事表达了不被重用的愤懑。

第二步,关注如何写。这首词是通过诗歌形象表露词人的政治见解和战略主张,而不破坏诗歌美的典范。词人构建的意象,除了有一般作家惯用的景物意象外,更多的是取人物意象和事件意象,有借古讽今的、有警示规劝的,也有总结历史经验、预示未来的,这些都串联在词人思维和情感的变化与升腾之中。这首词中的典故历来为人所津津乐道。这里用孙权、刘裕、刘义隆、拓跋焘、廉颇等的典故,寄意深远。如用"元嘉草草"三句十四个字就将仓促用兵导致失败的历史教训摆在世人面前,暗指当权派如今冒失出战后果不堪设想,表现出词人的深谋远虑和对战事的忧心关切。

第三步,关注为什么写。这是一个比较深广的问题,牵涉到历史时代、社会背景、个人遭际、人物关系,甚至是心理因素、权力制衡等纷繁复杂的诸多方面。感兴趣的可以去找来看看,这里囿于篇幅问题,只涉及最狭隘的一点——写作背景,以飨读者。这首词是词人登临镇江北固亭所作,当时是公元 1205 年秋。当时韩侂胄把持朝政,企图用北伐中原来提高自己的声望。他在 1203 年起用闲居已久的辛弃疾,先任命其为绍兴知府、浙东安抚使,次年调任镇江知府。镇江古名京口,素来是军事重镇,处于抗金前线。韩之主张符合辛弃疾收复失地的志愿,但是韩侂胄在军事上准备不充分,辛弃疾对这种局面忧心忡忡,在登临北固亭览景时有感,自然倾吐此词。

第四步,关注作品评价。好的作品必然是经得起时间的磨洗的,而且无论在哪个时代都会给人以力量。比如,辛弃疾在这首词中表现出的壮志难酬的个人苦闷会引起许多人的共鸣,但更重要的是辛弃疾那种受挫之后仍心忧天下、渴盼统一的那份家国情怀足以让人动容,给我们,给民族、国家以前行的动力。为了更好、更全面地解读作品,将其厚化,读他人评价是一良策。比如陈洵《海绡说词》、俞陛云《唐五代两宋词选释》、唐圭璋《唐宋词简释》、夏承焘《唐宋词欣赏》等中关于此词的评价,都可以是你的佳选。

值得一提的是,把书读厚,绝不仅限于此四个步骤,因为一篇文章或一本书可以有无数的关注点,一个关注点发散出来都能成为一本厚厚的"书"。要把书读厚,关键还是多读、多思、多写、多领悟。真正把自己丰厚起来,才能把书读厚。

接着,我们来谈谈把这首词读薄。

第一步,明确教材的编制、编写的意图。这首词隶属于部编版高中语文必修上册第三单元第9课。本单元属于"文学阅读与写作"学习任务群,其人文主题是生命的诗意,精选了魏晋至唐宋时期的经典诗词作品八首,汇编成三篇课文。这一课由三首宋词组成,分别是豪放风格的《念奴娇·赤壁怀古》《永遇乐·京口北固亭怀古》和婉约风格的《声声慢(寻寻觅觅)》。通过单元导语及学习任务群,我们可以发现,本课的教学重点应为欣赏词作的风格特点,体会诗词中的情感,领悟词人的生命思考与精神追求。解读这三首词,我们可以借助语言表达、表现手法、风格特征的差异来探讨词人在表达情感上的不同,从而把握词人的生命态度和深邃的心灵世界。

第二步,根据教学目标,挑选"珍珠"。上面已经提过,本课由三首宋词组成,在进行课文解读时,我们可以比较阅读,也可以单篇阅读。不同的阅读方法,会使得解读的角度不同,也会使得课堂的最终呈现不同。在此,我们从单篇阅读的角度来说。这首词是词人登高凭吊、怀古伤今之作。通过本课后的学习提示,我们可明确本首词的教学目标。学习提示第三自然段如下:词作多用典,学习时要注意理解典故的内涵;结句"凭谁问:廉颇老矣,尚能饭否?"是这首词的主旨,应注意领悟。可以拓展阅读辛弃疾的《菩萨蛮·书江西造口壁》,通过对比理解词人的不同情感。[①] 很显然,我们的教学目标应放在对典故的掌握、对其内涵的理解、对情感主旨的领悟上。基于此,我们进行课文解读时,应更多地

---

① 中华人民共和国教育部.普通高中教科书·语文·必修·上册[M].北京:人民教育出版社,2019:68.

关注本词中的典故,以及作者为什么要用这些典故,他想借这些典故寄予怎样的志趣和情感。这才是将词读薄中该关注的"珍珠"。

实践演练

一、自选一篇部编版语文教材中自己没有学过的课文,不借助参考资料自己进行解读,再与他人的解读比较,分析异同,并思考其原因。

二、自选一篇课文,尝试分别从读者视角、教师视角、学生视角加以解读,比较不同视角的解读间的差异,并思考其对教学设计的启示。

学习资源单

1. 孙绍振. 月迷津渡:古典诗词个案微观分析[M].上海:上海教育出版社,2012.

2. 孙绍振. 文学解读基础:孙绍振课堂讲演录[M].福州:福建教育出版社,2017.

3. 余虹.文学作品解读与教学[M].北京:高等教育出版社,2011.

4. 王荣生.阅读教学教什么[M].上海:华东师范大学出版社,2016.

第二节　阅读教学内容的确定

学习目标

1.理解要依据文本体式确定阅读教学内容。

2.把握五种选文功能类型的功能发挥方式,能够独立根据选文功能类型的不同合理确定教学内容。

3.能够基于学生情况合理确定教学内容。

内容提要

第二节 阅读教学内容的确定

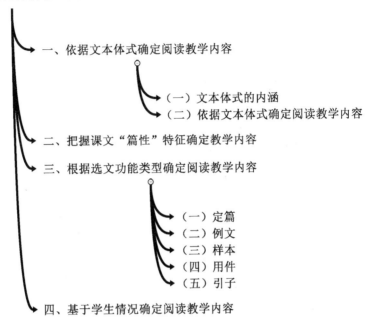

一、依据文本体式确定阅读教学内容

（一）文本体式的内涵
（二）依据文本体式确定阅读教学内容

二、把握课文"篇性"特征确定教学内容

三、根据选文功能类型确定阅读教学内容

（一）定篇
（二）例文
（三）样本
（四）用件
（五）引子

四、基于学生情况确定阅读教学内容

　　阅读教学设计与其他领域的教学设计有着共性,总是基于特定的教学目标而确定相应的教学内容,再依据所确定的教学内容而选择合宜的教学方法。但是,阅读教学设计又有着其自身的特殊性。阅读的本质决定了阅读教学设计必须关注作为阅读主体的学生和作为阅读对象的文本即课文。阅读,在实质上是作为阅读主体的读者与作为阅读对象的文本开展对话的过程。为使这种对话能够顺利,首先阅读主体要明确自己的阅读目的,进而以与阅读目的相适应的阅读取向来进行阅读。如在编写语文教材过程中,对于一篇将要选入教材的课文,教材编辑对课文样稿加以样对,这是一种阅读取向;语言学家对该课文某一句法的使用情况进行统计,这肯定将区别于教材编辑的取向。又如,对于小说中的人物外貌描写,普通读者以审美的鉴赏性取向加以阅读,而研究者则以获取信息的实用性取向来研究小说所写时代的服饰样貌。但在语文阅读教学状态下的阅读,通常情况下,阅读目的主要还是受阅读对象文本的客观特点决定。

　　如果说在战略上基于自己的阅读目的确定了相应的阅读取向,这种对话具体如何表现出来,实则依托于战术上运用与阅读取向相适应的阅读方法。因而,作为读者与文本进行对话的阅读根本上指向于战术层面的阅读方法与战略层面的阅读取向的一致性,即读者能够运用与文本体式相一致的阅读方法。而且,阅读教学旨在通过引导学生与文本进行对话,使学生通过教学状态下的阅读学习活动在提升语文素养的同时丰富其人生经验。阅读教学最根本的任务在于促进学生最终获得体现文本体式特点的阅读能力,即掌握与文本体式相一致的阅读取向与阅读方法。同理,阅读教学中,作为教材选文的同一课文,其阅读取向和阅读方法也会因其阅读教学目的而有所差异。对于指向于不同的阅读教学目的的选文,教学目的差异意味着阅读教学时对于选文的功能定位的不同,也即王荣生教授所言之"选文功能类型"不同。并且,阅读教学总是基于特定的学生情况而努力地促进学生与文本深层对话,以实现学生通过在教师引导下的阅读学习在人生经验和语文素养方面的综合提升。

因而,在确定阅读教学的内容时,从宏观的方面来说,需要依据文本体式、"篇性"特征、选文功能类型和学生情况这四大方面来综合考虑。

一、依据文本体式确定阅读教学内容

(一)文本体式的内涵

当我们以一般常规的状态对特定文类或文体的文本加以阅读时,按照通常情况下的阅读方式来阅读,将小说作为小说来阅读、将诗歌作为诗歌来阅读时,阅读方法便主要受限于阅读对象即文本的体式。教师进行阅读教学时要具有明晰的文体意识,要依体而教。"体"的内涵很丰富,含义的广度由小到大,包括:一是文章的行文特点,如文章的语体风格;二是文章的上位概念"文体";三是文体的上位概念"文类"。不同文体有其自身的本质性特征,以影视剧本为例,其具有跳跃性、动作性、可视性的特点。影视剧本语言的跳跃性即指其努力使剧情、人物形象化,如以蒙太奇的手法组接场面和细节来凸显时空、节奏和运动;以影视剧本台词的动作性来揭示人物的性格和心理,有助于演员的表情、动作表演,并与人物内心变化和故事情节推进相关;影视剧本语言的可视性即强调要有场面感,直接作用于人的视觉。

(二)依据文本体式确定阅读教学内容

进行阅读教学设计时,务必依据具体文本的文体或文类所属,把握其具体的文体特点或文类特点,来确定教学内容。以影视剧本这一文体来说,阅读影视剧本与观看影视差别很大。影视剧本的阅读始终需要读者想象的参与,需要努力关注"三背后",即表情的背后、事件的背后、语言的背后。具体来说,表情的背后即要想象影视剧本的可视性;事件的背后即关注剧本的戏剧冲突;语言的背后即可体会台词的动作性。确定其教学内容时自然与此相应需要关注这些方面。而且,对于不同文类的文本,教师的教学方法与策略相应也会有所差异,以实现教学方法与教学内容的适应性。如文学类文本的教学,多强调揣摩、品味、咀嚼、想象、联想、体验、感悟、鉴赏、涵泳等;而实用类文本的教学,多强调理解、筛选、排列、分类、分解、分析、归类、组合、概括等。

语文课程标准中对相关文类的课程目标明确地体现了"文体意识",以《义务教育语文课程标准(2022 年版)》对第四学段的"阅读与鉴赏"相关课程目标为例,以下的相关课程目标都对设计阅读教学有着明确的指导意义:"能区分写实作品与虚构作品,了解诗歌、散文、小说、戏剧等文学样式。""欣赏文学作品,有自己的情感体验,初步领悟作品的内涵,从中获得对自然、社会、人生的有益启示。能对作品中感人的情境和形象说出自己的体验,品味作品中富于表现力的语言。""阅读简单的议论文,能区分观点与材料(道理、事实、数据、图表等),发现观点与材料之间的联系,并通过自己的思考,作出判断。阅读新闻和说明性文章,能把握文章的基本观点,获取主要信息。阅读科技作品,还应注意领会作品中所体现的科学精神和科学思想方法。阅读由多种材料组合、较为复杂的非连续性文本,能领会文本的意思,得出有意义的结论。"①

二、把握课文"篇性"特征确定教学内容

阅读教学中的课文,在其他科目中类似"课文"作用的即为章节。其他科目中的章节在功能与地位上,只是学习材料;而阅读教学中的"课文"不仅是学习材料,而且是学习对象。如地理课的学习对象是地理现象及自然规律,历史课的学习对象是历史事实及阐释,数学课的学习对象是数学的定理、定律,等等。这些科目教材中的章节,是论述学习对象的文字,它们只是学习这些科目的材料、途径,而不是学习对象本身。这些科目的章节教学目标不着力于这些表述学习对象的文字,其在于记忆、感受、解释、运用这些文字所指向的学习对象。学生还可以通过另一种教材或其他的文字表述,甚至是另外的一些媒介,乃至

① 中华人民共和国教育部. 义务教育语文课程标准(2022 年版)[M].北京:北京师范大学出版社,2022:14 - 15.

"活动"等途径学习相关的内容。

但在语文课程中,阅读教学中具体的"这一篇"课文,不仅是学习材料,而且是学习对象。《走一步,再走一步》《安塞腰鼓》,这一篇篇的具体课文都是独特的文本,是电影、图片、实物等其他媒介不可替代的,是有关"谈论勇敢""安塞气概"的其他文章难以达成的效果。学生对"这一篇"文本的阅读、理解、感受,是戏剧表演、主题讨论会、资料展示等其他途径所不可达到和难以拥有的。学习具体的"这一篇"课文,学生要理解、感受"这一篇"所传递的作者的思想情感,更要理解、感受"这一篇"中与独特思想情感融汇一体的语句章法、语文知识。

因而,阅读教学设计时,"依体而教"与"依文而教"二者需要内在相融。具体文本的教学设计要有"文体"或"文类"的视野,不可只拘泥于具体文本的具体特点而不能由此对与具体文本对应的这一类文本的共性有所关照;反之,又不能只关注具体文本对应的这一类文本的共性特征与属性,而罔顾具体文本的"篇性"。

三、根据选文功能类型确定阅读教学内容

语文课程为更好地培育学生的语文核心素养,切实地实现知识与能力、过程与方法、情感态度与价值观三个维度的课程目标,使学生积累言语材料,掌握语文知识,形成语文能力,掌握与运用阅读方法乃至写作方法,养成良好的语文学习习惯,总是需要借助课文这一中介或是依托一定的语文实践活动,促进学生在借助课文或活动这些载体开展语文学习的过程中,实现其语文核心素养的提升。具体到阅读教学中,与读写相关的知识、能力、方法、习惯等需要通过对课文这一中介来得以掌握、形成与养成。当课文这一中介发挥其功能而实现不同类型的目标时,其功能实现方式是有差异的。作为选文的课文在阅读教学中发挥的作用与功能有着不同的类型。我国语文教育研究者王荣生教授研究认为①:当前对于语文教科书中的选文功能已鉴赏出五种,分别是定篇、例文、样本、用件和引子。这五种选文功能类型大体可以分"教选文"和"用选文教"两大类。其中,"定篇"属于"教选文"的类别,"定篇"类的课文即为语文课程内容;"样本""例文""用件""引子"四者属于"用选文教"的类别,定位于此四种

---

① 王荣生.阅读教学设计的要诀:王荣生给语文教师的建议[M].北京:中国轻工业出版社,2014:80-92.

功能类型的课文发挥的是中介或载体的作用。一篇课文作为阅读对象,由于旨在实现不同类型的教学目标,该课文的功能发挥方式相应会有所差异,在相应类型教学目标的情形下,设计该课文的阅读教学时,我们所确定的教学内容相应也会有所不同。这即为依据选文功能类型确定阅读教学内容。

（一）定篇

"定篇",字面意思即确定的篇目,其地位是定位于语文课程内容的,发挥"定篇"功能的课文都是文学、文化的经典,是有着明确定论的名家名篇,如鲁迅先生的名篇、一些经典的古诗文等。其本身是语文课程内容的有机组成部分,而非可有可无的,亦非可随意更换的,通常是作为在中国接受基础教育的每一个中国人在其中小学阶段都需要学习的对象。在学习这些"定篇"类课文后,在感受、体会其艺术表现力的过程中,将这些课文所内蕴的精神、思想、情感、价值观等内化而为其内在的素养,这些素养成为每一个中国人形成民族认同、精神底蕴、文化自信的根基。学生学习"定篇"类课文时,需要全面深入地领会课文本身,以积淀为文化、文化的素养。通常,这些"定篇"类课文会在语文课程标准中以推荐篇目来确定,并且往往是某一较长时期内都会被作为推荐篇目存在的。对于"定篇"类课文的阅读教学设计,为了让学生能够深入理解与感受这些经典,理解和感受其超越时代的思想、情感与出色的艺术表现力,教师需要从多方面加以努力,如借助多元媒介创设促进学生理解与感受的情境,提供促进学生理解和感受的权威解读资料,提供构成互文性的相关作品等。其特别重视语文教师自身的全面深入透彻地讲析。

（二）例文

发挥"例文"功能的课文,旨在使学生通过课文这一具体可感的样例而更好地理解与掌握相关的语文课程内容,对于课文本身的领会与把握不是其根本目的所在。"例文"类课文作为样例,其所例证的语文课程内容,用夏丏尊先生的话来说,通常是词、句、篇等所体现的词法、句法、章法等"共同的法则"和"共通的样式",并且在程度上主要侧重于认知。"例文"类课文所例证的这些法则与样式等语文课程内容,其既外在于选文,又外在于师生教学主体,相对来说是比较明确的,不会因为教学主体不同而变化。作为"例文"的课文,只是促进学生更好地理解与掌握相关语文课程内容的途径之一。并且,在很多情况下,"例文"究竟是一篇完整的课文还是只是一篇完整课文的一部分或几部分,甚至是所选部分的其中一个方面或多个方面,主要是与期望作为"例文"的课文所要例证的语文课程内容相关。一般来说,为了让学生对"例文"所例证的词法、句法、章法等能够全面透彻地掌握,往往不仅用一个"例文",而是多个"例文"。从实质上来说,"例文"类课文是将所具有的多种功能基于特定词法、句法、章法等课程内容而限定于某一特定方面的例证。为此,一方面,"例文"类课文可以作为不同课程内容的例证;另一方面,某一课程内容可以选用多个"例文"来作为例证。如朱自清先生的《春》,学习字、词、句、篇、语、修、文等时,其可作为"描写"表达方式的范例,也可作为"比喻""拟人""排比""反复"等修辞的范例,还可作为"定语后置句"等句式的范例。又如,为了让学生领悟"描写"中的"正面描写"与"侧面描写"相结合的效果,可以选取朱自清先生的《春》描写春草、春花中的相关语句,宗璞先生的《紫藤萝瀑布》中描写紫藤萝的相关语句以及郁达夫先生的《故都的秋》中描写清晨落蕊的相关语句等作为范例。当然,用作"例文"的课文,如果其主要指向的是静态性的语言知识、文学知识或文章知识,此时这些作为"例文"的课文实质上主要是"语料",与阅读教学不是同一回事。因此,我们在进行教学设计时,务必明确自己的目标指向的是不是作为"语料"的课文所列举的知识,如果是,则此时实际上不是进行阅读教学,而是在进行语文知识教学。

(三)样本

发挥"样本"功能的课文其所指向的主要为技能、策略、态度等性质的语文课程内容,这一类语文课程内容常常通过一些描述性词语来呈现,与"生成性目标"或"表现性目标"相通。"样本"类课文所具体指向的语文课程内容与课文自身、教学主体间有着紧密的内在关联,课文本身的变化、教学主体的不同,往往会使需落实的课程内容做出相应的调整。把课文作为"样本",其指向的目标在于通过组织学生在学习这些课文的过程中进行阅读经验的交流与分享,来提升学生的阅读能力。在学习"样本"类课文的过程中,教师需要时刻关注学生动态学习过程中所展现出来的具体情况,随时依据学生课堂现场的生成性表现进行有针对性的引导与指导以及做出相应的调整,以顺应学生现场的学习状况。学生通过这一学习过程获得相关的阅读经验,提升相关的阅读能力,掌握相应的阅读方法与阅读策略。

(四)用件

发挥"用件"功能的课文,其主要作为一种提供信息、介绍资料的手段,关注的只是课文的内容,旨在让学生对课文内容有所了解。这一类课文,一般来说是比较容易替换的。对于此类课文,关注的是其内容是否正确合理,而不会关注其形式的精妙。其或为学生提供资料以更好地完成某一任务或参与某一活动,或是为学生研讨某一问题提供一个话题探讨的材料,或是为学生完成某一任务提供一些指导。如高中必修上册的第四单元"当代文化参与"任务群单元《家乡文化生活》中的学习资源部分,毛主席的《调查的技术》(节选自《反对本本主义》)意在对学生开展调查进行具体指导,王思斌先生的《访谈法》(节选自《社会学教程》)意在对学生进行访谈加以指导,钟敬文先生的《节日与文化》意在为学生多角度认识家乡文化提供方法论参照。这三篇课文的学习都只是基于课文内容的理解而在调查、访谈、撰写调查报告和建议书的过程中运用这些课文中所涉及的一些技术、方法和方法论。

(五)引子

被定位为"引子"功能的课文是指"由节选引向长篇作品""由选篇引向整本书阅读"①。语文课本中的课文,有的是长篇作品的节选,有的为整本书中的选篇。对这类课文进行阅读教学时,需要由节选或选篇切入,把其当作"引子",进而引导学生进一步阅读长篇作品或整本书,实现课内阅读教学与课外阅读的链接。在这方面,清华大学附属小学校长、特级教师窦桂梅老师做了比较深入的探索。如窦桂梅老师教授的《西游记》之《三打白骨精》便为典型,窦老师该课的教学思路为:一是利用《三打白骨精》中"环境"的描写,渗透《西游记》中的环境描写;二是借助《三打白骨精》中"情节"的研究,探究《西游记》中的写作特色;三是通过《三打白骨精》中"人物"的评价,导读《西游记》中的意义主题。

阅读教学中,在基本教学目标确定了的基础上,需要对课文的功能定位有所明确,进而依据所定位的课文功能,确定合宜的教学内容。

四、基于学生情况确定阅读教学内容

"教"因"学"才有其切实的意义,教需要针对学生的情况进行相应的引导与帮助而使学生有所长进,教的意义才得以真正实现。因而,阅读教学中应教什么、应让学生学什么,这无疑要基于学生的需求。对于阅读教学来说,既要明

---

① 王荣生.阅读教学设计的要诀:王荣生给语文教师的建议[M].北京:中国轻工业出版社,2014:92.

确学生阅读课文时的兴趣点,又要明确学生阅读课文时的困难处。学生对课文的表层内容理解貌似都不太困难,真正的难处是学生没有意识和无法意识到自己的困难。语文课需要把学生从他认为的懂教到他自己明白有哪些不知道,然后才能进一步把他们从不懂教到懂,这一过程就是最难的。

从阅读教学内容角度来说,阅读教学的意义主要在于促进学生在其原有的基础上有所成长和进步,具体而言,即:一是学生不喜欢的,使学生喜欢;二是学生读不懂的,使学生读懂;三是学生读不好的,使学生读好。教师在确定阅读教学内容时需要特别关注的方面即是学生不喜欢之处、学生读不懂之处、学生读不好之处。我国著名语文特级教师钱梦龙老师曾言:我备课的时候,自己觉得理解起来有点难度的地方,就想,学生可能也会较难理解;自己看了好几遍才看出来好处的地方,就想,学生也很难看出它的好处来,我就在这些地方导一导。钱老师的"导读法"导的正是学生读不懂的地方、学生读不好的地方。阅读教学设计时,教师需要根据学生阅读的实际情况,选择适合学情的内容,着力于学生读不懂、读不好之处。

例如钱梦龙老师在教授《死海不死》这篇说明文时,依据学情选择教学内容和确定教学重点,主要围绕科学小品文的科学性和趣味性这两个方面来展开。在教学过程中,钱老师首先着力于与学生商量"关于此说明文有什么是可以不教的"和"有哪些知识是需要教的",切实了解学情,最终聚焦于"趣味性"。接着,围绕"趣味性",师生从标题、故事、设问句、关联词语和材料的组织等方面,对"趣味性"进行了多角度的、比较深入的讨论。起初,学生从课文标题"死海不死"、课文所列民间传说,谈其趣味性。基于学生主要是从比较明显的趣味性表现谈论,钱老师进一步引导学生从材料的组织和语言表达上加以探讨。在钱老师的引导下,学生会思考:"那么,死海的浮力为什么这样大呢?""死海是怎样形成的呢?"前面说"真是'死海不死'",文章结尾却说"那时,死海真的要死了",前后两个"死"字互相呼应,可意思却不同,这些都会使读者觉得很有趣味。还有的学生注意到作者连续用了一些表示转折的词,还用了表示出乎意料和惊讶的词,如第一段里"但是,谁能想到……竟……甚至……连……",第二段里"然而,令人惊叹的是……竟……即使……也……",钱老师引导学生把找出来的一些词语略去不读和把这些略去的词语重读,通过比较来体味两者语言表达的效果。在此基础上,钱老师还引导学生关注材料的组织,即哪些先写、哪些后写也会影响阅读的兴趣。最后,钱老师再通过"《死海不死》最后一段说死海数百年之后可能干涸,作者推断的依据是什么"这样的提问来聚焦于"科学性"。钱老师引导学生对作者分析的方法、得出的结论进行讨论,确认作者的判断可能是有所疏漏的。在此基础上,钱老师布置了一个"让死海继续活下去"的写作练习。

综合来说,对于阅读教学而言,教师需要着力的主要是两个方面:一是指导学生以正确的目的合理地看待特定的文本;二是指导学生在文本的重要地方理解和体味其所传达的意思和意味。阅读过程中,学生理解力不强,感受力不足,实际上就是理解不了、感受不到对应体式的该文本的紧要处、关键处。而学生阅读时存在困难和障碍之处也通常是这些紧要处、关键处所表达的意思和意味。以阅读作为文艺性说明文的科学小品文来说,最难也是最重要的,便是其语言的表达艺术,即钱老师该课教学中的"趣味性"。很多时候,对于学情的估摸,对于特定体式的某一具体课文来说,学生读不懂、读不好之处往往可以通过对这一课文体式的解读来实现,即特定体式的课文,应以什么阅读方式、从文本的什么地方读出什么东西来。学情,并非不可捉摸,在调查等途径之外,阅读教学设计时通过把握特定体式的课文应怎么读、读什么,是可以做到事先有所估量的。

案例分析

鲁迅先生作品群文教学设计①

一、重温"童年的我",打通生命的共通点

案例片段:

1.最爱的游戏

教师出示《从百草园到三味书屋》第 7—8 段,让学生体会在雪地捕鸟的过程中"我"的心情变化。

雪地捕鸟是童年的我最喜欢的游戏,我抓住时机、小心翼翼—(　　　　)—何其失望—(　　　)—(　　　)—(　　　　)—一语中的,也让我更

---

① 本案例改编自:陈明.依情而定　因体而教:鲁迅作品群文阅读创意教学探讨[J].中学语文,2022(2):91－93.

加地佩服他。虽然我没有捕到几只,但却感到趣味无穷,因为我还遇到了一位能教我捕鸟的山野老农呢!

这样的游戏,在"我"的童年中何其少呢?

在百草园短短的泥墙根一带,我会(　　　　　　　　　　);

在三味书屋后面的小园里,我能(　　　　　　　　　　);

在先生读书入神的时候,我还能(　　　　　　　　　　)。

你做过这样的游戏吗?

2. 最烦恼的事

"童年的我"不只有百草园这样的乐园,还有一些小烦恼呢!

老师出示《阿长与〈山海经〉》中元旦吃福橘部分语段:"梦里也记得元旦的……可以下床玩耍去了。"

朗读批注示例:

"他又有所要求似的,摇着我的肩"到"我忽而记得了"朗读的时候要停顿一小段时间,或者是加上"哦"这个词,表示"我"从忘记这个烦琐的规矩到想起来的过程。

学生仿照示例做朗读批注,同时朗读。

预设:"立刻""一把""按住""惶急"朗读的时候要用夸张的语气,读出长妈妈生怕"我"忘记说祝福语的情状,表现长妈妈看似可笑实则可爱的样子。

"冰冷""塞""大吃一惊"要读出"我"被强迫吃福橘的无奈。

"磨难""总算""可以"要读出"我"松了一口气的感觉。

在这种烦恼的背后,你读出了什么?

预设:长妈妈烦琐的规矩,确实让"童年的我"感到不耐烦。但是"我"还是感觉到了长妈妈的爱意,"我"也是爱长妈妈的。所以这种不耐烦的背后是一种儿童的懵懵懂懂的爱。烦恼何止于此呢?

一到夏天,睡觉的时候,(　　　　　　);不许我走动,拔一株草或翻一块石头时,(　　　　　);饭粒掉在地上,(　　　　　　);说人死了,不该说死掉,(　　　　　　　)。

你有没有遇到这样的烦恼呢?

【分析】不少学生由于对鲁迅先生个性严肃、冷峻和作品充满批判性的固有印象而感觉鲁迅先生的作品很难亲近。陈老师根据学生的这一情况,通过"重温'童年的人',打通生命的共通点"这个学习任务,设计两个有趣的活动,甚至还可以设计如最喜欢的乐园、最爱听的故事、最爱看的那场戏等诸如此类的活动,让学生感受和体验"童年的我"的喜怒哀乐。在完成这一学习任务的过程中,学生将鲁迅先生视为与自己一样的"人",寻找自己与先生生命的共通点,学生不知不觉地走近鲁迅先生,消除学习先生作品的畏难情绪,引发了共鸣。

二、回归"现在的我",感受两种交织的情感

案例片段:

虽然背地里说人长短不是好事情,但倘使要我说句真心话,我可只得说:我实在不大佩服她。

仁厚黑暗的地母呵,愿在你怀里永安她的魂灵!

——《阿长与〈山海经〉》

通过对比这两段,你发现鲁迅以前对阿长的情感和现在的情感一样吗?

小结:文中存在着两个"我",一个是"童年的我",一个是"现在的我",这样的叙述视角,叫作双重叙事视角。这样的双重叙事视角也形成了两种情感的交织,"童年的我"对阿长是不大佩服,不耐烦的;"现在的我"却从灵魂深处发出祈愿,表达了对长妈妈深切的怀念与爱,这也是鲁迅生命的呐喊。

找一找《藤野先生》一文中"现在的我"出现在什么地方? 表达了作者的一种什么样的情感?

示例:

可惜我那时太不用功,有时也很任性。

在我所认为我师的之中,他是最使我感激,给我鼓励的一个。

他的性格,在我的眼里和心里是伟大的。

预设:从这些文字我们可以感受到"当时的我"并没有真正理解藤野先生,直到多年以后,"现在的我"才深切感受到藤野先生严谨的治学态度和对"我"不倦的教诲,所以,"在我的眼里和心里"藤野先生是"伟大的",这样两种情感的交织,更好地升华了文章的主旨。

在《从百草园到三味书屋》中"现在的我"也间或插话:"他虽然照样办,却总是睡不着,——当然睡不着的。""当然睡不着的",显然就是"现在的我"的突

然出现,这样的叙述,在紧张的听故事的情境中,更增添了几分节奏感和幽默感。

【分析】《从百草园到三味书屋》和《藤野先生》两篇课文都是回忆性散文。回忆性散文是回忆与散文相结合的文体,这种文体需要着力关注叙述者所经历的事与人,以及由这些事与人产生的有关"过去"和"现在"相互交织的两种情感。这两种情感有时可明显区分,有时又相互交织。在鲁迅先生这两篇回忆性散文中,"现在的我"与"之前的我"形成了两种情感的交织。为此,这一教学设计,既立足于回忆性散文的一般特点,又关注鲁迅先生的这两篇回忆性散文自身的"篇性",教师的教学设计通过引导学生适度地分离和体会"现在的我",以促进学生理解课文,理解鲁迅先生。

三、体味"故乡的蛊惑",追寻永远的精神家园

案例片段:

1. 故乡之景

对比阅读:《社戏》的第 11 段与《故乡》的第 12 段。

学生思考回答:

(1)你能给这两幅写景图分别起一个名字吗?(水乡月夜图　海边沙地图)

(2)两段景物描写的相同与不同之处分别是什么?

篇目	《社戏》的第 11 段	《故乡》的第 12 段
相同		
不同		

预设:

相同点:这两段都描写了鲁迅先生记忆中的美丽的故乡图景,恬静的风光,神异的画图,情景交融,充满了对故乡的追忆。

不同点:《社戏》主要抓住了豆麦、月光、青山、渔火等静态物象,从嗅觉、视觉角度进行描写;抓住水声、笛声等动态物象,从听觉角度进行描写。《故乡》主要抓住了天空、圆月、沙地、西瓜等物象,赋予景物以"深蓝""金黄""碧绿"等明亮的色彩,构筑了一幅生机勃勃的色彩鲜明的神异的画面。

小结:相比于现实故乡的萧索、荒凉,记忆中的故乡是如此美丽,我们可以感受到鲁迅先生在这些景物描写背后的那种浓烈的思乡恋土情结。这样的故

乡也是鲁迅先生理想中的故乡。

2. 故乡之人

出示《社戏》第32—34段

(1)请大家体味一下六一公公在对话中的态度有什么变化？从中可以体会出六一公公有什么特点？

预设：从笑骂(你们这班小鬼)、埋怨(又不肯好好地摘，踏坏了不少)到释然(请客？——这是应该的)，从中可以看出六一公公淳朴厚道的农民本色。

(2)双喜是怎样回答六一公公的呢？为什么前三句每一句都是句号？能否改为逗号？每一句分别表达了什么意思？由此我们可见，双喜是一个怎样的孩子？

预设：句号表示一个完整的意思。"是的"，表示他承认都是他们偷的；"我们请客"，说明了他为什么要偷豆；"我们当初还不要你的呢"，言外之意就是我们看得起你才偷你的豆；最后一句"你看，你把我的虾吓跑了"是双喜在转移话题，倒打一耙。由此可见，双喜是一个聪明、机灵、有担当、热情、活泼的孩子。

在那个在"我"看来是"乐土"的"离海边不远，极偏僻的，临河的小村庄"，我看到了"那夜的好戏"，吃到了"那夜的好豆"，更感受到了村民的淳朴与憨厚。八叔不顾修整船只，竟然让一群孩子划船去看戏，毫不吝啬；阿发建议偷自己家的豆，六一公公得到"我"的称赞时，竟然执意要送些给"我"的母亲尝尝。这一切的"故乡的蛊惑"，凝结成了"我"的"精神家园"。

【分析】在鲁迅先生的乡土小说中，大多展现的是"上流社会的堕落和下层社会的不幸"，刻画出"世人的真面目"。这是很多学生觉得不好懂的原因。而此教学设计中，围绕《社戏》和《故乡》两篇小说，着力于"景与人"的细读品析，引导学生在品析中走进鲁迅先生的精神世界，使学生体会到鲁迅先生精神世界中温情的一面，以更好地理解鲁迅的作品。

本群文教学设计从学情切入，通过任务一引导学生走近鲁迅，再通过两篇回忆性散文的学习和两篇小说的学习，根据散文和小说的文体特点，设计既切合两种文体共性特点的任务，又体现这些课文的"篇性"任务，引发学生的体验和感受，从而更好地理解文本，促使学生在群文阅读中读懂鲁迅先生的作品，消除与作品的隔膜。

实践演练

一、请根据小说这一文学样式的特点和《我的叔叔于勒》这一小说的具体特点，将《我的叔叔于勒》视为"样本"，对该小说的教学进行设计。

二、请分析王荣生教授的《语文教学内容重构》（上海教育出版社 2007 年版）一书中鲁迅先生《风筝》一文分别定位于"定篇""例文""样本"三种功能类型的教学设计。

学习资源单

1. 张心科. 语文有效阅读教学：精要的内容与适宜的形式［M］. 上海：华东师范大学出版社,2020.

2. 王荣生. 阅读教学设计的要诀：王荣生给语文教师的建议［M］. 北京：中国轻工业出版社,2014.

3. 王荣生. 阅读教学教什么［M］. 上海：华东师范大学出版社,2016.

4. 裴莉. 文体意识在教学中的多维体现［J］. 语文建设,2015(3):24-27.

5. 王漫. 文体与思维：阅读教学内容考量的关键［J］. 中学语文教学,2020(4):28-35.

第三节　实用文阅读教学设计

学习目标

1. 基于对实用文阅读内涵的理解，明确实用文阅读的取向，了解实用文阅读的基本类型。

2. 掌握实用文阅读教学设计的基本要领，并运用于实用文阅读教学设计实践中。

3. 基于对新闻、说明性文本、演讲词等实用文体的阅读教学设计要领的理解，能够初步独立对这三种实用文体的阅读教学进行设计实践。

内容提要

第三节 实用文阅读教学设计

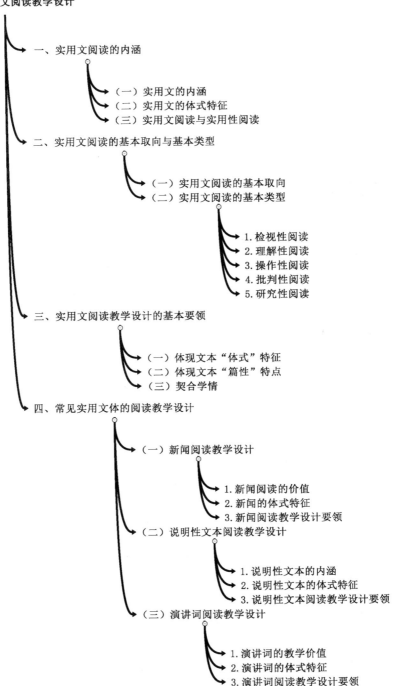

一、实用文阅读的内涵

（一）实用文的内涵
（二）实用文的体式特征
（三）实用文阅读与实用性阅读

二、实用文阅读的基本取向与基本类型

（一）实用文阅读的基本取向
（二）实用文阅读的基本类型

1.检视性阅读
2.理解性阅读
3.操作性阅读
4.批判性阅读
5.研究性阅读

三、实用文阅读教学设计的基本要领

（一）体现文本"体式"特征
（二）体现文本"篇性"特点
（三）契合学情

四、常见实用文体的阅读教学设计

（一）新闻阅读教学设计

1.新闻阅读的价值
2.新闻的体式特征
3.新闻阅读教学设计要领

（二）说明性文本阅读教学设计

1.说明性文本的内涵
2.说明性文本的体式特征
3.说明性文本阅读教学设计要领

（三）演讲词阅读教学设计

1.演讲词的教学价值
2.演讲词的体式特征
3.演讲词阅读教学设计要领

一、实用文阅读的内涵

（一）实用文的内涵

2001 年的义务教育语文课程标准和 2003 年的普通高中语文课程标准中曾有文本类别的划分,将文本划分为"论述类""实用类""文学类"三类。而《普通高中语文课程标准(2017 年版　2020 年修订)》和《义务教育语文课程标准(2022 年版)》都确定了"实用性阅读与交流"这一任务群,高中语文课程标准对于该任务群"实用性阅读"的阅读对象做了具体说明:"本任务群旨在引导学生学习当代社会生活中的实用性语文,包括实用性文本的独立阅读与理解,日常社会生活需要的口头与书面的表达交流。"从这一表述中,我们可以明确高中语文课程标准中对实用性阅读的对象的称为"实用性文本"。在此,我们对"实用文"、"实用类文本"和"实用性文本"三个概念加以辨析。

朱于国先生指出,"实用性文本"脱胎于"实用文"、"实用性文体"(张志公)、"实用文章"(曾祥芹)等概念,是为了与思辨性文本、文学性文本对举而创制的新术语。[①] 他还进一步指出:"实用性文本"这一概念的外延要比"实用文"或"实用类文本"大。出于实用目的的创作的文本,或者说带有实用目的的文章,都可涵盖在"实用性文本"之内。包括文学作品在内的不少文本或多或少有实用目的成分,正如鲁迅先生所言,其创作《药》《阿 Q 正传》等小说,旨在"揭出病苦,以引起疗救的注意",期望以文学来达到改变国民性的目的。而"实用文"或"实用类文本"是相对文学作品而言的,二者在外延上比较明确。如蔡元培使用"实用文"这一概念来与"美术文"相对,"美术文"即文学类文本。蔡先生的"实用文"是包括应用文在内的一切非文学文体,具体来说,即相当于当今的说明文、议论文、记叙文以及应用文。"说明文实用性很强,它包括说明书、解说词、科学小品、教科书等。议论文是对某个问题或某件事进行分析、评论,表明自己的观点、立场、态度、看法和主张的一种文体,如政治论文、经济论文、思想论文、学术论文都属于议论文的范畴。记叙文包括的范围很广,如消息、通讯、特写等新闻文体,史、志、传、记等史传文体。应用文这一类别,包括公务文体、事务文

---

① 朱于国.《实用性阅读与交流"任务群的内涵、课程价值与实施策略[J].语文建设,2020(5):5.

体、法律文体、财经文体、科技文体、日常文体等等。"①

褚树荣老师认为,"文类"应是一个以文学文类和实用文类作为两端的一个大的范畴,在这两大文类中间还有诸多过渡性的文体,称之为"交叉文类"。作为"交叉文类"的文章具有鲜明的两栖性,如朱光潜先生的《对于一棵古松的三种态度》和夏丏尊先生为《子恺漫画》所写的序言《生活的艺术》。处于中间过渡性的"交叉文体"是感性与知性兼顾、实用和审美交融、学术与抒情结合的文体。"从语体风格上说,既非虚构又非实录,而是高度个性化的言语表达;从表现对象上看,兼有真实存在的言说对象(古松和弘一法师)和普遍意义的话题(对客观物的观照和生活艺术的感悟);从文章结构体制上看,材料、篇幅、结构、章法均非韵文和格式化的;从写作价值追求上看,以言、象、意、情、理、趣表达个人的人生经验、人类的情意和理趣。"②褚老师还指出:实用文类是一个复合概念,应该包括应用文体和论述文体,还涉及交叉文体。应用文体,如新闻报道、调查报告、实习报告、工作总结、求职演讲、合同样本、申请书、序言、说明文等;论述文体所涉更广,如哲学、经济学、社会学、法学、历史学、伦理学、文艺学、语言学、教育学等;交叉文体是指兼有应用类和文学类特质的文章,如报告文学、传记文学、杂文、形象的科普文等。

在了解了一些学者对"实用文"所涉及文本体式的相关认识之后,我们再进一步来看看我国语文课程标准"实用性阅读与交流"任务群所涉及的主要实用文体情况。《义务教育语文课程标准(2022年版)》和《普通高中语文课程标准(2017年版 2020年修订)》两个课程标准在课程内容上都设置了"实用性阅读与交流"任务,义务教育阶段和高中阶段在阅读方面涉及的主要的实用文体在语文课程标准中都有相关的论述。依据两个语文课程标准中的"实用性阅读与交流"这一任务群的相关表述,对于中小学实用文阅读教学涉及的主要实用文体加以梳理,大体如下:

---

① 申向群.蔡元培实用文教学思想的启示[J].广西师范学院学报(哲学社会科学版),2011(1):138.

② 褚树荣.因体而教[J].中学语文教学,2015(3):30.

学段		实用文体
第一学段 （1—2年级）	阅读	（1）有关个人生活、家庭生活、学校生活的短文 （2）革命遗址、博物馆、公园、剧场、车站、书店、超市、银行等社会场所中的标牌、图示和说明书 （3）有关中华优秀传统文化的短文
	交流	讲故事
第二学段 （3—4年级）	阅读	（1）有关家庭生活、学习生活、社会生活的短文 （2）说明、叙写大自然的短文
	交流	（1）客观表述生活见闻片段的口头和书面方式 （2）留言条、请假条、短信息、简单书信等日常应用文，展示自己观察自然、探索科学世界之收获的日记、观察手记等 （3）讲述有关老一辈无产阶级革命家和革命英雄、劳动模范、科学家的事迹以及反映中华传统美德的故事
第三学段 （5—6年级）	阅读	（1）记人叙事的优秀文本 （2）参观访问记、考察报告、科技说明文、科学家小传等 （3）革命英雄和劳动模范的事迹
	交流	（1）记笔记、列大纲、写脚本、画思维导图等 （2）分享观察自然、探索科学世界的所见所闻、所思所感的口头表述与多种形式的书面表达 （3）日记 （4）多种媒介方式记录、展示和讲述革命英雄和劳动模范的故事
第四学段 （7—9年级）	阅读	（1）叙事性和说明性文本 （2）科技作品 （3）为创造人类美好生活做出重要贡献的杰出人物的事迹 （4）不同媒介上关于国内外政治、经济、社会、科技、文化等方面的新鲜事 （5）新闻报道、时事评论等作品
	交流	就社会主义建设新成果方面感兴趣的话题，选择合适的媒介与同学进行线上线下讨论
高中	社会交往类	会谈、谈判、讨论及其纪要，活动策划书、计划、制度等常见文书，应聘面试的应对，面向大众的演讲、陈述和致辞
	新闻传媒类	新闻、通讯、调查、访谈、述评，主持、电视演讲与讨论，网络新文体（包括比较复杂的非连续性文本）
	知识性读物类	复杂的说明文、科普读物、社会科学类通俗读物等

　　结合上述梳理,综合来看,依据语文课程标准中所列举的这些文体,大体可以将"实用性文本"视作与"实用文"等同之概念,即指除文学作品之外的以实用性目的为指向的文章,消息、通讯、新闻评论、科普文章、演讲词、书信、调查报告等都包括在内。从文本介质看,"实用性阅读与交流"任务群中除了传统的纸质文本,还涉及"多媒体短文"。其中,"有关老一辈无产阶级革命家和革命英雄、劳动模范、科学家的事迹以及反映中华传统美德的故事"中的"事迹""故事",也可以是"纸质或多媒体"的。这体现了语文课程标准对于实用文阅读涉及的文本形式从单一的纸质文本到纸质文本与多媒体文本兼备的转变,切合随着社会发展而在阅读文本形式方面的发展实际。

(二)实用文的体式特征

　　实用文作为一种文类,其涉及的文体种类丰富,这些不同种类的实用文体既具有作为一种与文学作品相对的实用文这一"文类"的共性特征,亦具有其各自独特的个性特点。这里只就实用文的共性特征做些说明。

　　实用文写作的目的在于丰富人们对世界的认识和指导帮助人们解决现实问题,其一般是陈述或介绍相关的规则与原理。实用文具有一个突出的特点,那就是对读者加以"劝说"的基本立场。例如,科普文旨在劝说读者相信作者所介绍的知识是真实的,社科文旨在劝说读者相信其结论是合理的,新闻旨在劝说读者确信其所报道的新闻事件是客观真实的,演讲词旨在劝说读者能采取一样的行动或确立一致的思想观念等,说明书、指导手册等旨在劝说读者确信其所介绍的行为、步骤等是有效的。因而,实用文阅读时,首先应基于作者的写作目的,站在作者的立场来把握其意旨和内容。例如,梁衡先生的《晋祠》,曾被选入多个版本的语文教科书中,文中的"晋祠"为自然与人文兼具的名胜。对于《晋祠》这篇文章,是将其视为散文去体悟晋祠的美,还是视其为说明文来了解晋祠的特点,这就需要我们站在作者的立场,基于作者的表达意图来加以认识。从该文章本身来看,作者主要是旨在向人们推介名胜"晋祠",而不是分享其自身对晋祠的"独特的情感认知",因而,应将《晋祠》视为实用文来阅读。

　　另外,实用文在以下其他方面还有其自身的特征:一是从文本信息来说,实用文的作者在写作时不追求"言外之意",读者在阅读时对文本的解读也不需追寻"言外之意"。二是从文章语言来说,实用文一般以社会化、规范化的语言来加以表达,尽量避免使用个人色彩强烈的语言。三是从思维方式来说,实用文的写作旨在解决实际问题,以抽象思维为主,关注事物内在的联系,强调事物的内在规律。四是从读者意识来说,实用文的写作具有非常明确而强烈的读者意识,作者总是根据自身所定位的读者群体来行文。五是从主旨意蕴来说,实用文的意旨鲜明、确定,不像文学作品那样具有多元解读,读者在阅读实用文时对于其意旨是不进行创造性发挥的。①

(三)实用文阅读与实用性阅读

"实用文阅读"是从阅读对象角度加以表述的,"实用性阅读"则是从阅读的性质与目的角度加以表述的。作为任务群的名称,从普通高中语文课程标准的相关表述来看,"实用性阅读与交流"倾向于从阅读对象角度来定位,即"实用性文本阅读",阅读的对象限定于"实用性文本"。《普通高中语文课程标准(2017年版 2020年修订)》中,对"实用性阅读与交流"任务群的总目标的相关表述如下:"本任务群旨在引导学生学习当代社会生活中的实用性语文,包括实用性文本的独立阅读与理解,日常社会生活需要的口头与书面的表达交流。通过本任务群的学习,丰富学生的生活经历和情感体验,提高阅读与表达交流的水平,增强适应社会、服务社会的能力。"②即使结合对应该任务群的"学习目标与内容""教学提示",也可明确:"实用性阅读与交流"这一任务群无论是对于阅读还是交流,其涉及的对象都是实用性文本,即实用文。对于高中语文课程标准来说,"实用性阅读"即指实用性文本的阅读,即"实用文阅读",强调的是从阅读对象角度定位的。

但是,《义务教育语文课程标准(2022年版)》对于"实用性阅读与交流"任务群的相关表述,却倾向于从阅读的性质与目的角度定位。"实用性阅读"即"带有实用性质与目的的阅读",凡是出于实用目的的阅读,均包含在内,如阅读新闻以获取信息、阅读科普文章以了解科学知识、阅读文学作品以求得心灵愉悦等。作为以实用性文本为阅读对象的"实用文阅读"自然包含于其中。与带有实用性质与目的的"实用性阅读"相对的是"无功利性阅读"之"审美性阅读"。义务教育语文课程标准中,该任务群的总目标明确指出:"本学习任务群旨在引导学生在语文实践活动中,通过倾听、阅读、观察,获取、整合有价值的信

---

① 王荣生. 实用文教学教什么[M]. 上海:华东师范大学出版社,2014:50.

② 中华人民共和国教育部. 普通高中语文课程标准(2017年版 2020年修订)[M]. 北京:人民教育出版社,2020:20.

息,根据具体交际情境和交流对象,清楚得体表达,有效传递信息,满足家庭生活、学校生活、社会生活交流沟通需要。"①而且,该任务群的"教学提示"强调"应紧扣'实用性'特点"。由于《义务教育语文课程标准(2022 年版)》没有类似高中课标中的"中国革命传统作品研习""中国革命传统作品专题研讨""中华传统文化经典研习""中华传统文化专题研讨"等任务群,而是将中华优秀传统文化、革命文化、社会主义先进文化等相关学习内容分散在六个任务群中。因此,"实用性阅读与交流"任务群阅读内容也安排了"三文化"的相关学习内容,甚至"实用性阅读与交流"任务群也要求涉及识字与写字这一领域的实用性要求,如第一学段,要求"认识图文中相关的汉字""学习认识有关标牌、图示"等。

"实用文阅读"与"实用性阅读"二者在上述各方面的比较,切实表明前者是从实用性文本这种阅读对象角度来关注的,后者则是从实用性目的这种阅读性质与目的角度来关注的。从范畴上来说,"实用性阅读"包括"实用文阅读",但不仅限于"实用性文本"的阅读,还包括针对诸多非实用性文本的带有实用性目的的阅读。

二、实用文阅读的基本取向与基本类型

(一)实用文阅读的基本取向

从阅读取向来说,文学阅读是持审美鉴赏的取向;从阅读目的而言,文学阅读是一种"无功利性阅读"。与文学阅读相比,实用文阅读是以解读为取向,其关注的是读懂文章;从阅读目的而言,实用文阅读是基于实用目的来阅读的,旨在理解文意。如果说文学作品的阅读是"品其言才能会其意",那么实用文的阅读则是"得其意后可忘其言"。从读者和文本的关系看,实用文阅读是"得其意可以忘其言""得意忘形",阅读主体关注的是文本中的信息,而不是言语形式;文学阅读是"品其言才能会其意""意文兼得",阅读主体注重体验作品的艺术美,需要沉浸于作品中,对文中的语言、细节、场景等细细揣摩,反复品味。

---

① 中华人民共和国教育部. 义务教育语文课程标准(2022 年版)[M].北京:北京师范大学出版社,2022:23.

（二）实用文阅读的基本类型①

1.检视性阅读

检视性阅读,通俗地说,即快速阅读,旨在以最快的速度获取信息。例如,对于新闻,因为新闻的标题与导语都对新闻所报道的事件等很简洁地加以概括,因此,我们不会逐字逐句逐段地阅读,而是通过阅读新闻的标题和导语迅速地了解新闻所报道的事件。

2.理解性阅读

理解性阅读,亦称"分析性阅读",其阅读的目的在于读懂文章的内容。而要读懂文章的内容,关键是要抓住要点。为了抓住要点,需要把握文章中的重要语句。每一篇具体的文章总是属于具体的特定体式,不同的文本体式有着不同的特点,其具体的读法也有所不同。所以,作为理解文章、读懂文章内容的抓手,把握文章重要语句的前提便是认识各种文本体式的具体特性。在此基础上,再依据文本体式的特性来加以阅读,有针对性地判断对应文本体式的文章的重要语句在何处、是哪些,同时,把握文章具体重要句的方式才能更为合理和有效。如冯友兰先生的《人生的意义及人生中的境界》作为一个通俗性的宣讲,以通俗的方式让读者明白他的解说。这是一篇具有代表性的理解性阅读文本,作者在文中所阐述的哲学观点与学生的认知经验间有着不小的距离。对于这篇文章来说,学生能够找到体现作者观点的语句,却难以理解作者的观点,只是得其"形"却难以会其"意"。对于这篇课文,阅读时首先需要了解其论题;然后通过多种途径查找资料了解冯友兰先生及其作品;再进一步阅读课文,阅读时要画出文章中诸多关键性术语的重要词句以及一些重要语段,画完后再基于对课文内容的理解用自己的话转述自己对这些术语等的理解;最后,梳理课文内容并列出课文的内容概要或画出课文内容的思维导图。

3.操作性阅读

一般适用于操作性阅读方式的文章主要是讲述做事的方法与行为的方式,这类文章的重点是讲清楚"如何做"。这些文章有时直接说明操作方法、行为规则,有时通过阐述做事的原理、行为的机制,进而指导读者合理地进行实践。对于这一类适用于操作性阅读的文章,读者总是在"知"的基础上还力求"做",在

---

① 王荣生.实用文教学教什么[M].上海:华东师范大学出版社,2014:17－19.

把握文章内容的基础上努力将文章的内容付诸实践。有时是一边阅读一边操作,将自己对文章的理解即刻便以具体的操作展现出来,如对一些使用说明书的阅读;有时则是在阅读有了一定的理解之后再将文章中的这些内容在实践上落实,如《如何欣赏文学作品》这样的文章。

4. 批判性阅读

批判性阅读背后是读者批判性思维的运用,要求读者对相关观点的证据有所评估,再基于这些证据获得一些相关的结论。这意味着批判性阅读时,作为阅读主体的读者一方面需要客观评估文章内容,另一方面需要进一步基于对文章内容的评估反思自己的观念与思想。这既涉及对所阅读文章的内容的审视,又需基于这种审视进一步进行自我反思。批判性阅读的基本原则是先充分理解然后才能合理评论。如对于《人生的意义及人生中的境界》,在理解了作者的基本观点的基础上,再以作者的哲学观点来反观自我与社会,这大致便是在进行批判性阅读。

5. 研究性阅读

研究性阅读是以研究为旨归的阅读,要求首先综合运用理解性阅读和批判性阅读来理解和审视所阅读的文章的观点、内容等,其次还应在理解和审视的基础上进一步有着自己的新的观点或结论,以体现自己的"创造"。这种"创造"可以有多方面的表现,或基于他人研究而进一步更深入地研究相关问题,或是应用他人的研究成果而研究其他相关的问题,或是受他人研究的启发而提出新的问题并加以研究。理解性阅读的目的在于准确把握文章的内容,阅读时着重关注的是文章说了什么;操作性阅读的目的在于依据文章内容而进行具体操作或将文章中的方法或方式等运用到自己的实践活动中,阅读时着重关注的是文章所说的对应行为操作;批判性阅读的目的在于理解评估作者的观点,阅读时着重关注的问题是作者说得是否合理;研究性阅读的目的在于基于所读而获得启示,阅读时着重关注的问题涉及读者对"作者的问题"的理解与对"自己的问题"的思考。理解"作者的问题"即为输入性的接收,是理解性阅读与批判性阅读的综合运用;思考"自己的问题"即为在接收的同时还努力探求自己问题的解决思路,需要关注阅读后自己想到了什么以及所读、所思对于自己问题的解决的启示。

三、实用文阅读教学设计的基本要领

我们这里主要针对实用文阅读教学设计时教学内容的确定。前述我们曾对阅读教学内容确定强调既要"依体"更要"依篇"。为了促进学生建构实用文这一文类的阅读经验,教学实施层面总是借由一篇篇具体的文本来实现。面对具体的一篇实用文,确定其教学内容,应坚守循"篇"及"体"入"类"的原则。学生通过阅读一篇篇具体的实用文来建构其实用文的阅读经验,但一篇篇的阅读经验相对而言是琐碎的,实用文作为一个与文学作品相对的文类,其涵盖的范围极广,包括很多种类的实用文体,学生最终需要建构实用文这一大的文类的阅读经验,需要历经"篇—体—类"这样一个由具体到抽象、由特殊到一般的阅读学习过程。"这一篇"的独特性是对应文体的具体特点的体现,而"这一文体"的共性则又是基于"这一篇"的个性而提炼出来的,实用文"这一文类"的共性便是由"这一篇"及其所对应的"这一文体""这一文类"而提炼的。循"篇"及"体"入"类",这是学生建构实用文类文本阅读经验的基本之路。在此基础上,由于教学总是面对具体的学生来开展的,教学内容的适切性还需要考虑与学情间的契合。

(一)体现文本"体式"特征

由于实用文作为一种文类,其涉及的文体种类丰富,而不同种类的文章相应的教学内容也大相径庭,因此,需要因文而异、依体制宜,方能做到有的放矢,充分实现其"实用"的功能和价值。合理确定教学内容需要考虑多种因素,如课程标准、学情教情、教材体系、编者意图、文本信息等,但最关键的是文体意识,即依据文体特征来选择教学内容。以《大自然的语言》的两份教学设计为例:其中一份教学设计如下:核心教学目标为"了解物候知识";主要教学内容为:"环节一为阅读课文,用一两句话回答下列问题:'什么叫物候和物候学?''物候观测对农业有什么重要意义?''决定物候现象来临的因素有哪些?''研究物候学有什么意义?'环节二为迁移运用物候学知识。"这个教学设计主要围绕"说了什么"这一方面,重点是筛选和概括文本信息,但这些问题在文中几乎都有现成答案,甚至连概括都基本不需要。该教学设计主要指向于信息筛选,而信息筛选又无难度,对该文的独特性方面有所体现的只是环节二中对物候学知识的迁移运用。综合来说,该教学设计对作为说明性文本中的科技作品的特点基本没有体现。而另一教学设计的主要情况如下:核心教学目标为体会作品中的求真精神,主要教学内容如下:环节一为筛选有关物候学的知识;环节二为体会作品中的求真精神,要求思考如下问题:"作者的求真精神在文中如何体现? 请寻找充分的事例来加以说明。""作者注意到了哪些特殊情况?""严密的逻辑思维在文中如何体现?""本文的语言特点怎样? 请举例说明。"这一教学设计虽然也有"筛选信息"的环节,但旨在为下一环节奠定基础。该节课的重点指向于领悟作者的求真精神,即解决"怎样说""为什么这样说"的问题,而这正是实用文区别于文学作品的最大特征。语文课程标准明确提出:"阅读科技作品,还应注意领会作品中所体现的科学精神和科学思想方法。"该教学设计体现了"科技作品"这一文体的特征,落实了课程标准的要求。

(二)体现文本"篇性"特点

相对于文学作品来说,实用文的意旨鲜明、单一、确定,文本所反映出的作者的思维方式主要是抽象思维,所以,寻求事物间的内在联系,找寻事物间的内在规律是实用文的突出任务,实用文的最主要功能是解决实际问题。实用文阅读教学内容的确定,需要在共性的基础上,关注文体共性特点在具体文本中是怎样表现的以及其在这些共性的表现基础上所具有的自身的其他一些独特性。教学时除了要引导学生把握每一类实用文体的共同特征,还应考虑依据每一篇文章的"篇性"特征来选择教学内容。例如,对于新闻,要引导学生了解新闻的基本要素、结构特征、语言特色等,同时要针对具体某一篇新闻文本自身的特点来确定教学内容。如,原人教版高中第一册第四单元中的新闻有《别了,"不列颠尼亚"》《奥斯维辛没有什么新闻》两篇,同样是新闻,但是二者的个性差异非常大。《别了,"不列颠尼亚"》写的是香港回归祖国这一历史事件,作者以时间为线,写象征着英国殖民统治的港督旗帜的降落,写最后一位港督彭定康从香港凄然离开。这篇课文的教学就需要按照新闻的一般要求,从标题、导语、主体、背景、结语等方面来进行教学内容的确定。《奥斯维辛没有什么新闻》是一篇视角独特和思想深厚的新闻。"没有新闻"却硬要写新闻,这正是这篇新闻别出心裁之处,也正是其成为名作的关键所在。教学选择和教学设计要紧扣"没有",抓住这篇文章的这一独特性。

(三)契合学情

根据学生的实际阅读情况与阅读经验状况,确定教学内容,使教学内容与学情更契合,更具针对性。例如,对于新闻,从高中生的角度来看,一方面,由于他们在初中已对新闻文体的一般知识有了一定的掌握,与新闻相关的一些陈述性知识的新闻文体知识便不必成为课堂教学内容。若学生想全面了解新闻的相关文体知识,教师可以让他们自己通过互联网搜索,进行自主学习。此外,选入语文教科书的新闻,对于学生来说,实已为"旧"闻而非"新"闻,学生阅读这些语文教科书中的新闻是与旨在获得最新资讯的普通读者不同的。学生学习语文教科书中的新闻,其中的新闻事实非新闻阅读教学的重要教学内容,其只是把握这些具体的作为"篇"的新闻类文本个性特点的载体。新闻阅读教学中要重点关注的不是具体的新闻事实,而是作者的选材角度与报道技巧等,引导学生从新闻事实中去分析其背后的一些信息,区分新闻事实与新闻背景,把握这些新闻事实报道背后的作者立场与价值取向,辨析客观叙述与主观评价。又如,对于演讲词,需要特别强调引导学生将自己置于听众、观众的立场来学习。在确定演讲词的教学内容时,需要体现听众立场的原则。

四、常见实用文体的阅读教学设计

由于实用类文本涉及的文体非常多,在此我们仅对新闻、说明性文章、演讲词这三种常见实用文体的阅读教学设计加以了解。

(一)新闻阅读教学设计

新闻作为传播最新资讯的实用文体,阅读新闻报道是现代信息社会生活的重要组成部分。广义的新闻包括多种类型,如消息、通讯、新闻特写、新闻综述、新闻评论、报告文学等,媒体上涉及最多的是消息和通讯。狭义的新闻即消息。

1. 新闻阅读的价值

随着信息社会的迅猛发展,每时每刻都有无数的信息或新闻扑面而来,报道新闻的介质也日益丰富。通过阅读新闻报道,可以了解社会正在发生的最新事件而与社会和世界接轨。对于学生来说,他们通过阅读各种介质上的新闻报道,了解社会的发展与变化,而这又更考验学生的辨识力与快速掌握信息的能力。基于现实和学生发展的需求,新闻类作品与学生的生活密切关联,其教育价值自然不可小觑。无论对于当前的他们还是未来进入社会的他们,能够以有效的方式阅读新闻报道,这是语文教学应为学生提供的帮助与承担的责任。

2. 新闻的体式特征

新闻作为在报纸、网络、电台、电视台等大众媒体上向大众介绍新近发生的事情的一种文体,它具有信息海量、受众广等特点。总体而言,新闻的报道以真实为原则,但报道者总是基于一定的视角和立场来对事件加以报道。如,对同一事件可以从当事者、记者、目击者、一般社会公民、专家等不同身份来加以报道。而且,新闻报道具有特别强烈的读者意识,新闻报道者会特别考虑读者的心理,在叙述手法、结构安排、语言运用等方面加以努力,以增强对读者的吸引力。

当然,新闻类文本中不同的文体又有其自身的独特性。以最为常见的消息与通讯为例,消息主要以客观真实为原则,报道新近发生的事件,一般篇幅短小,多以叙述方式,个人感情色彩较淡。其内容构成包括何时、何地、何人、何事、何因、何果这些基本要素,结构上包括标题、导语、主体、背景、结语等这些固定的要素。相比而言,通讯篇幅较长,涉及事件中人物的故事,叙述、描写、抒情、议论等方式都有使用,带有一定的文学色彩。综合来说,叙事上,消息简洁,通讯翔实;表达方式上,消息以叙述为主,通讯则叙述、描写、议论、抒情兼用;语言上,消息的语言简洁、平实、质朴,通讯则比较讲究文采;写作技巧上,通讯比消息更注重生动性,对故事和情节的波澜起伏更讲究。

3. 新闻阅读教学设计要领

新闻阅读主要运用检视性阅读与批判性阅读。检视性阅读旨在以最快的速度获取信息,批判性阅读要求读者在了解文本主要内容的基础上经过理性的评估对文本的内容与观点做出自我判断。这要求教师要依据新闻阅读的特点来确定教学内容和设计教学活动。

基于新闻的特点,阅读新闻和进行新闻阅读教学时从教学内容角度需要对以下几个方面给予充分关注。

一是重视新闻的内容要素和结构。一方面,基于此培养学生快速获取信息的能力;另一方面,从内容方面把握新闻的选材、详略与新闻价值的关系;从结构方面分析报道重点与新闻结构的关系,关注报道事件的顺序与事件价值的关系。以"倒金字塔"结构为例,其将最重要、最具吸引力的信息放于前面,以在最短的篇幅内介绍最重要的信息,吸引读者。

二是关注报道重点、报道倾向与报道者立场的关系。虽然真实是新闻的生命,但所有新闻背后都内隐一定的报道者立场与价值倾向。因此,教学设计时务必结合记者进行新闻报道的身份视角,看选材、视角、语言与立场的关系,关注"这一篇"新闻在"在客观叙述中表达主观态度"方面是怎样的。同时,还要努力考察媒体的立场,对信息加以甄别。教师要引导学生学会从信息报道之中分析鉴别其内隐的信息,区分新闻事实与新闻背景,辨析客观叙述与主观评价,促进学生成为具有批判意识的阅读者。

三是理解重要信息与新闻标题的关系。标题是新闻十分重要的信息表达手段,不少新闻有引题、正题、副题,标题复杂,篇幅长些的新闻甚至在正文中间还会加拟一些小标题。报道者通过标题将最有价值的信息进行提示。

四是重视新闻报道的背景,关注新闻的选材、语言与受众的关系。新闻的语体具有其自身的风格,一般句子简短、语言简洁,少用复杂句式和修饰性语言。但各"篇"新闻又会考虑受众的特点,在这种共性语体风格基础上还有着其自身的独特语言特点。

从教学活动的设计方面来说,新闻阅读教学可以设计"新闻速览"(读消息并用一句话总结概括)、"课堂读报"的小组活动、"我是新闻主持人"的模拟报道(每一种新闻体裁播报时的语气、语调、情感把握)、"我是新闻小编辑"的小组活动探究(写标题、写导语,对新闻分类编排,对新闻事实做出判断,有正确价值倾向)等相关的教学活动。通过这些活动,学生在参与实践中既掌握了关于新闻文体的相关知识,更体会到新闻文体的突出特点,掌握新闻阅读的方法,提高新闻阅读的能力。例如,对于《中国政府对香港恢复行使主权》和《别了,"不列颠尼亚"》这样两则新闻,有研究者基本教学设计如下①:第一课时主要是通过观看录像和模拟播报新闻来完成区分事实与评价、事实与观点的任务,一共设计了三个活动:一是重温香港回归时刻。先让学生看电视录像,再现历史画面;再让学生模仿播音员读新闻,体会新闻播报强调客观的特点。二是比较阅读。两篇新闻,前者是再现历史时刻,后者是新闻团队采集的不同新闻组合而成的多角度报道,让学生对两篇新闻进行比较阅读。三是讨论香港回归的重大历史意义。让学生讨论新闻中哪些地方是表达回归意义方面的内容,引导学生将事实和评价区分开来,将客观叙述事实与主观评论加以区分。第二课时主要是关于新闻结构的学习。要求学生自觉按照新闻结构去读新闻,让学生进一步了解新闻在标题、开头、材料的组织和逻辑等方面与一般文章的差别等,明确新闻是按事情的重要性来排列的,而一般文章则是根据事理与逻辑来进行排列的,新闻的结构具有相对固定的构成部分。这样的教学设计充分体现了新闻的特性。

---

① 王荣生.实用文教学教什么[M].上海:华东师范大学出版社,2014:31 – 32.

（二）说明性文本阅读教学设计

与"说明性文本"这一术语相关的其他术语,在语文课程标准中涉及的还有"说明文""科技作品""科技说明文"等。语文课程标准中的相关表述列举以下一些,如《义务教育语文课程标准(2022 年版)》中"实用性阅读与交流"任务群提及"说明性文本""科技作品"以及"阅读参观访问记、考察报告、科技说明文、科学家小传等文本"的表述,而"学业质量"中则有如下表述:"阅读新闻报道、说明性文字以及非连续性文本,能区分事实与观点。"《义务教育语文课程标准(2011 年版)》指出:"阅读新闻和说明性文章,能把握文章的基本观点,获取主要信息。阅读科技作品,还应注意领会作品中所体现的科学精神和科学思想方法。""写简单的说明性文章,做到明白清楚。"

1. 说明性文本的内涵

从上述列举的这些语文课程标准中的表述,我们可以明确,相关表述由最初为传统的"说明文"的表述后转为"说明性文章""说明性文本",表明了"说明文"与"说明性文章"在当前的话语体系里不是同一回事。而且,当前的语文课程标准中已不再用"说明文"这一概念,在使用"说明性文章"这一过渡性概念之后,当前使用的是"说明性文本"这一概念,并在此基础上进一步言及与说明性文本相关的文体概念,如"科技作品""科技说明文""考察报告"等。对于"说明文",着眼于文本的语言特点可分为平实性说明文和文艺性说明文两类,后者也称"科学小品文";着眼于文本的内容可分为事物说明文与事理说明文。"科技作品"则主要从作品的内容是科技方面这一角度加以表述的。董水龙提出,科技作品的文体大致有科学观察记录、科学实验报告、科技论文、科普作品和科技产品说明书(包括操作手册之类)[1],并进一步指出:"所谓的事物性说明文就是科学记录或科学报告,所谓的事理性说明文就是论说文中一个种类或者说是广义上的科学论文。"[2]但是这些认识中,对于"说明"的本质却都未言明。

关于"说明"自身究竟是怎么回事?南开大学徐江教授指出,说明就是介绍。说明文的作者是一位"二传手",其任务是普及科学知识。"说明"所传授的知识是"科学"的,但不是首次发表的,不是作者直接研究所得的。它不需要

① 董水龙.语文科技作品教学的层级目标构成[J].湖南教育,2007(9):22.
② 陈红军,董水龙.构建科学文本的阅读图式[J].语文教学与研究,2006(7):4.

证实,而是已被证实的。因而,"说明"在内容上的一个根本特征,是"介绍性""讲解性""解释性"的。所谓"说明",就是以简明、通俗的语言介绍不是作者科学研究所得而是已被确认了的或其他不需再确认的有关对象的形状、性质、特征、成因、关系、功用、价值等属性的写作行为。①

基于当前语文课程标准的表述与相关研究者的认识,我们对"说明性文本"的认识如下:说明性文本是以简明、通俗的语言介绍和解释事物或事理的一种文体,对于事物和事理的介绍和解释涉及相关对象的形状、性质、特征、成因、关系、功用、价值等属性,并且所介绍和解释的相关属性不是需要通过作者自己直接研究来证实的,而是已被证实、确认了的或本身不需证实和确认的。"说明性文本"涉及的相关文体包括说明书、考察报告、实验报告、科技说明文、科普读物等。

2.说明性文本的体式特征

说明性文本的文体特征大体来说,有以下一些典型性表现:一是从内容来说,以传达信息为主,而不太直接地表达自我主观性的情感。二是从内容的特点来说,讲究科学性、明确性、准确性。三是从内容表述的思维特点来说,讲究逻辑性、条理性,体现的是理性逻辑,而非形象思维、感性思维。四是从语言表达来说,讲究通俗性、精确性,有些文体在语言上也讲究生动性、形象性。五是从内容的介绍或解释方面来说,说明性文本有着明确的针对性。说明性文本对于内容介绍或解释的深度、广度、方式、风格、顺序等都是基于作者所定位的读者对象的特点来斟酌的。说明性文本总是基于一定的写作意图和定位于明确的读者对象,来对事物或程序加以介绍或对事理加以阐释。

3.说明性文本阅读教学设计要领

说明性文本的教学设计从教学内容方面来说,通常需要关注以下几个方面。

一是明确"说了什么",即把握文本的主要内容。作为实用文的说明性文本,其在阅读取向上自然也是解读取向,要读懂文意,首先需要明确文本说了什么,其说明的对象和说明的内容是什么,又具体是从哪些方面来加以说明和解

---

① 徐江.说明"说明"[J].天津电大学报,1999(1):42-45.

释的。这是最为基础的。

二是把握"如何说的"，即分析文本从哪些方面、按照怎样的顺序和结构、运用什么方法、以怎样的语言来"说"。对于一个事物的介绍或一个事理的解释，我们作为读者需要通过对全文的整体把握，分析其各个内容要点间是什么样的关系，从结构上的关系和从逻辑上的关系分别是怎样的，而对于各个内容要点又分别是用怎样的方法和以怎样的语言表达来加以说明的，各种说明的方法又具体是怎样的，哪些内容是详细说明，哪些内容是简略说明，等等。只有这些方面都分析得明明白白，才能进一步去分析文本这样写的妙处与效果。

三是分析"说得如何"，即分析文本是否说明白、说清楚了其要"说"的内容。对说明性文本是怎样说明的，这是前提，也是基础。对于语文课程的学习来说，更重要的是需要进一步地体会作者这样说所能达到的效果，以及背后所内隐的表达、思维等方面的根源，进而对自己在说明性文本的阅读、表达等方面掌握相关的方法与策略，这样才能切实地提升相关方面的能力。

四是理解"为何这样说这些"，即基于作者的写作意图理解作者为何按照这样的逻辑、结构、方法、语言风格等来加以介绍和解释这些内容。说明性文本教学，作者的写作意图和文章的读者对象是其教学内容的前提性方面。只有明确了作者的写作意图和文章的读者对象，才能切实地去思考作者为什么运用这样的方法、顺序、结构、语言去写这些方面的内容，其背后所隐藏的一些原理、规律等对于我们如何表达与思考相关方面的问题有些怎样的启示，以及这样说明这些内容背后所内蕴的作者的思想、个性、情感是怎样的，进而由文及人，对作者的人格魅力及其创作的文本所内蕴的科学精神、科学思想、科学方法等有所领悟。如，初中《大自然的语言》这一篇课文，竺可桢先生撰写它旨在指导农事活动，其定位的读者对象是我国广大劳动人民，因而，这一文章中，竺先生对于"物候"的介绍运用的是非常平易浅显的语言和诸多拟人式的富有温情的语言。课文在阐释影响物候的经度、纬度、高度等空间方面的因素时所举的例子都是我国的相关例子，并且与对于农事活动影响和指导意义不那么大的时间方面的因素介绍得比较简略相比，空间方面的这些影响因素都介绍得更详细。如果进一步结合《现代汉语词典》中"物候"这一词的解释："生物的周期性现象（如植物的发芽、开花、结实，候鸟的迁徙，某些动物的冬眠等）与季节气候的关系。也指自然界非生物变化(如初霜、解冻等)与季节气候的关系。"①《现代汉语词典》中的表达力求精确、客观、简练,与竺先生在《大自然的语言》中对物候的阐释风格完全不同。

(三)演讲词阅读教学设计

演讲词是演讲者在公共场合或集会上,就某一问题发表自己的观点、表达自己的情感或阐明某种事理的讲话文稿。演讲是一种重要的口语交际能力。

1. 演讲词的教学价值

语文课程中的演讲词,其担负着两方面的教学价值:一是让学生以演讲者的角色学习演讲词,重在让学生以模拟演讲者的身份来将文字性的演讲词以"演讲"的方式"说"出来;二是让学生以听众的角色学习演讲词,重在以演讲的听众身份来"听"。

2. 演讲词的体式特征

演讲词具有鲜明的特点。一是观点明确。演讲者的演讲词非常明确地表明自己赞扬什么、反对什么,立场鲜明、态度坚定。演讲不是简单地叙述客观事实,而是需要极其明确地表明自己的态度。二是条理清晰。演讲者在演讲时其演讲词必须条理清晰、层次分明、主体突出。由于听演讲与阅读文章不同,听众不可能如读者那般可以反复阅读、慢慢思考,所以,演讲词要特别重视观点与思路的"辨识度"。三是有很强的针对性,"听众意识"强。演讲者为了达到吸引听众和让听众听完之后有所行动或切实领悟自己的观点等,会充分考虑听众的年龄、身份、文化程度和心理需求等,以此来确定演讲的内容安排、语言风格等,以做到有的放矢。四是语言富有感染力和说服力。一般来说,演讲为了增强效果,使听众听得专注、听得明白,对于语言技巧方面很重视。虽然演讲词的风格有多种,或庄重严肃,或轻松活泼,但总体来说,演讲词的语言会尽量口语化、通俗化;句式上,多用短句,少用复杂的长句;修辞上,也会巧妙运用多种修辞以增强表达效果。

3. 演讲词阅读教学设计要领

根据演讲词的体式特征,演讲词阅读教学设计时对于教学内容的选择一定

---

① 中国社会科学院语言研究所词典编辑室. 现代汉语词典[M]. 7 版. 北京:商务印书馆,2016:1393.

要抓住其独特的文体特征。一方面关注演讲词这种文体的共性特征,要突出其现场感、针对性、交流性、口语化等共性特征;另一方面,又要从具体的演讲词出发,关注"这一篇"的个性特点,使学生真正领悟演讲词的特点,进而学会撰写演讲稿,学会演讲,提高口语的表达能力。为此,演讲词阅读教学设计时需要特别关注以下这些方面。

一是引导学生从背景角度感受演讲词的针对性。演讲者的演讲一定都有其特定的演讲目的,演讲词的内容、语言等都一定会根据其演讲的目的而考虑听众的相关情况进行相应的安排与选择,因而,需要引导学生了解演讲的背景。

二是引导学生从听众视角理解演讲内容。演讲词作为以口头表达方式将自己的观点、经验、看法等公开分享给听众的一种文体,要求有强烈的现场感。因而,需要特别关注演讲词"写了什么",通过让学生以听众的身份听演讲,从听众视角理解演讲内容。在学生阅读演讲词之前,便让学生在听演讲的过程中做简要笔记,以便相互分享主要内容,交流自己最受感染的部分。通过这种方式,既培养学生"听"的能力,更促进学生从听众角度理解演讲内容,感受演讲词的特点。

三是引导学生通过模拟演讲感受语言风格。演讲的根本目的在于说服与感染听众,因而演讲词的语言风格的感受是重要的教学内容。而演讲词的语言风格由于本身是用于口头表达的,因而,以读的方式难以深入地感受演讲词的语言,需要以演讲这种口头表达的方式,才能真正地感受到"这一篇"演讲词的语言的特点,进而进一步感受演讲词"这一文体"的语言特点。而模拟演讲相对来说更能还原演讲现场,并以口头的方式将演讲词的语言切实地展现。当然,一些篇幅较长的演讲词要完整地模拟有一定的难度,为此,可以指导学生挑选部分加以演绎。模拟演讲既能反映学生对演讲词内容的理解情况,又能促进学生从演讲者的立场来领悟演讲的目的与效果,更好地感受演讲词的语言特色。这对于学生自己撰写演讲稿、进行演讲等也有帮助。

四是利用思维导图分析逻辑结构。演讲词要让现场听众准确理解演讲内容,演讲词的观点要明确、思路要明晰、条理要清楚;并且为了说服听众,演讲词的结构要严谨、逻辑要严密。因而,演讲词阅读教学要特别重视其内在的逻辑结构。一方面,要分析演讲词是怎样将话题展开并层层深入的;另一方面,又要分析演讲词的观点与材料间的关系。而思维导图能够直观地将演讲词的思路清晰地呈现,并将观点与材料间的关系直观明晰地展现。

例如,黄厚江老师在讲授钱钟书先生的《谈中国诗》这一篇演讲词时,依据"这一篇"演讲词的独特性而开展一些极具针对性的活动。一是"砍",即删减。先将文章的前四节"砍"掉,再"砍"掉文章最后的几节。黄老师通过这样的教学处理,来引导学生完成对这一篇演讲词的内容与形式的解读。一方面,解读被"砍"部分与全文的关系,以抓关键句的阅读方法,引导学生弄清和理解能"砍"部分与不能"砍"部分的缘由;另一方面,理解演讲词主体部分的内容。二是"加",即演讲词标题添加信息。依据演讲词主体内容为说中国诗的特点,让学生讨论标题应怎么拟才比较准确全面。学生通过研讨,添加了"古代""泛谈""结构""特点",这样,演讲词的标题便具体化为"泛谈中国古代诗的结构特点"。三是"减",即还原。引导学生讨论标题所加的这些词语是否有必要。通过这一活动,学生依据这一次演讲的对象、演讲的现场和对应的内容,明确标题所添加的这些词是不必要的。黄老师对于《谈中国诗》这一篇演讲词的教学,既关注到了演讲词文体的共性特征,又重视了这篇演讲词的独特性。在这"砍""加""减"的教学活动中,引导学生关注演讲词的现场感,着重关注演讲词讲了什么、为什么这么讲、给什么人讲。

案例分析

人物通讯《喜看稻菽千重浪》的教学内容①

一、着眼新闻性,理读"典型事例刻画人物"原因

(一)修改小标题,把握典型事例"写什么"

对于课文中的四个典型事例,左老师引导学生开展"修改小标题"的活动。对于小标题的修改,学生有着不同的看法:有人认为,小标题越简明扼要越好,以"实践""创新""求实""追梦"四个关键词作为四个事例的小标题;有人认为,小标题要富有文采,在保留第一个小标题的基础上,以"丹心未泯创新愿""事君务实勿沽名""一唱雄鸡天下白"三个诗句作为后三个事例的小标题。

(二)理解"为什么"这样写典型事例

左老师引导学生对课文进行理解性阅读的过程中,重点关注文本的叙事视角。对于文本第一部分,关注全知视角叙述中叙写人物的心理带有主观性与新

---

① 本案例改编自:左高超.依体而教:任务群背景下单篇文本教学路径探究 以"新闻通讯类"文本教学为例[J].今日教育,2022(4):56–59.

闻的"真实性原则"间的矛盾。学生明确作者对该事例的叙述主要采用全知的"上帝"视角,这样便于叙写叙述对象的心理,如"青年袁隆平便下定决心,拼尽毕生精力用农业科技战胜饥饿"。但新闻讲究"以事实说话",而心理叙写则带有作者的主观情感。左老师首先以此作为切入点,引发学生的思考。在此基础上,学生们主动提出相关问题。如仍然是第一部分,学生关注夹叙夹议的写法与新闻"真实性原则"间、多种视角切换与新闻"真实性原则"间的矛盾。有学生发现第一部分中有的段落是叙述,有的段落是议论,而议论带有明显的主观情感,这种夹叙夹议的写作手法是否违背新闻的"真实性原则"?还有学生发现作者在叙述事例时经常切换不同的视角,比如文本第二段采用了第一人称视角,而后面几段有时采用第三人称的全知视角,有时采用第三人称的限知视角,如此频繁切换叙事视角使得叙事文本的主观色彩愈加浓烈,这样是否能达到"客观冷静"地叙事?在学生主动提出这些问题之后,左老师引导学生关注人物通讯的文体特点以及通讯与消息的区别,以此为突破口去解决所提出的疑问。最终学生认识到:人物通讯具有一定的宣传功能,旨在通过叙写典型人物的典型事例来表现社会风貌和精神价值,因而,作者的观点和情感往往会蕴含在新闻事实中。此外,消息是以客观报道为主,语言客观冷静,人物通讯却以引导舆论为目标,因而,在基本事实真实的基础上进行合理的逻辑推理是可以的。

【分析】对于人物通讯,对人物相关的事件的叙述是基础,而且对于人物及其相关事件总是基于一定的视角来进行叙述。因而,教学人物通讯这种文体时,教师应引导学生关注"叙事视角"。这是着眼于人物通讯这种文体的共性特征而需要涉及的重要教学内容。对于《喜看稻菽千重浪》这一人物通讯的教学,左老师在教学内容的选择上切实地考虑了人物通讯的这一突出特点,在理清叙述了什么的基础上,着力于人物通讯在叙述时新闻的"真实性原则",以此作为切入点,引导学生关注新闻报道类文本中的一种文体——人物通讯,理解人物通讯的叙事视角便于表达一些合乎逻辑推理方面的心理描写与新闻"真实性原则"间的矛盾。

二、聚焦文学性,品读"细节描写渲染人物"之精妙

左老师在教学这篇课文时,引导学生以"鉴赏"取向去"品读"文本,细品文本中的细节描写。在品读过程中,其引导学生以比较的方式将这篇课文中袁隆平在烈日下寻找水稻天然雄性不育株时的细节描写,与汪曾祺在其小说《鸡鸭

名家》中的余老五等待小鸡出壳时的细节描写加以比较,分析二者在语言表达、情感渲染上的不同之处。通过比较性的赏读,学生认识到:在语言方面,作为人物通讯的前者冷静内敛,而作为小说的后者自由夸张;在情感方面,前者客观理性,后者主观感性。学生们的这种认识已指向了新闻类作品追求"真实性"的风格。在此基础上,为进一步引导学生关注人物通讯的细节描写"服务主题思想"的特点,左老师引导学生以"删改法"进行对比来加以体会。如以"袁隆平眯起双眼,出神地打量着这几百亩试验田,然后跨过水渠,迈步走进田间。他蹲下身子翻看着土壤"这处细节描写为例,通过删去几个细节动词,将原句修改为"袁隆平打量着这几百亩试验田,然后走进田间。他翻看着土壤"。学生通过这种删除与修改前后的比较,体会到几个动词的使用效果:不仅使袁隆平认真细心的特点得到充分的表现,更重要的是凸显了袁隆平农业科学家的形象。这一细节描写旨在呈现农业科学家严谨、一丝不苟的科学精神。学生因此而切实地发现:没有细节动词的语句描绘的就是一个普通农民的形象,有细节动词的语句描绘的才是农业科学家的形象。

【分析】人物通讯与消息不同,人物通讯在关注新闻事实的基础上还具有一定的文学性,这种文学性主要体现在细节描写的运用上。细节是人物通讯的血肉。人物通讯的自身特色既依托叙述又还要依托细节表现出来,这样,人物才更加丰满和生动。不过,人物通讯的细节描写与一般文学作品又有不少差异:一方面,文学作品里的细节描写可想象也可夸张,而人物通讯里的细节描写的前提则是细节的真实可靠;另一方面,两者的细节描写都服务于刻画鲜活而富有感染力的人物形象,但人物通讯中人物形象的刻画首先需要为宣传服务,为其表现的主题服务。因而,左老师对于这一人物通讯中的细节描写,不仅关注其对人物形象塑造的作用,更关注人物通讯作品与文学作品中细节描写的功能差异。对于人物通讯中细节描写这一教学内容的落实,不仅体现了人物通讯关注作为新闻报道类文本,与消息都注重"真实性",而且体现了其自身的个性,即人物通讯还具有文学性的一面,重视对人物的细节描写。

三、强调教育性,悟读"这一个"人物精神品格的特质

人物通讯总是通过对人物事迹的叙述来表现人物的品质与精神,发挥其宣传与教育的功能。因而,在语文教学中,人物通讯的教学自然需要关注意旨和人物的品质。左老师在教学《喜看稻菽千重浪》这一人物通讯的过程中,将其置

于该单元的人文主题"劳动光荣"下,旨在通过袁隆平先生的这种科学家精神的独特性把握这一人文主题。为此,左老师引导学生通过文本的字里行间来感悟袁隆平的这种科学家精神。如,以"突然,他那敏锐的目光停留在一蔸形态特异、鹤立鸡群的水稻植株上"这句叙写为例,这是对袁隆平意外发现第一代"天然杂交稻"的细节描写。其中的"敏锐"一词用得十分传神,针对这个词,左老师曾提出问题:"袁隆平能敏锐地发现第一代天然杂交稻,我们为何不能?他的敏锐来自哪里?"通过这一问题,引导学生体悟到:"敏锐"的背后是专业素养的积淀和辛勤的实践,机遇总是垂青有所准备的人。而这种专业素养的积淀、辛勤的实践即为科学家精神的具体体现。学生在此基础上进一步思考,作为高中生的自己自然需要不停地探索文化知识并付出辛勤的努力才能"敏锐"起来。课文的教育意义在此过程中得以实现。对于课文第二部分,其谈到了"创新",而创新的过程即质疑和证实的过程。学生对此思考:"袁隆平凭什么来质疑权威?他又是如何来证实自己的观点的?"通过对课程中相关的一些内容的分析引导学生对此加以认识。文中提及:袁隆平"对孟德尔、摩尔根遗传学有着深入研究""经过反复统计计算,袁隆平证明,这次发现完全符合孟德尔的分离规律""早在1926年,美国的琼斯就发现了水稻杂种优势现象"等。包括袁隆平认为杂交水稻优势利用必须寻找到"天然雄性不育株"等想法和做法,这些质疑和证实的过程其实都是袁隆平科学家精神的体现:科学质疑,科学证实。学生因此而以科学的精神指导自己的学习和生活。

【分析】选入教材中的人物通讯总是置于某一特定的单元之中,当前我们的语文教材单元是人文主题与语文要素这样"双线"组织的,同在一个单元中的课文由于都在同一个人文主题下,因而,其人文教育价值有共同性。《喜看稻菽千重浪》作为部编版高中必修上册第二单元中的一篇课文,其单元人文主题是"劳动光荣",聚焦于"歌颂劳动"和"责任、奉献精神"。"歌颂劳动"是整个单元的人文主题,"责任、奉献精神"是《喜看稻菽千重浪》《心中一团火,温暖众人心》《"探界者"钟扬》这一组课文的主题。但是《喜看稻菽千重浪》除了体现在这一单元的"歌颂劳动"和"责任、奉献精神"的共同主题思想之外,还有着自身的独特所在。人物通讯是根据当前社会发展和形势的需要,选取典型人物来进行正面宣传的利器。袁隆平先生作为科学家的典型,其身上的这些品质除体现劳动精神、奉献精神之外,更体现了其科学家精神。对科学家而言,劳动精神和奉献精神都是科学家精神的附属品。因此,左老师引导学生体悟这一篇人物通讯中袁隆平先生的精神品质时,很好地将"篇性"体现出来了,引导学生读出、悟出这篇作品里袁隆平"这一个"人物所独具的精神品质。

【总析】人物通讯是通过一个人物或一组人物新近的行动来反映时代特点和社会风貌的一种通讯形式。它本身具有新闻性和文学性两大特点,其新闻性主要表现在通过典型事例来刻画人物,而其文学性则表现在通过细节描写来渲染人物,从而达到感染人的目的。但是,当人物通讯类作品进入教材以后,在原生价值的基础之上又被附加了一定的教学价值。人物通讯类作品的教学应该在关联编者意图的前提下,依据文体特点,充分挖掘文本的原生价值和教学价值,实现文本教学资源的价值最大化,即关注其新闻性,聚焦其文学性,强调其教育性。左老师在《喜看稻菽千重浪》这一人物通讯教学内容的落实方面,非常典型地体现了阅读教学确定教学内容时需要兼顾"体式"特征,更突显"篇性"特征。

实践演练

一、"对于不同体式的文章,阅读时要读不同的地方。"对此,你是如何理解的? 请对新闻、科普文章、社科文和演讲词这些文体应读"哪些地方"分别举例说明。

二、请举出 3 篇以上与《说"木叶"》文体相同的课文,并判断《说"木叶"》属于哪种文体,然后阐释自己的判断依据。

三、关于《说"木叶"》的核心教学目标有多种看法:看法一是认为要聚焦于本文所引入的相关诗句的理解与鉴赏;看法二是认为应聚焦于把握"木叶"这一意象的特点以及它在中国古代诗歌中的应用;看法三是认为应侧重于文章的思路与方法,揣摩作者如何阐述自己的观点,读懂作者怎样借助丰富的经典事例,清晰明了、环环相扣地阐明中国古代诗歌中特殊的"木叶"现象的思路与方法。如果把《说"木叶"》的功能类型定位于"样本",依据《说"木叶"》所属文体的特点和这篇课文的自身特点,对于该文的核心教学目标的上述三种看法,你认同哪种? 请阐释自己的选择理由。

学习资源单

1. 王荣生.实用文教学教什么[M].上海:华东师范大学出版社,2014.

2.魏国良.高中语文教材主要文本类型教学设计[M].上海:上海教育出版社,2007.

3.艾德勒,范多伦.如何阅读一本书[M].郝明义,朱衣,译.北京:商务印书馆,2014.

4.王宁.实用性阅读与交流[M].北京:语文出版社,2021.

5.陈如意.文以致用:实用性阅读与交流[M].上海:上海教育出版社,2018.

第四节　文学作品阅读教学设计

学习目标

1.理解文学作品阅读取向与过程以及文学作品解读的多元性。

2.基于对诗歌、散文、小说、戏剧四种文学体裁的体式特征的理解,把握这四种文学体裁阅读教学设计的要领,能够初步独立进行这四种文学体裁的阅读教学设计实践。

内容提要

第四节　文学作品阅读教学设计

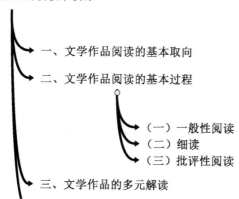

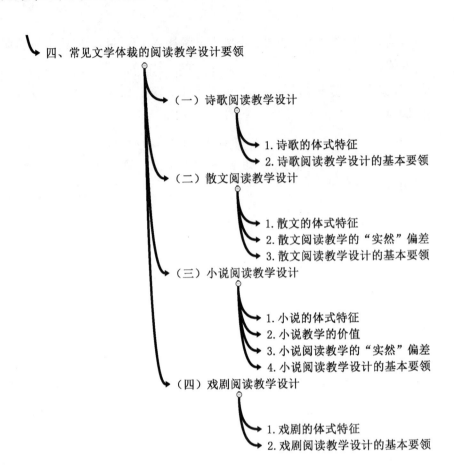

四、常见文学体裁的阅读教学设计

（一）诗歌阅读教学设计

　　1. 诗歌的体式特征
　　2. 诗歌阅读教学设计的基本要领

（二）散文阅读教学设计

　　1. 散文的体式特征
　　2. 散文阅读教学的"实然"偏差
　　3. 散文阅读教学设计的基本要领

（三）小说阅读教学设计

　　1. 小说的体式特征
　　2. 小说教学的价值
　　3. 小说阅读教学的"实然"偏差
　　4. 小说阅读教学设计的基本要领

（四）戏剧阅读教学设计

　　1. 戏剧的体式特征
　　2. 戏剧阅读教学设计的基本要领

　　文学作品是以语言为工具，以散文、诗歌、小说、戏剧等形式，形象地反映生活，表达作者对人生、社会的认识和情感，以唤起人的美感，给人以艺术享受的著作。

一、文学作品阅读的基本取向

　　文学作品区别于实用文，从不同角度来看文学作品，其有着自身的特点。一是从反映世界的方式来说，文学类文本主要以形象化和典型化手段来反映世界；二是从对象来看，文学类文本的对象主要是作者个人的主观观照，有着强烈的个人主观色彩；三是从其内在的表达而言，文学类文本以虚构为主要特征，主要叙述方式为描述，通过不同的文学体裁来形象化地反映客观现实、表现作家的内心世界。

　　如果说实用文的阅读主要是理解其文意，取向上为解读，即"读懂"，可以"得意"便"忘言"；那么，文学作品的阅读则要求进行鉴赏，取向上为审美，需要

"品其言"方可"会其意"。文学作品阅读是一个融入了作为阅读主体的读者的感受、体验、联想、想象以及审美判断等多种心理活动机制的认识活动与心理活动。文学的本质即人学,文学作品自身内蕴着丰富的人文精神内涵,阅读文学作品即对人类历史的阅读、对社会生活的观察、对人生百态的体验。阅读文学作品的过程即不断丰富情感、健全个性、充实思想的过程。审美价值是文学作品最根本的内在价值,文学作品需要以文学性阅读的姿态去加以阅读,通过阅读去感受形象、品味语言、领略意境、体悟情感、获得审美体验、提升审美趣味和审美能力。

文学作品鉴赏的过程即是读者对文本的反映与实现过程。作为语言的艺术,文学作品以语言组合体的形式呈现于读者面前,其与绘画、雕塑那般将塑造的艺术形象直接展示于读者面前不同,与音乐直接以旋律、节奏和乐音的组成而引起某一特殊艺术效果的音响作用于人们的听觉不同,文学作品是以语言符号的特殊组合来传达其所内蕴的意义、意味和其所刻画的形象、抒发的情感。文学作品鉴赏者在阅读过程中,总是通过对语言组合体各要素间的关系及其相互作用,借助作品语言表达的提示,将自己的感受力调动起来,去感知文本,展开联想与想象,进而对文学作品的形象进行再创造,在此基础上,进一步更充分、更完整、更清晰地对作品的形象与意境加以"复现",进而解读文本的意义与意味。

文学作品阅读过程中存在理解"意思"和体味"意味"的问题。文学作品不是依靠语词"词典义"这种明确的指称功能与读者交流,而是通过语言的审美性表达这种作品具体语境中语词特定的情境意味与读者交流。对于文学作品而言,其不仅进行一种纯粹的语义表达,更通过语言创造一种审美感,让读者通过对这种审美性语言所创造出来的情调与韵味而体悟到其独特的意味。所以,对于文学作品的鉴赏,语义的理解只是基础,对意味的揣摩与体悟才是其旨要。

二、文学作品阅读的基本过程

文学作品阅读的过程对文本的解读是一个不断深入的过程,其大体经由一般性阅读、细读、批评性阅读这样三个基本步骤。①

(一)一般性阅读

一般性阅读,即指由对语言表达的基本感知到把握作者意图的过程。一般

---

① 王耀辉.文学文本解读[M].武汉:华中师范大学出版社,1999:4－6.

性阅读的过程中,读者主要是初步对文学作品的字词句段间的关系与相互作用加以把握,对一些特殊字词句及其组合的基本意思以及作品的基本意旨加以领会。在这种一般性阅读的过程中,读者相对处于一个被动的阅读心理状态,此时读者对文学作品还处于相对陌生状态,对于作为阅读对象的文学作品还不太熟悉。读者阅读时的这种积极参与与再创造是在对作品逐渐了解的基础上才得以实现的。由于文学作品在语言表达方面比较讲究,其不仅通过语义来传达意义,也借助不同的语音组合来实现文学作品语言的整齐美、抑扬美、回环美,通过语音对氛围加以渲染,以这些语音层面体现出来的具体特点来暗示一定的情绪与意味。因而,在一般性阅读过程中,解读者往往将默读会意与诵读玩味相结合。

(二)细读

细读是在一般性阅读的基础上,借助文学作品在语言方面词的搭配、特殊句式的使用、复杂句群的语气以及修辞手段的运用等的品读细究,对这些词的本义、暗示义、联想义加以品味,对上下文语境中的词句关系等加以揣摩,进而对词义进行重新确定。这是一个由"字"及"句""段"到"篇",再由"篇"到"段""句""字"的循环往复的过程。

(三)批评性阅读

批评性阅读,指的是将文本与作者、时代相联系,对文本进行延伸性阅读。细读文本基本是一个相对"中立"意义上的文本理解过程。即细读文本时,阅读主体还是把文本视为一个自足、独立的客体,细读时获得的对文本的理解还需把握文本自身的语言特殊组合中所内蕴的意义与意味。但是文学作品的鉴赏不可仅此而止,还要求阅读主体要对文学作品的审美性、社会意义等进行分析与判断。因而,阅读主体还需依托文学作品之外的更大的意义系统。例如,读者只有对鲁迅先生的思想发展历程有全面的了解,对于鲁迅先生所写的相关文学作品背后所对应的社会时代大背景有所清楚,才能理解鲁迅先生能够创作出《狂人日记》《阿Q正传》这样的小说,也才能对这些小说中的人物有着更深刻的认识。批评性阅读的过程中,阅读者一方面基于自身审美趣味等的影响而对文学作品的解读做出体现个人独特性的体验与认识;另一方面,作为认识活动的批评性阅读又不可完全基于个人主观来对文本做出判断,而应在尊重自我个人独特认识的同时,尽力从更大的意义系统和更高的思想高度去认识文本。

不过需要强调的是,文学作品阅读的三个步骤的区分主要是基于论述方便的角度进行相对的划分。实践过程中,具体文学作品解读的三个步骤是相互联系、交叉的一个整体,只是可能在整个解读过程中有时其中一个步骤的特征会更突出和明显一些。

三、文学作品的多元解读

"一千个读者眼中有一千个哈姆莱特",文学作品往往因其解读的多元性而成为经典。对教材中的文本进行多元解读,以实现阅读的多样性、丰富性、创新性,也成为中学语文阅读教学的一个重要特征。所谓"多元解读",指的是不同读者在阅读同一文本时,由于理解角度、背景、心理、文化等方面情况的不同,而对文本的感悟和体验、认知和审美、建构方式和意义生成等呈现出多元差异。文学作品的多元解读自古就存在。一个典型的例子是关于《锦瑟》一诗的主旨解读,历代学者发表了见仁见智的观点。如清代王渔洋《论诗绝句》中说"一篇《锦瑟》解人难";红学大师周汝昌以为"我觉得如谓锦瑟之诗中有生离死别之恨,恐怕也不能说是全出臆断"[1];黄世中教授选注《李商隐诗选》则指出:"自宋人至于清末,笺释《锦瑟》者不下百家,大别有十四种解读……余意《锦瑟》当为'悼亡'之作,然身世之感在焉。"[2]

多元解读是有路径的。鲁迅先生在论及对《红楼梦》的阅读理解时有段名言:单是命意,就因读者的眼光而有种种:经学家看见《易》,道学家看见淫,才子看见缠绵,革命家看见排满,流言家看见宫闱秘事……这段论述提供了一条路径——读者会根据自己的生活经验对文本进行解读。与此相对应的,是以还原作者的本意为主的解读。如孙绍振先生认为《荷塘月色》中的"颇不宁静",是出于朱自清先生的"伦理的不自由"。又如解读《一滴眼泪换一滴水》中的克洛德形象时,可依据雨果的"美丑对照原则"——美丑不仅仅是此岸与彼岸的关系,也不单单是"我"与"他"的关系,"丑就在美的旁边"更多是一个人的内心,"恶与善并存"更多是一体共生的正反两面,来观照克洛德看到刑台上是伽西莫多时匆忙走开的举动。或许,伽西莫多受刑的场面让他内心的良知受到了谴责,内心的道德感让他感受到耻辱,产生了有罪的自我否定。同时,作为一个

---

① 萧涤非,程千帆,马茂元,等.唐诗鉴赏词典[M].上海.上海辞书出版社,1983:359.
② 黄世中.李商隐诗选:插图版[M].北京.中华书局,2009:164.

人,他也会产生下意识的自我保护举动,他的匆忙走开似乎就可以理解成这种自我保护意识下的行为。当然,我们今天可以以局外人的身份批判他,但在一个具体的情境下,正如雨果所说,丑与恶是纠结矛盾的,不是那么容易区分的。我们很难判定克洛德此次的举动是纯粹的丑与恶,人性的复杂就在这里,或许,它也是我们可以理解的不太崇高的人性举动。

当然,在深广的文学解读空间里,多元解读的路有无数条。我们可以从历史与当下对照的角度来解读文本。如《谏太宗十思疏》是一篇文质兼美的奏疏,除了学习其语言表达之美,文章提倡的居安思危、戒奢以俭、慎始敬终、虚心纳下、积其德义等思想内涵,对提高当代青少年道德修养和思想情操也具有明显的教育意义。我们还可以运用丰富多样的文学批评方法——原型批评、伦理道德批评、女性主义批评、语言学批评等,多层次、多角度地对作品进行阐释。例如,用原型批评理论解读曹禺的《雷雨》,我们会感到剧本的主题、情节、人物似曾相识,事实上,《雷雨》呈现了戏剧中常见的三种母题,即复仇、乱伦、弃妇。

文本解读是多元的、有差异的,但也有其应当遵守的边界。文学作品读者对文本加以鉴赏时,其并不是被动地接受,而是将自我的生活经验、人生体验、情感体验乃至鉴赏经验融入整个过程中。由于每一个读者上述各方面的经验与体验都有着其自身的特点,因而,不同的读者对于同一个文学作品的解读往往会有所不同。也正因如此,常言之"一千个读者就有一千个哈姆莱特"。当然,虽然每个读者心中的"哈姆莱特"有一定的差异,但同时其又有着一定的共性,这"一千个哈姆莱特"只是"一千个""哈姆莱特",而不可能是"一千个""堂吉诃德"。这提醒我们,文本的多元解读是有边界的,无论从哪种角度解读,都不能远离文本的核心、走出文本的边界。

四、常见文学体裁的阅读教学设计要领

文学作品有散文、小说、诗歌、戏剧,李海林教授对于这四种文学样式谈及如下的认识:诗歌是韵体,即声音的长短与节拍;散文为自述体,即自己说自己;小说是旁述体,即一个人出来讲了一个什么故事;戏剧是代言体,即什么人在什么情况下说了一句什么或者是做了什么。李老师的这种概括主要是着力于"叙述"的角度。对于这四种文学样式的突出特点,他也曾有形象的描述性认识:诗歌犹如"一个人从大地飞升到月球",散文犹如"一个人平平常常走在路上",小

说则犹如"一个人忽然被推到水里",戏剧犹如"一个人忽然被推到水里而又立即被拉上岸"。这四句形象的描述分别突出了诗歌的丰富想象性、散文的两栖性、小说的虚构性和戏剧的强烈冲突性。

(一)诗歌阅读教学设计

1. 诗歌的体式特征

诗歌,从外在形式上来说,是一种能够在句式和音韵上分别给读者带来特殊的视觉体验与听觉体验的文本样式。诗歌的语言,在视觉上,分行排列,句式齐整;在听觉上,则讲究押韵,抑扬顿挫,节奏分明,具有韵律之美。也正因如此,读者常常通过对诗歌语言形式上的这种美的品味获得审美的体验。从内在意义上来看,诗歌借助这种有着其自身独特性的语言形式表情达意,将诗人对自己、人生和社会的体验与对美的诗意发现等表现出来。读者也通过对诗中的这些诗情、诗意、诗味的品读获得人生的感悟与启示以及审美的愉悦之感。唯有这些内在意义具备了这种外在的分行排列、句式齐整、合辙押韵的语言表达才能成为诗歌。

诗歌的这些特质对于其外在形式的形态和内在意义的表现形态都起着决定作用。一方面,从外在形式来说,诗歌语言上的句式齐整和合乎音律即是诗歌表情达意的需要;另一方面,从内在意义来说,诗歌是以意象、意境、象征、隐喻等作为其表情达意的形态。诗人借助意象、意境、象征、隐喻等这些诗歌的内在形态将其内心难以表达的情感或心绪等表现出来,并借此唤起读者的情感体验。诗人通过托物言志或借景抒情,将其内心情感与外物交融,将抽象情感转化为心物交融、情景相生的意象、意境,或融合于具有暗示性的象征性、隐喻性形象,以这种具象化的方式使抽象情感加以感性表现。而诗歌以独特的内在形态来实现情意的表达,使其语言有着独特性。从外在形态来看,诗歌的语言精美,有其自身独特的整齐美、音律美,同时也很文雅精巧;从内在特点来说,诗歌的语言打破语言常规,其在遵循一般语言规范的同时,语言上往往陌生化处理。由于要求简洁凝练,语言上呈现跳跃和省略的特点;由于音韵和格律上的音乐美,在句法上打破常规,呈现语序上颠倒、语词上错位等的特点。

总而言之,诗歌的体式特征大体可概括以下几个方面:语言精练且精巧、富有音韵美、思维富有跳跃性、情意含蓄。

2. 诗歌阅读教学设计的基本要领

(1)诗歌阅读教学的难点在于把握情感脉络

诗歌借助声音的长短与节拍,以间接的方式将诗人情感的起伏、消长与走向真切地表达出来。这是诗歌阅读与教学时的深层性内容,也是学生学习诗歌时的难点。阅读诗歌时,学生对于诗歌形式层面的韵律与节奏、声音的节拍与长短这些比较容易把握,诗歌形式上的声音长短与节拍背后所内隐的诗人情感的起伏与走向,学生要切实地理解与领悟却不容易。而实际教学中,不少老师尽管对于诗歌的情感很重视,却忽略了诗歌这一文学样式的独特性。教师对诗歌情感的关注只是着力于情感的定性,即诗歌以什么表现了什么、反映了什么等,而对于诗歌中诗人情感起伏的脉络走向与强弱变化却忽视或关注不足。对此,我们需要引以为戒。

(2)诗歌阅读教学的基本流程

诗歌阅读教学的基本过程大体如下:首先是梳理与把握诗歌文本的节奏、韵律、意象、意境;然后,调动学生的生活、认知、阅读等方面的经验;接着,引导学生依托自己的相关经验对诗歌文本的节奏、韵律、意象、意境展开想象、移情和认知。在这一环节中,有时需要学生描述自己的想象、移情和认知过程,或是呈现自己的想象、移情和认知结果。例如教学《双桅船》,第一步,梳理诗歌的意象,获得"船"和"岸"两个主要意象。第二步,调动学生的生活经验,让学生以自己的经验为起点,感受"船"和"岸"的关系:船离不开岸,船又必须离开岸,否则船就没有意义了。第三步,用"船和岸"的这种情感模式来对诗歌文本意象加以想象和移情,构建"远航情结"和"恋岸情结"的二重感情结构。其中,第三步是非常关键的一步。由于诗歌言简意赅、讲究含蓄美、不直露的语言特点,以及思维富有跳跃性,诗歌鉴赏时需要通过联想与想象来对字里行间的空白加以填充。对此,可以根据具体诗篇的具体特点,从不同角度来加以联想与想象。

(二)散文阅读教学设计

对于散文的定义,学界迄今无定论。根据含义的广狭,散文通常有三个层次上的理解:广义上的散文,是与韵文相对,指一切不押韵的文章;中义上的散文,指除诗歌、小说、戏剧、影视文学外的所有叙事性、议论性、抒情性的文体;狭义上的散文,专指抒情散文。中学语文教学中的散文,通常指狭义上的散文与中义上的散文二者的交叉,但其间又无明确的界限。

1. 散文的体式特征

(1)两栖性

"两栖性"常被用来形容散文的特点,即散文既具有文章的写实性又具有文学的主观性。季羡林先生所论散文的"中间性"大体是与"两栖性"相当。散文可以被看成介于诗歌与小说等文体二者中间的"过渡性"文体。诗歌专于表现主观情感,小说专于客观再现社会生活。散文以真实记录为基础,又落到情感传达上。它抒情的一端与诗歌紧密相连,以散文诗为代表,如鲁迅的《草》;叙事的一端与小说相连,以第一人称叙述的见闻类小说为代表,如沈从文的《湘行散记》;有的散文还接近论说文,如马南邨的《燕山夜话》。

"一个人平平常常走在路上"之所以用来形象地描述散文,是因为其突出了散文的写实性——具有"外在的言说对象"。即使没有《荷塘月色》《幽径悲剧》,清华园里的荷塘,北大校园幽径旁的古藤萝,也是真实存在或存在过的。有外在的、可以指认的言说对象,这是散文与"纯文学"作品如诗歌、小说、戏剧的差别。诗歌、戏剧自不必说,看起来是"写实"的小说,其实是"虚构"的产物。即散文在内容上所写的是作者日常生活中的所见、所闻、所感、所思。而一个人在日常生活中所触及的生活是非常丰富的,作者视野所及、感思所及皆成其可选之材,因此,散文的题材极其广泛。

关于散文体现着文学的主观性,主要是指虽然散文不尚虚构,但散文的写实,非如新闻通讯那般"客观"的写实。散文作者所叙写的所见所闻是"这一位作者"极具其个人独特性的感官所过滤的人、事、景、物;散文对现象的阐释和问题的谈论,也非如论文报告那般"客观"的言说,散文中所论述的思想与表达的感悟是"这一位作者"因其个人独特的境遇而生发的具有个人色彩的感触与思考。《荷塘月色》中的荷塘,是朱自清先生当时眼中的荷塘,是朱自清当时心中独有的镜像,它是世界上其他人从未见,也是朱先生平日未尝见过的荷塘。散文中所涉及的材料,皆以表现作者的真情与思考为旨,进入散文的丰富材料都与作者的情感触动或思想诱发相关,这些表面貌似繁杂的材料总是顺应着作者在散文中的情感或思想流向。这也就是人们常言之的散文"形散神聚"特点之表现。但写入散文的这些一定是"这一位作者"独特的所见、所闻、所感、所思,是区别于其他人的,强调了"这一位作者"融入其个人独特的主观性的意志与情感体验等,体现着散文的"文学的主观性"。

（2）自述性

散文是对自我的叙述,也正因此被称为"自述性"文体。文学理论对于文学作品的基本要素提出"世界""作者""文本""读者"的"四要素论",即具体的文学作品总是涉及这四个基本要素。"世界",文学作品以语言表达来对生活进行艺术加工,对生活、世界加以表现。生活与世界通过作者的艺术加工而进入文学作品。阅读主体所阅读的作为"成品"的文学作品即"文本",在客观的"文本"中存在的文学形象与作者的创作意图不完全一样。文学作品中的文学形象有着其自身内在的规定性与生命力,文学形象自身的规定性对于作者的创作意图是有超越的。作者基于其读者意识而进行文学创作,读者阅读文学作品时总是基于自己在生活、认知、阅读等方面的经验,阅读时对文本加以补充、改造。在文学四要素中,"作者"这一要素最为突出,小说、戏剧文学很少有作者的自述,诗歌是表达作者的思想感情的,但这种思想感情往往隐藏在节奏、韵律、意象、意境等文本要素中。唯有散文,其往往直接是作者内心的独白。正因如此,郁达夫先生指出:"现代散文之最大特征,是每一个作家的每一篇散文里所表现的个性,比从前的任何散文都来得强……现代的散文,更带有自叙传的色彩。"[①]

散文的"自述性"大体表现为三个方面:"述"之对象为个人化的言说对象、"述"之行为表现为个性化的言语表达、"述"之结果即个体化的作者情思,散文所涉的是作者的眼所能见、耳所能闻、心所能感,这些所见、所闻、所感、所思,作者通过"这一篇"独抒心机的章法、个性化的表达方式、流露心扉的语句来加以表达。散文的作者总是选取因其个人独特的经历、情感、意志等方面的经验与体验而关注的相关外在事与物作为散文的言说对象,再通过其独特的语言、结构、技巧等各方面体现着其个性化的表达,最终表现的是作者个人独特的情感、思想等。以郁达夫先生的《故都的秋》中"槐树落蕊"部分为例,郁达夫不写槐花在树上是什么样子,而只写它落在地面的状态。陈日亮老师对此谈及认识:其笔下的槐花是在夜间悄然坠落的,不是一朵两朵,而是一大片,是"铺得满

---

① 王荣生.阅读教学设计的要诀:王荣生给语文教师的建议[M].北京:中国轻工业出版社,2014:169 – 170.

地"。槐花是如此的细微柔弱,经不起秋风的肃杀,陨落既无声无息,又不容得人们长久注视,只在地上给人留着些柔软的记忆。当扫街的扫过之后,它就消失得干干净净;既然已经消失,本可以不再触景伤情,地上却偏又留下"扫帚的丝纹"。一丝一丝的纹路,正是槐花生命悄然逝去的痕迹! 这正是当时作者自身与北京当时的境况,作者当时的多愁善感之心使其关注到槐花的这种飘零状态! 作者不写听觉、味觉,写的却是脚下的触觉。① 作者的这种描写角度也正将其当时的闲寂落寞之心态淋漓尽致地表现出来了。

2. 散文阅读教学的"实然"偏差

长期以来,散文教学因受其两栖性的困扰而存在一些不足。王荣生教授认为,其中最为突出和主要的问题有两个方面:一是试图建立学生与"外在言说对象"的链接;二是企图使学生认同并"具有"与作者一致的情感与认知。②

(1)试图建立学生与"外在言说对象"的链接

这种倾向的具体表现是在教学层面把课文视为跳板,试图建立学生与"外在言说对象"的链接。其具体的教学思路大体如下:首先,让学生找到课文中描述的人、事、景、物的段落或语句;然后,对于所找到的这些段落或语句,只关注这些语段或语句的所指,将课文中作者所描述的作者眼中的作为"个人化言语对象"的人、事、景、物等同于"外在的言说对象";再通过课文中的语句,或由这些语句引发,进一步探讨"外在的言说对象";接着又借助于其他资源,师生做进一步延伸性探讨,针对"外在的言说对象"而"拓展"到其他"外在的言说对象"。这种教学思路意味着将作者的言语表达(语句)、所指(所描述的对象,即作者的所见所闻)、外在的言说对象(客观的对象)、同类的言说对象(类似的客观对象)四者等同,对于课文中作者以自己个性化的言语表达所描述的体现了作者个人化的人、事、景、物,完全忽视其背后所内隐的作者这个人及其言语表达。

概括地说,这种偏差即为从散文中的"个人化的言说对象"向外跑到"外在的言说对象","跳离课文"。这导致"感受作者所见所闻",成了探讨师生所联想到的人、事、景、物。"跳离课文",也就跳离了作者的"语文经验",只是把作者的言语表达视为"跳板",要么只关注作者言语表达的"所指",却忽视体现作者个性化表达的章法、表达方式、语句等;或只是将课文的章法、表达方式、语句

---

① 陈日亮.《故都的秋》的秋味品读[J].中学语文教学,2010(10):41.
② 王荣生.中小学散文教学的问题及对策[J].课程·教材·教法,2011(9):51-53.

和"个人化的言说对象""独特的认知情感"分隔,转而指向于语言表达的所谓"知识""技巧"。跳离作者的"语文经验",在实质上也就是远离了作者个性化表达所表现的作者的"人生经验",进而"脱离作者"。

(2)企图使学生认同并"具有"与作者一致的情感与认知

这种教学上的偏差常常把作者的情感与认知加以抽象化与概念化,并最终期望使学生认同并"具有"与作者一样的情感与认知。其教学思路大体如下:首先让学生找到课文中表达作者情感的语句;然后对课文中这些语句所表达的作者独特的情感认知进行抽象化与概念化,如对美好事物的"喜爱"与"赞美",对丑恶现象的"愤慨"等;再接着将概念化与抽象化的情感附着于"外在的言说对象";再进一步或依托课文中的语句,或借助于其他资源,师生又进行延伸性探讨,此时往往扩展到其他"外在的言说对象",将概念化与抽象化之后的"思想"或"精神"再进行渲染与强化;最后希望学生具有与作者一致的情感,更具体地说,这种情感实际上指的是被教师概念化、抽象化之后的"思想""精神",教学操作上常常表现为教师结课时的号召性总结或学生所谈的启示与收获等。如《安塞腰鼓》这一课,最后结课时教师"希望大家带着安塞的精神走好自己的人生旅途";《走一步,再走一步》结课时,学生们表示要"不惧怕任何困难""任何困难都能克服"等。这种教学思路将作者个性化的言语表达、作者的所思所感(即文中的抒情和议论)、概念化与抽象化的思想、精神加以等同。

概括地说,这种偏差是从散文里的"独特的情感认知"向外跑到"概念化、抽象化的思想、精神","脱离作者"。这导致"体认作者的所感所思"成了探讨师生所认同的思想、精神。"脱离作者"意味着背离语文课程的人文性,由于将作者细腻、复杂的"人生经验",变成概念化与抽象化的"思想、精神",而宽泛、空洞地去探讨这种干瘪的"思想、精神",这样的散文教学也就演绎成没有"语文味"的"思想""精神"号召课。

3.散文阅读教学设计的基本要领

(1)努力引导学生"以己之心体作者之心"以体认"作者情思"

对于散文,阅读时明确其写了什么,这种表层性内容的把握是不难的;但是要理解作者为什么要这样向他人写这些人、事、景、物,这种对作者自述行为的体验和认识之深层性内容的领悟则是散文阅读和散文教学最难之处,也是学生难读懂之处。散文阅读教学需要努力引导学生走入"散文里",努力建立学生与

"这一篇"的链接；再进一步走入"作者的独特经验里"，建立学生的已有经验与"这一篇"中所传达的作者独特经验的链接。首先是建立学生与"这一篇"的链接。这实际上是阅读教学要把握课文"篇性"应用于散文阅读教学中。前述阅读教学内容的确定这一节已有阐述，在此不再赘述。对于散文阅读教学而言，最为重要和更为关键的是建立第二个"链接"，即建立学生的已有经验与"这一篇散文"所传达的作者独特经验的链接。学生的已有经验，概括地说大体包括"语文经验"和"人生经验"两个方面，"这一篇"散文所传达的作者独特经验也可分为"语文经验"和"人生经验"两个方面。"这一篇"散文所传达的是作者的独特经验，也正因为作者经验之独特，读者通过阅读"这一篇"散文，而感受、体验自己日常生活中没有、也难有的人生经历和经验。

作者的"人生经验"是融于其"语文经验"中的。"这一篇"散文独特的章法、语言等作者个性化的言语表达，其表现的是作者个人独特经历、心境等使其能有的所触、所思、所感。也正因如此，散文的精妙处，阅读散文最重要的，即在于通过作者个性化的语句章法，而感受、体认、分享其所传达的丰富而细腻的人生经验。这种与"这一篇"散文所传达的作者独特经验的链接，即往"作者的独特经验里"走，借助其独特的语句章法等言语表达而体悟散文中所表达的丰富、复杂、细腻的情感体验。

在此还要强调的是，散文阅读教学对于作者独特的情感体验，追求的是"体认"，而不是"认同"；是"理解"，而不是"具有"。高度个人化的言说对象与言说方式，是散文区别于科学论文、考察报告、新闻等文章的关键点。读者阅读论文、报告、新闻等文章，最终要指向文章的外面，指向客观的言说对象，如所论述的道理是否成立、所报道的事件是否真实。而道理成立与否、事件是否属实，是有公认的判断依据的。论文、报告、新闻的写作目的在于得到公认或成为公认。而散文则与此不同，散文的创作与阅读都不祈求获得或成为公认。作者创作散文为的是将自己眼里之景、物和心中之人、事表现出来，将自己的所感、所思表达出来。阅读散文始终需要聚焦于"散文内"，去感受作者所见所闻，去体认作者所感所思。阅读散文实际是直接聆听作者心声，与作者进行对话。散文是文学样式中最真实体现作者的思想与个性的，散文阅读教学需要努力以"贴近作者"为纲，引导学生"以己之心体作者之心"，努力体认"作者情思"。

（2）散文阅读教学的基本流程

从教学内容角度来说,散文阅读教学的大致流程如下:第一步,把握散文写了什么人和事;第二步,明确作者对自己所写的人和事有什么看法、有怎样的情感倾向;第三步,分析从何处感受到作者对自己所写的人和事的看法和情感倾向;第四步,明晰对散文所写到的人和事有什么看法,持什么样的情感态度;第五步,对作者的看法和情感态度有什么看法、持什么情感态度。

其中,第一步是基础,第二步是关键。对于阅读教学来说,阅读课文的目的不在于掌握课文中写到的人和事,而是鉴赏作品。而鉴赏作品的关键在于走进作者。第三步是重点。作者的感情内隐于字里行间,因而需要通过作者的表达来加以细心体会,方能有所领悟。第四步是作为读者的学生自身的介入,第五步则是进一步强化作为读者的学生对作者"心"之贴近与领悟。

在散文阅读教学的这一基本流程统领下,散文阅读教学重点的确定大体有两种情形:一是重在体验作者的情感与体悟作者的思想。若作者的思想情感复杂,教学重点便聚焦于作者思想情感的认识和体验上。如杨绛的《老王》,对于老王是个什么样的人,从课文的描写中便很容易把握,但对于如下问题:老王死后,作者为什么这么多年来一直"不安",作者为什么说对老王而言自己是个"多吃多占"的人? 学生却难以理解。只从课文内部是难以解答的,需要引入时代背景和作者的生平,既让学生体会到那一特定时代"知识分子"与社会底层"贫民"间的特殊关系,又让学生体会作者特殊的内心世界。对于此种情形,合理引入适宜的资源是解决问题的重要方式。二是重在品读散文个性化的表达。若作者的思想情感不复杂,可思想情感表达得曲折精致,此种情形下的教学重点应聚焦于作者独特的个性化表达,细品其语言方式、表达方式。如刘成章的《安塞腰鼓》,课文中作者热爱与赞美安塞腰鼓之情非常明显与直接,学生一读就明。可这一课文在表达方面有其特有的语言节奏与表达方式,安塞腰鼓的特点、作者对安塞腰鼓热烈的内心世界、作者沉浸于其中的陶醉与痴迷,都需要透过课文的个性表达来加以体悟。因此,《安塞腰鼓》这一散文的教学重点应在其"语言节奏和表达方式"。这两种情形虽然前者着力于作者,后者着力于文本,但都是指向于走进作者的内心世界。

（三）小说阅读教学设计

小说是最接近人生的一种文本,小说本身即是对人生的一种最丰富、最具体和最真实的体现。而每个人的人生都只有一次,认真地读小说犹如在经历对应的小说中这种特殊的人生。小说读得越多,所经历的人生越丰富。从这种视角来说,阅读小说在一定程度上相当于延长了人类有限的生命和丰富了人生单一的生命。因而,小说以虚拟的方式丰富着人们的人生体验。阅读小说,让阅读者的生命更加丰富、立体、厚实和多样。

1. 小说的体式特征

小说作为表现生活的叙事文学形式之一,它是"形象"的艺术、语言的艺术、创造性构思的艺术、综合地有创意地运用表现手法的艺术。有研究者指出,小说是以散文而非韵文的语言写成的具有一定篇幅的以虚构的方式叙述的故事。但实际上,传统小说才是叙述故事,而心理类小说和荒诞类小说与传统小说有所差异,并不强调故事的情节。对于小说来说,其不一定都有精彩的人物,也不一定有复杂的情节,但是不能没有叙述。

小说的本质特征可以用"虚构"和"叙述"这两个关键词来加以概括。虚构,"假"也,但不是"虚假",有真实,但不是指事实,而指心灵的真实,体现的是"真实"与"事实"之别。叙述,即"讲故事"的"讲"之书面表达,体现的是"事件"与"事实"之别。叙述是小说的灵魂,只不过与新闻这种真实的叙述不同的是,小说的叙述为虚构的。小说正是通过虚构创造出一个非真实意义的虚拟的世界,以更好地对生活的真相加以表现,而读者正是借助其所叙述的这个虚拟的世界来感受与体验别样的人生。[①] 因而,阅读小说的过程实即在感受与体验小说所叙述的这一虚拟世界中的别样人生而有所思、有所悟的过程,在小说呈现给我们读者的故事中感受与体验人生。总而言之,小说这一文学样式突出特点体现为强烈的叙事性、叙事的虚构性和艺术的真实性三个方面。

2. 小说教学的价值

(1)阅读兴趣的发动机与阅读习惯的孵化器

阅读归根到底是满足学生阅读心理需要。兴趣决定着阅读活动的发生与持续,是主体参与阅读实践的动力源泉。小说是现实生活的艺术反映。小说深入现实生活的各个方面、各个领域,栩栩如生、鲜活逼真地再现生活的画卷。

首先,从认知的角度来讲,其内容是反映生活,其叙事方式易于接受,其语

---

① 王荣生.小说教学教什么[M].上海:华东师范大学出版社,2015:14.

言平实而生活化,因此进入小说的门槛较低。而一旦进入,其丰富的意蕴令你犹如龙宫得宝、沙里淘金,有多大能耐就可以读得多深。

其次,引起学生阅读兴趣的因素主要有趣味因素、情感因素、思辨因素、实用因素,小说则富含这些因子,其引人入胜的故事情节、个性鲜明的人物形象、撼人心魄的情感波澜、丰富多彩的生活风貌、生动精妙的文学语言,最容易吸引学生,并引发深邃持久的人生思考,启迪绚丽夺目的智慧火花。无疑,小说是学生最乐于主动开采的一座富矿,最乐于深入的一个丰富的世界。

再次,小说源于生活而高于生活,其艺术典型更具有审美价值,它所展现的生活画卷更具有特色和魅力。小说所具有的这些特质使小说本身充满魔力,使更多的人愿意更长时间地流连在小说天地里。小说阅读既然成为一种享受,学生对阅读的需求也就越大。一方面,这种阅读的需求会促进阅读活动的持续和阅读习惯的形成;另一方面,阅读需求的扩大,会逐步迁延到对小说以外的各种文本的阅读,促使阅读内容的逐步丰富。

(2)语文能力形成的跑马场

语文能力的形成离不开语文实践。我们常常用"熏染""习得"来表达语文能力形成的实践性。"熏染""习得"本身体现了语文实践参与必须达到一定程度。"熏染""习得"重要途径之一就是大量阅读,因此有"读书破万卷,下笔如有神"之说。

小说阅读对学生语文能力形成的优势之一在于拓宽和丰富学生的生活视野,而且这个视野和一般意义上的生活视野有别。语文即生活,然而学生的生活视野是有限的,这在一定程度上制约了学生语文能力的形成和发展。而小说以文字的形式间接再现了更为广阔的生活画卷,学生通过阅读小说,拓宽了生活经验空间,弥补了自身生活视野狭窄的缺陷。我们说小说所展示的生活视野与学生的实际生活视野有别,是因为小说的创作意义在于通过对"过去"进行反思来观照"现在"和"未来",因而小说不是对"一般"社会生活的"照相",而是具有典型意义和触及本质的生活再现,它高于生活。这种生活视野对学生更具有启发意义,更具有体验、感悟和思维的张力。

小说阅读对学生语文能力形成的优势之二在于使学生的语文积累成为一种轻松快乐的活动。积累是语文能力形成的基础,所谓"厚积薄发",道明了积累与能力形成的关系,"积"是基础,"发"是能力。但积的过程往往是一个"苦读"的过程。在小说阅读中,语言文字、技巧方法、知识经验等这些有积累价值的元素都附着在鲜明的人物形象背后,无须刻意费神就可铭刻在心。往往有这样的情形:喜欢谁的作品,就会模仿谁的行文风格;对某个人物印象深刻,则对其特点以及表现其特点的遣词用语、表现方法烂熟于心。这表明阅读积累的东西在起作用。

小说阅读对学生语文能力形成的优势之三在于通过个性化解读滋养学生的创新思维能力。从小说作者的角度而言,作品的指向是明确的。而对于读者来说,阅读是一次再创造过程,有个性化意味,所谓"一千个读者就有一千个哈姆莱特"。读者可以凭借自己的经验与修养对小说的人物形象做出自己的理解,读者有属于自己的感悟、体验和思维,为学生的感悟、体验和思维提供了一个更广阔的空间。这样一个空间更有利于滋养学生的创新思维能力。

(3)人文意识觉醒的温床

何为人文? 学术界较普遍的解释为:人类文化。朱永新教授把人文通俗地解释为:关心他人、关心人类、关心文化、关心文明。语文是人文学科,语文的人文性是语文学科本身的性质决定的,不存在语文具不具备人文内涵的问题。但是语文作为人文学科为什么在过去相当长时间里遭遇人文缺失的窘境呢? 问题在于缺乏人文意识,缺少对语文人文内涵的关注、重视和把握。文学即人学。小说作为一种文学形式肯定属于"人学"。小说是现实生活的反映,以艺术再现的形式关注人生和社会。小说是写人的,写人的命运遭际,写人的心理和情感,写人的生存状态和心灵世界,小说通过人物形象来表达思想心理、爱憎感情、道德观念,通过人物形象来导引读者认识生活,为我们提供观察、体验和思考的空间。眼光投向小说,即直接把目光投向了人生和社会,与此同时,也将目光投向了语言艺术。在观察、体验和思考中,人文意识被点燃。因此,从教学角度而言,小说阅读是人文意识觉醒的温床。

3. 小说阅读教学的"实然"偏差

阅读小说时,既要握小说"说了什么",即叙了什么故事;更要明确小说的故事"怎么说"的,其是怎样叙述故事的。一般性读者阅读小说时,其更多的只是关注小说叙述了什么故事,而对于故事是怎样叙述的这一方面基本不关注。中学生阅读小说时也基本如此。语文课程中的小说教学需要努力引导学生在阅读小说时由不太高明的读者成长为更为成熟的读者,小说阅读教学应将重点着力于小说的叙述方面。

　　然而,长期以来,我们语文课程中的小说教学存在着一些需要纠偏的问题,未能切实地基于小说这一文学样式的共性特征与具体小说的个性特征来开展。邓彤老师将小说教学中所存在的偏差归类成以下几类情形。①

　　一是"非语文式"。即小说教学不仅不是以小说的方式教学,甚至不是以语文的方式来教学。如教授《智取生辰纲》时,教师将该小说从社会学的角度来加以解读,让学生对杨志丢失生辰纲的原因进行探讨,指向于对一个人押送一批货物失败这样一个社会现象的评释。这样的一种教学指向基本上是将这篇小说中的这样一个事件与一般报纸、新闻上类似的事件基本等同,让学生评释这种类似的事件,与该小说本身的关涉不大。这大体变成一堂关于团队如何行动方可成功的领导力研讨课或个体如何防范而不落入他人所设的陷阱之中的生活常识课。从语文的视角来教学该小说,更合理的应是引导学生通过对小说相关语言的感受,基于杨志的心态去体会他的心境、所思与所为。对此,教师可以引导学生思考:如果以吴用劫取生辰纲这种定位从吴用角度来叙述该故事,而不从杨志的角度去叙述,这个故事该怎么写? 这一类"非语文式"的小说教学的突出特点表现为往往以思辨的方式对小说事件加以分析判断。

　　二是"非文学式"。如果说"非语文式"是根本就没有体现语文的特点,那么,"非文学式"在语文性方面还是明显的,只是未能将小说教学置于文学作品这一文类的视野下来开展教学。例如,有老师将《祝福》中祥林嫂的悲剧视为一个凶杀案,基于此让学生模拟公安办案方式去寻找真相进行破案,因此,自然需要明确祥林嫂死的时间与原因以及相关的证据是否确凿等。在这种教学设计中,学生自然需要关注小说中的细节,这还是和语文相关的。但是,这样的教学设计实际上将小说这种文学样式的教学演绎成实用文的信息筛选,对于小说的言语表达的鉴赏与情感的体验等基本没有涉及,学生无法进行想象与情感体验。

　　三是"非小说式"。即小说教学时虽然体现文学作品的一些共性,具有"文学味",但是未能体现小说这一特定的文学样式的独特性,常常套用其他文体的解读方式来鉴赏小说。例如有些语文老师在小说教学时,针对小说中作者叙述

---

① 王荣生.小说教学教什么[M].上海:华东师范大学出版社,2015:8-13.

故事时,叙述者暂时中断故事的叙述,自己跳出来对所叙述故事中的人物的言行等加以评价。而有的老师针对小说中的这种情形,却套用散文中的夹叙夹议的表现手法去加以品评。

四是"类型化式"。不同的小说有其自身的独特性,小说教学要基于具体小说的特点来实施。每一篇小说既有着其所属类型的小说体式的共性,又有着其自身的独特之处。这也正是每一篇具体的小说的教学意义与价值所在。因此,小说教学需要对每一篇特定的小说的独特之处与价值所在有所明确,并基于此而进行教学设计与开展教学。"类型化式"的小说教学,即指小说教学总是按照人物、情节、环境、主题这四个要素进行模式化教学,对不同小说的具体特征未能给予关注。

此外,小说教学中还出现一些不太合理的方面,例如教学流程模式化,先介绍时代、背景与作者,再分析人物与情节,然后品析环境描写,最后概括主题思想;如人物分析论证化,分析小说人物时往往先对人物的性格特点或个性或精神品质等给出一个结论,然后从文中去寻找相关的证据来印证已给出的结论。

4.小说阅读教学设计的基本要领

(1)小说阅读教学应突显学生的主体性

小说教学需要建立在学生深入阅读的基础上,学生通过自己的深入阅读而有着自己的认知与体验,教师再加以引导,这样学生才能有真正的收获与提升。小说阅读不适合于由他人带领着读,小说阅读教学设计时,一定要努力设计一些相关的活动来让学生真正面对作品,将主要着力点指向于设计适当的活动促进学生进入小说的情境。小说的篇幅一般较长,而课堂时间又比较有限,为了使学生能够有切实真正面对作品的时空,小说阅读教学既需要特别重视学生自我的预习,又应努力引导学生养成在阅读过程中适当地旁批的习惯,这样,学生才能真正亲历阅读小说的过程。

(2)小说阅读教学要聚焦于"叙述"

"小说是虚构的",这是小说作者与读者的"默识",也是小说进入阅读时的特定情形。这种特定情形,决定了作者创作小说的基本价值取向和创作追求,决定了读者对待小说的基本态度,也决定了小说阅读的基本方式:读者阅读小说,不仅关心小说写了什么,更关心小说是怎么写的。如果我们把"小说写了什么"称为"故事"的话,那么"小说是怎么写的"则可以称为"叙述"。小说教学,不仅要教"故事",更要教"叙述"。

教"故事",具体内容包括:情节教学、人物教学、环境教学。传统的小说教学都是这样教的。教"叙述",具体内容包括:一是叙述者。我们读小说,总会读到一些人和事,这些人和事总是由一个具体的人说给我们听的。这个叙述者不是作者,作者是创造叙述者的人。例如鲁迅是《孔乙己》的作者,《孔乙己》里的"我"(咸亨酒店里的那个小伙计)才是叙述者。不同的人,叙述的内容是不一样的,会因为每一个人的角度、立场、情感、认识而关注不同的方面,会以不同的方式来说,会对所说的东西有不同的态度,会说成不同的样式。一句话,不同的叙述者会给我们不同的叙述,也会让我们遭遇到不同的文学世界。我们读小说,确定这个叙述者,从而获得叙述者的角度、立场、情感、认识是首要的也是最重要的一步。有了这一步,我们就可以构建一个被叙述者(人物)、叙述者、看叙述者(读者)和创造叙述者(作者)之间的张力性的结构,从而打开小说的内部隐喻系统,走进小说的内部世界。二是叙述方式。这里所说的叙述方式,不是指具体的叙事方法,比如语言描写、肖像描写这一类,而是指叙述者在述说人物和事件时的基本立足点和整体风格。在当代,小说叙述方式使用比较多的有写实、写意、心理、荒诞、象征、反讽等。

迄今为止,小说大致上可以分为传统小说和现代小说两大类。传统小说以三要素为主要构成,教这类小说,抓住了人物、情节、环境就抓住了根本。当然主题也很重要,但主题是我们从小说中的人物、情节、环境中探究出来的。现实主义小说是这一类小说的典型代表,比如《项链》《祝福》等。这一类小说,"故事"本身是教学重点,"叙述"的教学是为"故事"的教学服务的。其教学过程大体为:①情节梳理;②环境分析;③通过情节梳理和环境分析掌握人物性格;④综合小说情节、环境和人物性格,探寻作者的创作意图和小说的主题。在现代小说中,人物、情节、环境这些要素退居次要位置,作者的认识、观念和情感凸显在最重要的位置上。在传统小说中,作者的认识、观念和情感是我们从"故事"中分析出来的,是由小说的人物、情节、环境本身显现出来的。我们通过小说的人物、情节、环境的分析获得对作者的理解,可能与作者的想法一致,也可能不一致,但现代小说直接就是表现作者的认识、观念和情感的,并且是作者写作之前就已确定了的,小说的一切,包括里面碎片化、模糊化的人物、情节、环境,都是这个确定的内容的阐释或象征。这一类小说,"叙述"是教学的重点,其教学过程大体如下:①反思作为读者的学生的阅读感受;②由学生的阅读感受导向对叙述方式的认识;③由叙述方式导向对叙述者的认定;④由叙述者导向对作者的体认。

对于小说,其写了什么人物,叙述一个什么故事,学生在这些方面是不存在什么困难的,学生可能在如下方面更易存在困难:小说中是谁在讲故事? 讲故事者与故事中的人与事又是怎样的关系? 正是由于学生在小说的这些方面存有难处,因此对于小说不重在关注人物和情节,而应重在叙述。例如,《祝福》简单来说即一寡妇死了两个丈夫,后自己也因穷而死了,可是鲁迅先生却将这么一个简单的故事创作成为我国现代文学史上的经典,其关键便在鲁迅先生对于文中的"我"这一叙述者的设置,其有如放大镜、折射镜,将祥林嫂悲剧的实质加以折射,借由其叙述而将这样一个故事背后的当时中国劳动妇女的自我认知、自我评价的悲剧给以展示。因此,对于《祝福》这一篇小说,需要聚焦于"我"这一叙述者及其叙述,而非祥林嫂,也非鲁四老爷。这也是学生解读《祝福》时所存在困难最大的"点"。

(3)小说阅读教学终极着力点要指向于"小说解读方式"

小说阅读教学的突出意义在于促进学生掌握小说阅读的方式,使学生通过小说阅读教学学会阅读小说,使自己成为不断成熟、积极主动的小说阅读者,而不是体现于学生对小说所叙述的故事本身的关注。学生通过小说的阅读去体会和丰富自己的人生及其情感体验,这不可能只依靠于小说阅读教学,更主要是依托于学生的课外阅读以及在漫漫人生旅途中的不断阅读。因此,小说阅读教学应重在引导学生喜欢阅读小说,学会阅读小说的方法,进而"经历"丰富多样的人生。小说阅读教学需要通过对诸多小说作为例子的剖析,让学生学会如何进入小说所呈现的世界中去。小说教学的关键是引导学生进入小说所描绘的世界,而非考查学生阅读小说的结果。现实的小说阅读教学中,学生阅读小说时的突出难点是学生很难进入小说的世界中去。这主要的原因是学生解读小说方式存在问题。因而,正确的小说解读方式是学生小说阅读障碍解除和小说鉴赏能力提升的关键。小说教学中的阅读与一般的阅读有一定的差异:一般的阅读是随意地读,读到何种程度便是何种程度;小说教学中的阅读是一种学习性阅读,学习性阅读是需要让学生得到提升的。如对于《孔乙己》,教师应将重点指向于引导学生体会鲁迅为什么要运用咸亨酒店小伙计的视角来叙述故事,其作用何在? 一般情况下,学生甚至都没能注意到小伙计的这一叙述视角。又如《林黛玉进贾府》这篇节选小说的阅读教学时,通过设计林黛玉看贾府、贾宝玉看林黛玉等视角,学生在教师引导下学习,认识到视角在小说中的作用,进而在阅读其他小说时,能够自觉地运用视角,有了视角意识。

小说教学与其他文体的教学类似,应在学生看不懂但教师能够帮助学生看懂的地方加以努力。因而,小说教学的着力点,从教学内容的角度来说,是学生不懂、不会、不能或只是浅层读懂或鉴赏的地方;从教学方法的角度来说,应在于教给学生从不懂到懂、从不会到会、从不能到能、从浅到深的方法。因此,需要确定哪些是学生已知、已会、已能之处,如人物形象、故事情节、环境描写等是学生能够懂之处,还要明确学生不懂、不会、不能或浅知之处。这种转变过程的实现,可以是直接告之,也可以是教其方法让其自得之。从学生发展的角度来说,学生需要掌握小说的解读方法,实现"以篇达类"。

(四)戏剧阅读教学设计

1.戏剧的体式特征

戏剧作为一种综合性艺术,集合了文学、音乐、舞蹈、美术和建筑等多种形式。语文阅读教学中的戏剧是戏剧文学,也称"剧本",是为戏剧表演而创作的脚本,是戏剧的文学设计。这种文学设计有其自身的一些独特性:第一,人物设计方面。一是情节集中。由于剧本最后是需要演出的,而演出会受演出方式和场地的限制,戏剧情节需要在高度集中的情境中展开,因此,戏剧的情节非常集中。二是矛盾冲突激烈。戏剧由于受情景限制,戏剧中的叙述不是由第三者完成的,无法解释人物的行为思想,不能铺陈故事的发展变化;而是通过人物自身的语言和行动来表现自身,依靠尖锐矛盾的产生、发展和解决来表达主题,制造强烈的戏剧效果。第二,演员设计方面。戏剧中人物的命运、性格和内涵是通过演员的表演传递给观众的。演员表演人物时,重要的不是呈现人物的语言和动作,而是人物语言和动作背后的"动机",即人物内心的冲突。演员根据剧本对人物内心冲突的设计来确定表演时"形体""动作""语言""服饰"的具体内容和方式。这是剧本与文学样式中的小说、诗歌、散文最大差异所在:其对人物的设计和演员的设计统一于演员的表演性上。戏剧文学的这种二重性特点要求阅读戏剧剧本时要具有"场面思维"。阅读剧本，一方面要关注角色的命运、性格和内涵，另一方面还要关注演员的表演。

由于上述的种种原因，戏剧文学在语言和结构上有其独特性。戏剧语言方面，总是将人物对白、独白等与动作、姿态相结合，以期既能合乎人物的身份和特征，又能传达人物的内心和思想，有时还要通过一定的潜台词表达言外之意。从戏剧结构来说，要求严密紧凑，以突出不同时空的事件联系，符合矛盾冲突和剧情安排的进展。

2. 戏剧阅读教学设计的基本要领

(1) 戏剧阅读教学难点在于获得"剧场意识"

戏剧是"演给人看的"，其生成于"看与被看"的关系中，"有人演，有人看"是戏剧存在的前提。因而，阅读戏剧剧本需要具有"剧场意识"。这也是戏剧阅读教学的难点所在。读者要像演员一样，阅读剧本时将剧本还原成舞台上的表演；同时，又要把自己想象成观众，切身体验到剧场的氛围。戏剧剧本阅读教学的关键，是教给学生把剧本还原为"剧场"的"表演"的知识与能力。为此，李海林教授指出，戏剧阅读教学需要在以下方面加以努力。

一是使学生获得"演员感""舞台感"，也就是要学生假想自己作为演员，参与演出，进而在心中建构起戏剧人物与演员间的表演关系。演员的表演与戏剧人物间会有"戏剧性变形"的，要引导学生依从"戏剧性变形"规律来观看与理解人物。如《等待戈多》，不能只是从人物的语言和动作本身来读剧本，而需要引导学生从演员角度来理解人物的台词和动作，使学生通过理解演员对人物的"戏剧性变形"，建构起演员的表演与戏剧人物内心间的内涵性关联，才能找到理解戏剧的通道。

二是使学生获得"观众感""剧场感"。由于观众与舞台间的物理与心理方面都存在距离，且这种距离导致观众与舞台上的演员及演员表演的戏剧人物之间的分离，从而在观众心中建构起人物、演员与自己之间的"观看"关系："别人给我看"，而"我在看别人"，"别人是有意给我看的"而"我知道他是有意给我看的"。为此，戏剧阅读教学要引导学生确立"看者"视角，使学生在心中建构起这种意识。这是正确理解剧本一切要素的心理前提。

三是使学生获得"参与感""一致感"。剧场在造成观众与演员之间的心理距离的同时，却又因此而使观众在心理上产生"一致性"，即"我们大家一起看他们"的心理。剧场中，在现实生活中有着不同身份的观众都只有一个共同的"观众"身份，这种"集体体验"是看戏得以实现的心理前提。阅读戏剧剧本的过程，实即与他人的"精神共享和参与"过程。

（2）戏剧阅读教学的重点内容

戏剧阅读教学的重点主要包括戏剧冲突、戏剧人物和戏剧语言三个方面。

一是戏剧冲突。戏剧由于时空限制，其矛盾冲突非常集中与凝练，不少戏剧作品往往有多个矛盾冲突，涉及人与人、人与环境、人与自我等多方面的矛盾，这些矛盾又常常相互纠缠，环环相扣。因此，戏剧阅读教学中需要在把握戏剧矛盾冲突的集中性、剧烈性、复杂性这些共性特点的基础上，进一步把握具体戏剧文本的独特特点，从戏剧冲突切入，分析这些矛盾冲突，把握主要冲突，分析引起冲突的原因。

二是戏剧人物。文学本质是人学，戏剧也如此，戏剧离不开矛盾冲突，而矛盾冲突又依托于人物。戏剧剧本通过这些立体生动、各具个性的人物形象来展开故事情节。戏剧人物由于产生于尖锐的矛盾冲突之中，个性鲜明，其性格与心理等随着矛盾冲突的不断加剧而相应有变化。人物语言是戏剧人物形象刻画的重要载体，对于戏剧人物的分析，需要努力借助剧本中人物的个性化语言与动作性语言来把握人物个性，并分析人物心理。

三是戏剧语言。戏剧语言主要包括舞台说明和人物语言。舞台说明包括人物说明、场面说明、人物语言说明和戏曲剧本所独有的唱腔、板式说明。人物语言是戏剧语言的主体，由于戏剧体式的独特，戏剧剧本不会以大量铺陈性语言进行描写、叙述、抒情等，对于人物的把握与认识主要通过人物语言来实现。鉴赏人物语言时主要关注人物语言的个性化、动作化和潜台词这几个层面。

为了更好地把握戏剧人物形象和领悟戏剧意旨，需要借助一些关于其创作背景与作者等相关背景的资料。

（3）戏剧阅读教学的基本方法

第一，比较法。戏剧阅读教学中，一是可以通过对相近戏剧题材进行比较，如反映社会问题的《雷雨》与《窦娥冤》，又如揭示个人命运的《哈姆莱特》与《辛德勒的名单》。但是题材相似的这些戏剧却各具自身特色。戏剧阅读教学可以针对与这些题材相似的戏剧开展比较性探究,引导学生对戏剧人物形象进行比较,或是就同类剧本的主题进行比较。二是对同一作者不同时期的戏剧文本加以比较,通过精心选取合宜的文本,将同一作者的多篇剧本加以比较阅读,品析作家的语言风格,把握作家的戏剧创作特点。还可以对不同戏剧类型的文本进行比较,如话剧与戏曲的比较、悲剧与喜剧的比较等,以加深学生对戏剧艺术的感情。

第二,体验法。戏剧体验式的教学,即教师创设情境呈现戏剧文本内容,让学生亲身经历、参与剧本的排演,或是利用多种途径创设情境呈现戏剧文本内容,让学生在表演过程中或视听性的情境体验过程中获得情感共鸣,理解剧本内涵,体悟剧本意旨。

第三,读写结合法。可以是续写剧本,也可以是写戏剧评论。戏剧与小说有所不同,其对不少情节和背景并没有充分地展示出来,但又有共同处,如结尾戛然而止,留下无穷的想象空间。因而,通过续写剧本,既可提升学生品析戏剧语言的能力,又可促进学生对戏剧主旨与意义的领悟等。通过撰写剧本评论,引导学生对戏剧文本进行评论,以书面的方式从多角度、多方面阐明自己的观点与看法。在这一过程中,学生再次回归戏剧文本,回味人物形象。

案例分析

散文《故都的秋》主体学习活动设计①

《故都的秋》这一课文的主体学习活动共分三个环节。

一、环节一:感知文章个性化的语言

本教学环节共有四个教学步骤。

(一)读一读

学生自由朗读全文,说一说文章表达了作者怎样的情感。

(二)找一找

学生在第一段寻找作者笔下故都的秋具有怎样的特点。

---

① 本案例改编自:陈隆升.散文教学内容确定的学理依据[J].中学语文教学,2011(1):7-8.

（三）填一填

语段	景物特点	作者的感受
第3段	破屋　碧绿的天色 驯鸽的飞声 漏下的日光　破壁腰	十分的秋意
第4段		
第5段		
第6—10段		
第11段		

（四）议一议

完成表格填写后，学生讨论第一段写"秋的特点"语句与上表中关于"景物特点"及"作者感受"的关键词之间形成怎样的关联。

二、环节二：理解作者个性化语言渗透的审美情趣

（一）问1：结合自身的经验想一想，若你来写"秋"，对秋之"清、静、悲凉"会持一种怎样的情感取向？你会喜欢"清、静、悲凉"的秋景吗？

（二）问2：将本文的情感基调与老舍《想北平》比较，说一说自己更喜欢哪篇文章，为什么？

（三）问3：阅读课文首段与末段，谈谈作者对"清、静、悲凉"的"故都的秋"持一种怎样的情感取向？

（四）问4：阅读第十二段后思考：有的学者认为这一段议论是作者为自己"以悲凉为美"所做的辩护，你认为作者的辩护达到目的了吗？

三、环节三：探究本文的艺术独创性

（一）合作探究课文语言风格

学生分组合作探究：郁达夫赋予故都的秋一系列诗意的高雅的话语，然而不时又穿插一些平民的俗语进去。把下列语句中的画线词语归类填入下表中，体会这些词语在表达作者情趣上所起的作用。

（1）古人所说的梧桐一叶而天下知秋的遥想，大约也就在这些深沉的地方。

（2）这嘶叫的秋蝉，在北平可和蟋蟀耗子一样，简直像是家家户户都养在家里的家虫。

（3）着着很厚的青布单衣或夹袄的都市闲人，咬着烟管……便会用了缓慢悠闲的声调，微叹着互答着地说。

(4)屋角,墙头,茅房边上,灶房门口,它都会一株株地长大起来。

(5)南国之秋……可是色彩不浓,回味不永。比起北国的秋来,正像是黄酒之与白干,稀饭之与馍馍,鲈鱼之与大蟹,黄犬之与骆驼。

雅　语	俗　语

(二)结合名家评论深化体会课文语言风格

阅读孙绍振教授《名作细读》中对《故都的秋》的研究成果,谈谈各自的认识与体会:

都市闲人的"闲"字,是很有特点的,一般来说,都市生活的节奏是紧张的,身在都市而"闲"的人,就显出了一种情调。这样的"闲人",内涵很丰富。一方面他们是俗人,不一定有多少高雅的文化修养;另一方面,他们也有高雅的文化人的悠闲情调,为高雅的文化人所欣赏。和泡一碗浓茶的文人相比,从情趣到节奏都是有机统一的。连说话都用"缓慢悠闲的声调"也是值得仔细玩味的。文人情调表现在世俗之人的生活节奏上,世俗之人体现文人情调,这就达到了俗而不俗、大雅和大俗的交融。

这种大雅大俗的结合,是郁达夫式趣味的一个创造。正是这两种趣味的有机结合使得《故都的秋》成为现代散文史上的丰碑。因为,北平百姓生活节奏的安闲、自在,是没有悲秋的意味的,把悲与不悲统一起来,就是生命的自然和自如。这样,本来相当俗的平民趣味就提升到一个新的层次,被郁达夫的雅趣同化了。

【分析】散文阅读教学内容的确定,首先需要识文辨体,明确课文的特点,明确课文所对应的是散文这一文体中的哪一种更具体的文本体式。《故都的秋》作为一篇抒情散文,抒情散文的阅读教学应教的核心内容肯定就是文中的情感,因而该文的核心内容应是作者在文中所表达的"秋情",而非其所写的"秋景"。明确了课文为具体要求哪一种散文的文本体式后,由于散文总是以作者个性化的言语表达来对体现作者个人化的外在言说对象加以叙写,表达其个人的独特情感与感悟,因而,在辨体的基础上,需要基于作者的个性进一步具体化其核心内容。《故都的秋》是郁达夫先生所写的抒情散文,郁先生的情感与他人不同,而"这一篇"散文自然体现的是郁达夫先生式的独特情感。因而,《故都的秋》的核心教学内容由辨析时所确定的"秋情"进一步具体化为郁达夫对故都之秋的独特感受。郁达夫先生在《故都的秋》中表达自己对"故都的秋"的个人独特的情感，又是依托于具有其个人色彩的个性化的言语来加以表达的，因而，《故都的秋》阅读教学时在落实体认作者对"故都的秋"的独特感受这一核心内容时，其重点需要着力于体会郁达夫先生此文的表达方式与表现风格，并通过对学情的了解，把握学生的学习需求，明确学生们的疑惑在于作者对秋之悲凉的爱与赞。结合对《故都的秋》的特性这一体式层面的分析与对学情层面的分析，将《故都的秋》这一课文的核心教学内容落点于感受与体认郁达夫个性化语言中所表达的对秋之悲凉的爱与赞。陈隆升老师对于《故都的秋》这一抒情散文的核心教学内容的确定非常好地给我们示范了散文教学设计上自觉的文体意识。

　　而对于《故都的秋》的三个主体学习活动的设计体现了散文教学的特点，聚焦于"个性化的言语表达""个人化的言说对象""个人化的情感认知"这三大方面。散文的作者总是以其个性化的言语来表达其个人化的情感与认知。陈老师将郁达夫在《故都的秋》中以其独特的"雅俗"相结合的语言风格这种个性化的表达作为该文的核心内容。散文作为自述体，其旨在抒发作者的情感，而非解说文本中所涉对象。虽然散文确有外在的言说对象这样的现实所指，但作为文学作品，散文的外在言说对象是作者个人化的言说产物，是作者此时此刻其个人独特心境下的独特感觉。每个人心中的"秋"都有其个人特色，对于《故都的秋》，需要感受的是郁达夫心中的独特的故都之秋。郁达夫以其个性化的雅俗结合的语言风格对其所感受到的清、静、悲凉的故都之秋加以描写，抒写了其自身对故都之秋的独特情思。陈老师的学习活动设计最终指向于作者以雅俗相融的语言表现故都之秋的清、静、悲凉这种审美趣味背后的对生命与人生的态度。

实践演练

　　一、对邓彤老师的《十八岁出门远行》课例、杨小波老师的《〈十八岁出门远行〉教学设计》（载于《语文建设》2005 年第 1 期）、于海涛老师的《〈十八岁出门远行〉教学设计》（载于《语文建设》2005 年第 11 期）加以比较，明确三者在教学内容的落点上有何不同，并思考哪个更为合理，然后自己设计《十八岁出门远行》的教学方案。

二、自选现行语文教材中的一篇小说,梳理你认为可教的内容,如人物形象、环境、故事叙述、语言风格等,分析哪个角度最能体现这一篇小说的特点,并依据自己确定的教学内容进行教学设计。

学习资源单

1. 福斯特. 如何阅读一本文学书[M]. 王爱燕,译. 海口:南海出版公司,2016.

2. 王耀辉. 文学文本解读[M]. 武汉:华中师范大学出版社,1999.

3. 余虹. 文学作品解读与教学[M]. 北京:高等教育出版社,2011.

4. 王荣生. 散文教学教什么[M]. 上海:华东师范大学出版社,2014.

5. 王荣生. 小说教学教什么[M]. 上海:华东师范大学出版社,2015.

第九章　表达与交流教学设计

第一节　　写作教学设计

学习目标

1. 基于对写作本质的理解,领悟写作的目的。

2. 基于对写作过程的理解,把握写作教学的过程。

3. 在理解写作教学理念的基础上,领悟写作教学设计的要领,并基于此进行写作教学设计。

内容提要

第一节　写作教学设计

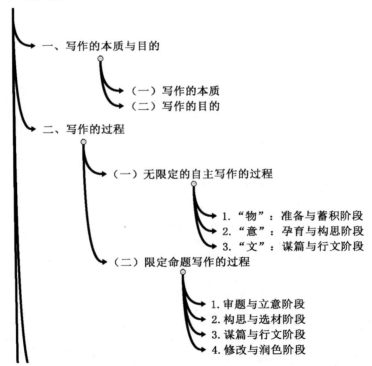

一、写作的本质与目的
　　（一）写作的本质
　　（二）写作的目的

二、写作的过程
　　（一）无限定的自主写作的过程
　　　　1. "物"：准备与蓄积阶段
　　　　2. "意"：孕育与构思阶段
　　　　3. "文"：谋篇与行文阶段
　　（二）限定命题写作的过程
　　　　1. 审题与立意阶段
　　　　2. 构思与选材阶段
　　　　3. 谋篇与行文阶段
　　　　4. 修改与润色阶段

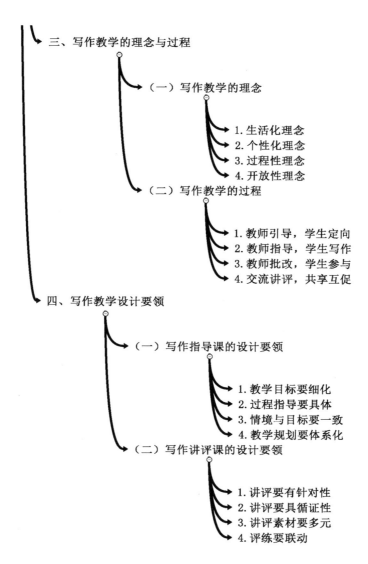

三、写作教学的理念与过程

（一）写作教学的理念

1. 生活化理念
2. 个性化理念
3. 过程性理念
4. 开放性理念

（二）写作教学的过程

1. 教师引导，学生定向
2. 教师指导，学生写作
3. 教师批改，学生参与
4. 交流讲评，共享互促

四、写作教学设计要领

（一）写作指导课的设计要领

1. 教学目标要细化
2. 过程指导要具体
3. 情境与目标要一致
4. 教学规划要体系化

（二）写作讲评课的设计要领

1. 讲评要有针对性
2. 讲评要具循证性
3. 讲评素材要多元
4. 评练要联动

一、写作的本质与目的

（一）写作的本质

为了清晰地认识写作这一行为，我们不妨举鲁迅先生在《且介亭杂文·门外文谈》里写的为例："假如那时大家抬木头，都觉得吃力了，却想不到发表，其中有一个叫道'杭育杭育'，那么，这就是创作；大家也要佩服，应用的，这就等于出版；倘若用什么记号留存了下来，这就是文学；他当然就是作家，也是文学家，是'杭育杭育派'。"这段文字告诉我们，人类最初的创作虽然只是以简单的语言表达自己的情绪、情感、思想，但写作便从此成为人类迈入文明进程的重要工具,是人类为了表现因"内化"产生的对生活的认识而形成的一种智力行为。内化,是将思维观点经过内证实践所领悟出的具有客观价值的认知体系。借助语言文字的形式,将"内化"的思维成果外化出来,这种思维的表现活动就是写作。

写作从不同视角来加以认识会有所差异。从结果视角来看,写作即写文章;从过程视角来看,写作即认知过程与问题解决;从功能视角来看,写作即自我表达与社会交流。《义务教育语文课程标准(2011年版)》中指出:"写作是运用语言文字进行表达和交流的重要方式,是认识世界、认识自我、创造性表述的过程。写作能力是语文素养的综合体现。"①《普通高中语文课程标准(实验)》中指出:"写作是运用语言文字进行书面表达和交流的重要方式,是认识世界、认识自我、进行创造性表述的过程。"②于此,可以明确,语文课程标准强调从功能视角来认识写作。

我们认为,若简单说来,写作即特定语境中的书面表达。具体言之,写作是特定语境中,运用语言文字等手段,建构意义,构造语篇,进行书面表达和交流的活动。对此,我们可以从以下几个方面加以认识:第一,写作是特定语境中的交流行为。此"特定语境"所指非常丰富,涵盖写作的目的、对象、内容和形式,可以从"为什么写"、"写给谁"和"怎么写"几个角度去定位,包括写作预设的意义、涉及的话题范围、是否有明确的写作对象、以什么形式表达等内容,这些"特定语境"相关要素的明确能够让书面表达与交流有的放矢。第二,写作活动是在特定语境中构造语篇。强调在"特定语境"中构造语篇,突破了传统写作"范式"一统天下的禁锢,实现写作的多目的、多功能性,允许写作类型多样化、多元化,鼓励整篇写作和微写作、应用型写作相结合,在形式灵活多变的许可下实现写作的最大化。③ 第三,写作即通过自我的表达进行交流。这里特别强调"自我"的概念,从某种意义上讲,写作是"有感"而发,对于我们每一个人来说都是为了真实、准确地表达自我。"感"即来源于有方法、有层次并且丰富的生活观察和体验,也是基于这些观察、体验的思辨性认知和评价,这些个性化的认知与

① 中华人民共和国教育部. 义务教育语文课程标准(2011年版)[M].北京:北京师范大学出版社,2012:23.

② 中华人民共和国教育部. 普通高中语文课程标准(实验)[M].北京:人民教育出版社,2003:17.

③ 荣维东.写作课程范式研究[D].上海:华东师范大学,2010:103.

体验辅以规范的表达,以进行有效的交流。

(二)写作的目的

"表现"是写作的基本功能,写作主体将个人情意做社会化表达,目的就是让写作主体对社会生活的认知与感知,思想、情感与知识等做出篇章化、有序化的表达。那么为什么写作呢? 根据写作目的来源或语篇的读者对象分析,其原因大体有以下两种:一是写作旨在"抒发",即表达自己的情意,"为自己写作"。此种情境下的写作就是为了抒发自己的情意,即将自己在生活中的所见所闻、所思所感等诉诸笔端,形成文字。随笔、日记等就属于这类为了"抒发"内在情感的写作。二是写作旨在"交流",即与他人交流,为他人写作。写作是主体与外在社会语境之间,个体与外在真实生活世界、精神世界以及社会文化世界之间,一切的意义建构和交流。① 这种倾向于"与人交流"的外在任务性写作更突出写作的对象,即读者。记录、通讯、报告、评论等就属于这一类。

很多时候,在写作时,由于基于不同的读者对象来定位,写作的目的指向便有所差异,相应地,写作的行文思路需要与写作的读者定位和目的指向有所不同。不过,有时,可能两种目的指向可能需要同时兼顾。例如2020年高考全国三卷的作文题:

阅读下面的材料,根据要求写作。

人们用眼睛看他人、看世界,却无法直接看到完整的自己。所以,在人生的旅程中,我们需要寻找各种"镜子"、不断绘制"自画像"来审视自我,尝试回答"我是怎样的人""我想过怎样的生活""我能做些什么""如何生活得更有意义"等重要问题。

毕业前,学校请你给即将入学的高一新生写一封信,主题是"如何为自己画好像",与他们分享自己的感悟与思考。

要求:结合材料,选好角度,确定立意,自拟标题;不要套作,不得抄袭;不得泄露个人信息;不少于800字。

这道作文题以"如何为自己画像"为主题,实际上是在探讨一个哲学命题——怎样审视自我。考生需在寻找、审视自我之时充分发挥主观能动性,围绕着"如何画好像""画好怎样的像""以什么为画像"等角度展开阐述,将这些

---

① 荣维东.写作课程范式研究[D].上海:华东师范大学,2010:96.

角度与考生的实际生活联系起来,又可以具体从"我是怎样的人""我想过怎样的生活""我能做些什么""如何生活得更有意义"等方面做紧切实际的论述。写作除了可以审视自我之外,还可以通过对他人人生的解构与分析认识到人生的多样性,从而构建起时间、空间甚至思维、情感等多维度的对他人、对世界的认识。写作时如果从"抒发"层面考量,围绕"如何画好像""画好怎样的像""以什么为画像"等角度,结合"我是怎样的人""我想过怎样的生活""我能做些什么""如何生活得更有意义"等方面论述,或者解构分析他人人生,都是服务于表达自己的观点、情感的,属于"为自己写";而"给即将入学的高一新生写一封信"的任务指令又提醒考生在写作过程中必须融入与他人书信交流的意识,这又无意中实现了写作"交流"的目的。

二、写作的过程

(一)无限定的自主写作的过程

一般来说,在没有特定的主题或话题限定的情形下,作者进行自主写作时,写作的过程大体可以分为创作积蓄、创作构思和创作实践三个阶段,也可以简单概括成写作是由"物"及"意"再到"文"的过程。

1."物":准备与蓄积阶段

从宽泛意义上讲,写作的准备和蓄积是一个极其漫长的阶段,眼中所见、耳中所闻,任何客观事物投射到写作主体的外形、特征,都可以称之为"物",当然也包括写作主体能触碰或者感受到的一切人类文明的成果。但是由于不同的写作主体在认知能力、生活阅历、情感特质和思维形式等方面存在着差异性,所以他们在"物"的储备上也必定存在差异性。

2."意":孕育与构思阶段

写作主体感知"物"的同时,调动心理认知和情感的熔铸,赋予"物"二次生命,即建构出内在的意象,再施以想象的创造、理性的定型,整个构思的有序化和整体化就催生了作品的雏形。

3."文":谋篇与行文阶段

把构思形成的写作雏形以书面语言的形式呈现出来,形成作品,就是实现内化到外化的过程。但这一过程并不是原封不动地照搬构思成果,语言外化的过程依然在写作技巧、语言表达上对写作主体有着极高的要求,这个过程是构思精细化、完善化的创作过程。

（二）限定命题写作的过程

当写作是在他人给定的命题,要求在一定的写作主题或话题这种特定情境下,写作的过程与前述的无限定的自主写作的过程又有些差异。

1. 审题与立意阶段

审题是准确析读作文题中的所有信息,通过深入思考和反复推敲理解作文题中的含义,明确写作要求,确定写作范围和重点的过程。审题的终极目标是准确到位、不偏不倚,命题意图、写作对象、选材范围、中心表达、文体选择等方面的问题都尽量在审题这一步骤完成。

"文以意为主","意"就是文章的主题。所立之意是文章的核心与灵魂。立意即确定文章的主题,立意要做到准确、深刻、鲜明、集中。准确即要运用正确的观点和方法反映客观事物的本质和规律,深刻即主题能深刻地反映事物的本质,鲜明即主题要表现的基本意思(赞成什么、反对什么)要旗帜鲜明、毫不含糊,集中即一篇文章的目的性要单纯明确、重点突出。

2. 构思与选材阶段

构思是创作过程中最重要的环节,刘熙载《艺概·文概》中云:"文以炼神气为上半截事,以炼字炼句为下半截事。""炼神气"即指构思。构思是指写作主体在写作过程中所进行的在确定主题后选择题材、研究布局结构和筛选适当的表现形式等的思维活动。

选材这一步就关涉到更具体的写作内容,主要指写作主体选择最适合写作意图的素材。要求写作主体在大量的前期素材积累的基础上进行甄别、挑选,选择出最具典型性的新颖、生动的创作素材。

3. 谋篇与行文阶段

完成了构思、选材,接下来对所选择材料的组织、结构的安排等做的整体谋划就是写作的谋篇步骤了。一篇文章的谋篇,既包含整体结构的规划,例如议论文选择并列式或者层进式结构,也包括局部结构的安排,如议论文并列式结构中各个分论点的排布,写人的记叙文在表现人物性格上的抑扬处理等。

4. 修改与润色阶段

面对已起草好的作文,修改、润色的习惯很重要。写作者通过整体浏览,从全局出发,看文章中心是否明确,看所选材料是否紧扣中心;再考虑文章整体框架方面的环节,看文章结构是否紧凑,布局详略是否合理,过渡是否自然。从全

篇入手进行修改,统观全局后,局部修改要重视开头和结尾的修改、段落语言
(包括句式、词语、修辞等)的修改。

三、写作教学的理念与过程

(一)写作教学的理念

中学阶段的写作教学既要回归学生本体,又要紧扣当下,真正做到"人"与
"文"的统一。我们以为,写作教学要遵循以下的相关理念。

1.生活化理念

长期以来,写作教学总被教师一味教"怎么写"垄断,以致学生在教师设定
的写作条条框框中丢失了自我,即便写出了优秀的作品,也只是老师或者阅卷
老师等少数人眼中的"优秀作文",学生的写作总是被"要我写"框定了种种。
而写作教学旨在促进学生以书面表达来抒情达意,为学生未来发展所需的书面
表达能力的形成奠定基础。因而,写作教学努力将生活与写作相结合,实现从
写作方面来实现生活语文化、语文生活化,促进将生活中的所思、所想、所感在
写作中表现出来,真切享受到写作带来的愉悦感和幸福感,实现从"要我写"到
"我要写"的转变。为此,教学中可以定期写随笔、编写原创作品集等方式给学
生留一块自由创作的小天地。随笔、原创作品(如"青春"诗集、"我手写我心"
格言集、"家书"集等)等文学性写作是学生积累创作实践的重要形式,更是学生
抒写真性情的天地,语文教师要悉心呵护。

2.个性化理念

写作教学的个性化理念指的是教师在指导学生写作时,要充分肯定学生的
个性化元素在写作上的运用,包括容许学生表达自己独特的观察结果、感受和
体验,要能讲"真话""实话",能自主选择自己的写作内容和表达形式,鼓励语
言创新和个性化,为学生的个性化写作保驾护航。为此,评价学生的作文时,教
师需要努力发现学生作文的闪光之处,优秀作品可以是全篇的,也可以是局部
的,教师不吝赞美之词也是对学生个性化写作的最大肯定。

3.过程性理念

教师要在学生"怎么写"的过程中起到引导、指导和督导的作用。"怎么
写"的过程既包括写作前的感知、体验、思考和素材积累,又包括写作过程中的
构思、谋篇和修改,教师精心设计每一堂写作课以教授、规范且努力夯实学生的
写作认知。写作教学不应执着于写作知识的灌输,而应注重针对具体情境下的

学生写作过程中出现的问题进行实时性的指导。

如李白坚老师为了指导学生如何写得生动,没有给学生讲授大量相关的知识,而是通过在课堂上给学生创设一个具体的情境,然后让学生结合情境进行写作,在学生写作时给予切实的指导,让学生对如何写得生动真正在写作实践中实现内化。李老师在课桌和讲台间拉了一根具有弹性的橡皮筋后,自己跨橡皮筋,让学生进行观察写作。为此,李老师跨过橡皮筋的整个过程,他以慢动作的方式来进行。先准备,一只脚抬起来,跨过去,再慢慢将脚落下来。李老师将一个简单的只是一瞬间的跨橡皮筋的动作分解后以慢动作的方式完成。在此,李老师没有像一般的做法那样,强调为了写得生动要用好词好句,不是从言辞表达层面来落实指导学生写得生动,而是从写得具体的角度来指导学生写得生动。而且,李老师不是自己单向地讲解如何写具体以实现写得生动的知识,而是通过情境的创设让学生感受与体验具体的过程。他通过把一个瞬间就能完成的事情展开,把一个连续性动作构成的事情分解开来,然后让学生将这些展开与分解开的细节进行描写,让学生切实地体验仔细观察是怎样的,真切地经历和感受这个过程,而不是抽象地告知学生要仔细观察以及为什么要仔细观察。

4.开放性理念

一方面,写作教学不应就写作而谈写作,很多时候需要将写作与阅读等领域相结合,拓宽学生写作的时空和学生写作的视野,读写结合、以读促写,将课内外阅读与写作相融合。另一方面,要将写作与生活沟通,丰富学生对生活的直接体验。这样,阅读与生活分别从间接体验与直接体验两方面不断地丰富学生的体验,深化他们对自然、社会与自我的认识与思考,使得学生能够时时处处有话要说、有事要叙、有情要抒、有意要表,甚至可以借助现代信息技术手段实现写作类型、写作机会的开放性。

(二)写作教学的过程

一般而言,写作教学的过程大体如下:

1.教师引导,学生定向

写作教学在目标设定之前要有全局观,即根据学段特点和教材编排顺序明确不同学期的教学内容,根据这些教学内容做教学目标的分割,并对每一次作文教学做效果预设。教师还要根据教学过程中学生写作遇到的瓶颈问题、典型错误和教学欠缺进行有针对性的教学目标设定,这是教师充分掌握学情而对写作教学有着全局性的预判。阶段性写作教学预判是可以提前告知学生的,以方便学生在日常生活中能提前做好相关阅读、素材和写作方法积累。例如,部编版八年级上册第二单元的写作任务是"学写传记",教师可以根据传记的基本要素设计好导学单,提出"给十来岁的自己写一段自我介绍"的写作任务,引导学生对自己值得纪念的经历进行回顾和提炼,甚至可以打开思路,突破时空限制,做些奇思妙想,形成一些与众不同的创意性材料,然后从选材、剪裁、构思到细节的推敲、手法的运用,甚至是用词的斟酌等方面引导学生有初步的定向。

对于每次具体的写作教学,教师自身需要有着明确的教学目标,并在教学起始阶段通过一定的方式引导学生明确当次写作的学习目标,学生也基于此明确当次写作的核心要求是什么,指向于什么。学生因此对于当次写作教学的目标能够心中有数,以更积极主动地参与。

2. 教师指导,学生写作

设定好写作的教学目标后,教学过程的设计就要集中在写作知识讲解、写作范例分析和写作实践三个部分,其中写作知识讲解要做到翔实,要让学生在概念理解上扫清障碍;典例分析上一定要有的放矢,抓住典例的突出特点做针对性讲解,不可面面俱到;学生的写作实践也需要指导学生一文一得,通过多次实践熟练掌握不同的写作规律。

以八年级上册第二单元"学写传记"为例。教师进行写作指导时,可以围绕"给十来岁的自己写一段自我介绍"这个具体写作任务为学生设计三合一的身份,即"传记研究者""传主""传记作者"三合一,然后从研究传记典范着手,回顾传记的常见写法、经典事例,再为自己列出十五年成长大事记,列举并筛选出真实、能突显传主个性特点的事件,并借助细节等描写手段进行文学性还原,做好这些片段写作后,再指导学生借助线索做好文章结构的排布,最后修改成文。

3. 教师批改,学生参与

对于教师批改学生的作文,在尽可能的条件下,能够面批是最佳的。针对批改作文只见文不见人的情况,叶圣陶先生说:"老师批改作文的时候,最好把作文的学生招来,问清楚了他是怎么想的,然后跟他商量该怎么改,或者指点他自己去改。"这就是面批。面批之时,老师和学生可以充分交流,了解学生到底是怎么想的,某种想法怎么表述更清楚,前后句子之间怎么连接起来逻辑关系更清晰,教师可以启发或者推荐具体说法供学生参考。这样一来,学生知道为什么要改,可以比较修改前后的优劣,更重要的是,学到了老师修改作文的方法。如果不能面批,叶圣陶先生也提到了另一种方法:"批改只应注意于谬误之推理,不通之字句。外此之事,不妨于发还时评论及之。如某处意义有未完之处,补入如何如何一层,则较完整而周密;某处字句有粗疏之嫌,倘作如何如何说法,则较精当而经济。"就是说,在发作文本的时候,要跟学生具体说明文章存在哪些问题,并给出修改的方向或方法。按照叶圣陶先生的说法,这样做"既重视学生精究之心,亦不失教者辅导之旨矣"。

同时,积极引导学生自批和互批作文也是有效的举措。学生自己批改作文,在一定意义上真正解决了批改的核心问题,即改什么、为什么改、怎么改。改,从表面上看,改的是写在纸上的稿子,实际上是审核并修改完善所想的东西,使它尽可能符合表达的需要。从内容上看,正确不正确当然是首先要审核的。从表达的方法和方式来看,有什么话是没有说明白的,有什么话是不必说的,有没有换个说法更恰当的,有没有让读者看了会产生误会的,这些也是需要审核的。"改"与"作"关系密切,"改"的优先权应该属于作文的本人,所以作文教学要着重培养学生自己改的能力。教师教学的重点应放在引导和指点学生,使他们养成改的习惯上,而不是越俎代庖,替学生去思考,去作文。

4. 交流讲评,共享互促

一般来说,进行作文讲评的步骤大致如下:先概括地讲一讲本次作文总的情况和主要优缺点,然后重点讲评一两个问题(或一篇作文),最后让学生修改订正,或写作文后记。

作文讲评的方式大体有如下几种:一是综合性讲评,即从思想内容到写作方法,比较全面地对全班学生的作文加以总结,并结合有关写作知识进行讲评,使学生对自己的作文情况有个基本的认识。综合性讲评要注意有点有面,每次讲评分析说明的问题要有重点,以点带面。二是专题性讲评,即集中作文中的一两个问题,通常是学生作文中普遍存在的问题,结合有关写作知识,进行深入的分析讨论。也可以针对某些要领(比如记叙文的选材),进行条分缕析、有理有据的讲评,让学生掌握不同文体的写作要领。三是典型性讲评,选出一两篇优秀作文进行深入分析和指导。这种讲评可以由教师讲评,也可以组织学生讨论,或者师生共同分析讨论。四是比较式讲评,通过比较显示文章的优劣。比较式讲评有几种类型:内容充实的同贫乏的对比、结构紧凑的同松弛的对比、语言文字好的同差的对比、学生的作文同范文对比、改后的作文同原作对比、各有特色的两篇好作文的对比等。

四、写作教学设计要领

(一)写作指导课的设计要领

1.教学目标要细化

不论是什么文体的写作,都不可能单靠几次作文课训练就能让学生熟练掌握、融会贯通,而每一种文体都需要结合学情落实具体而细致的教学目标。每一次聚焦一项内容或能力点——最核心的能力甚至要用数节课的时间来落实。要将写作要求变成写作方法,把整体要求分解为具体要求,例如议论文"引用论证法"中包括"直接引用法""逆向反推法""诠释证明法""归纳推理法""演绎推理法""引申推理法",这些引用论证方法在写作中的具体写法需要设计对应的课程——讲解、分析并加以语段训练。

2.过程指导要具体

教学目标确定后,写作教学设计需要围绕教学目标设计好周全具体的过程化的指导,这样,教师在写作指导课的教学过程中,才能避免在指导时只涉及一般要求。通过教学主线,及时对指导过程精心设计与步骤细化,教师在课堂写作指导时才能切实对学生进行有针对性的具体指导。如教学生"描写物品",不可只是告知学生"描写要具体生动",而是需要将描写分解成一些具体的步骤,并让学生分别在下面这些具体的步骤完成一些具体的描写:一是有什么(叙述:什么物品及其数量等);二是物品是什么样子(描写:大小、颜色、状态、属性、与其他事物的关系等);三是物品看起来像什么(比喻、拟人等)。

为了实现教学设计时过程指导的具体化,教师需要从以下方面来加以努力:一是需要将作文能力的构成要素加以分解,如观察、描写、议论、虚构、写实、审题、立意、构思、选材、谋篇、修改等。二是将分解出来的作文能力构成要素依据一定的逻辑关系进行序列化,设计好对应各训练点的具体可操作的训练步骤。三是每次写作指导课以"一课一得"的理念来进行设计,不贪多求全。四是在分项训练的同时又尽量兼顾综合性的写作能力训练。

3.情境与目标要一致

写作任务情境的设置是写作教学设计中的重要一环,任务情境的巧妙设计能激发学生的创作热情,使学生在情境的驱动下自觉地将写作的相关知识运用到写作实践中去。例如,《林教头风雪山神庙》中关于巧借道具(花枪、葫芦等)与展现人物性格的讨论结束后,有教师就给学生布置了一道作文题,让学生在常见用品中选择两到三样道具描写身边的一名同学,要求物品必须服务于人物的性格特点。

4.教学规划要体系化

写作教学设计不能只是对课堂进行单一的设计,从导学到课堂教学实施,再到学生作文批改和讲评,都是写作教学设计中必不可少的环节,甚至整个学期、学段的写作设计都要系统化,这一点在教学实际中是困难重重的。很多时候,课时分布不均衡、课时量不够,往往挤占的就是写作教学的时间,教师很难对写作教学有系统规划和有效实施,但是,唯有有序、系统的写作教学设计和实施才能在教学实践中真正对学生的写作能力提升起到持续有效的帮助作用。

(二)写作讲评课的设计要领

1.讲评要有针对性

教师在批改学生作文时,需要随时对学生作文的相关情况加以记录,对全体学生作文的主要优点与不足以及典型例子等要做到心中有数。并且,由于不同学生的作文可能各有其优点与不足,教师还应对学生习作中的优点与不足进行归纳分类,避免眉毛胡子一把抓。课堂教学的时间极其有限,作为集体讲评的写作讲评课难以对每一位学生作文中的优点与不足都涉及。这样,教师对于学生作文的真实情况了然于胸,在讲评时才能做到有的放矢。每次的写作讲评课对学生的作文进行讲评时,需要将每次的讲评与写作教学的整体计划相结合,讲评时需要基于此次学生写作的目标加以设计。同时,兼顾该次学生习作中存在的典型性不足,有针对性地选取某一类或某一种共性的问题来给予关注。二者相结合,以使写作讲评课能与自己预设的整体写作教学计划建立联系,使写作教学整体上具有一定的系统性,而非脚踩西瓜皮滑到哪里算哪里,完全随意;同时,又能实现以学定教,基于学生的学情,从学生作文中存在的问题出发,加以有效地适需性指导与训练。

2. 讲评要具循证性

写作讲评课总是需要对学生作文的优点和不足加以点评。但不管对学生作文的优点加以欣赏还是对其作文中的不足加以点评时，都不应只有抽象空洞的结论，而应展示相应的依据，以使学生明确。教师对学生作文进行评价时，评到"点"了，对其精彩之处说到具体的点上，学生会感受到此非教师的空洞的表扬，而是有切实的依据的；教师对于学生作文中存在的不足，也应确切地指出，把学生写作中存在的一些共性的不足加以梳理，集中性地出示，以让学生真切地意识到写作中所存在的问题。这样，学生作文中的优点可以让这些方面还存在不足的学生吸取自己同学作文中的优点进行学习，从而更能感受到写作时要在这些方面写得好是可行的，而不是遥不可及的；对于作文中所存在的不足，因为的确是存在的，所以训练是所需的，学生内心有着更强的心理认同感，也不会排斥，而会认真地正视与对待，相应的训练效果也会更好。

3. 讲评素材要多元

不少教师进行写作讲评时常常习惯于只选优秀的学生范文作为讲评材料，虽然范文能够为学生的写作提供借鉴，但难以引起全体学生的共鸣与体验。因此，写作讲评时不仅要适当地引入优秀的学生范文，更要关注多数学生的普通作文，以更好地将学生写作中的共性问题体现出来，使多数学生能够明确自己写作中的优点与不足，进而加以改进。这样，写作讲评课既有"高大上"的佳作观摩与赏评，又有"接地气"的一般习作的分析与评改。

4. 评练要联动

"文章不厌百回改"，得法的批改虽然对于学生的写作能力的提高有帮助，但这只是外因，只有学生自己多写多改才是其写作能力得到提高的根本原因。写作讲评后，教师还要引导学生愿意、乐意和善于结合讲评对自己的作文进行修改。为了促进学生的修改能够具有更高的实效，教师不妨引导全班学生针对该次写作的学习目标构建一个相应的评价量表，将讲评的相关要求以及该次写作希冀学生达到的要求乃至在写作指导课上已讲授的相关知识与内容等融入评价量表中，然后学生结合评价量表对自己的作文进行修改，并在修改后还可以让学生再次依据评价量表对自己修改的作文进行自评或互评，以更好地内化写作的相关要求，并通过修改与评价自己的作文而不断地提升写作能力。

案例分析

一、写作指导课教学设计示例与分析

语言要连贯

授课者:首都师范大学附属中学刘萍

本案例为国家中小学网络云平台部编版八年级上册第四单元写作教学《语言要连贯》的示范课,该写作指导课的教学过程如下:

一、导入

教师以简洁的几句话从突出写作语言连贯的重要性切入引出新课讲授内容后,给出"语言连贯"的定义:"语言连贯是指说话或写作时,词与句、句与句、段与段、段与篇之间连接自然。"

【分析】"语言连贯"这个知识点是八年级上册第四单元的写作单元的教学内容,是紧跟在一定量的散文阅读之后的。也就是说教师在引导学生品读经典作品的时候已经涉及不少关于语言的鉴赏知识了,这时候学生对"语言连贯"已有一定的认知,但是还没有引起足够的重视,尤其是还没有对照自己的写作实践进行"语言连贯"的思索琢磨,所以导入就亮出"语言连贯"的定义,能让学生从理论上对"语言连贯"有清晰的认识。

二、任务一:回顾所学,写作话题要统一

引入:"文章的作用,在把自己的思想传达给别人。"(梁启超)

(一)读佳作,析要点

1.语篇层面

引导学生回顾刚刚学过的汪曾祺先生《昆明的雨》中作者描绘的对象:

仙人掌、菌子、杨梅、缅桂花、卖杨梅的女孩和卖缅桂花的房东太太

这些描写对象看似杂乱无章,却都是昆明的雨滋润的人、事、物、景。全文围绕着"昆明的雨"展开叙事描写,能让读者清晰地感受到扑面而来的雨的气息,由此可以得知:文章要保持话题的前后统一。

【分析】趁着刚刚学完的热乎劲,老师就将《昆明的雨》的"形散神聚"与文章话题的前后统一巧妙地结合了起来,简单明了。

2.语段层面

引入:"在语言表达中,段落是极其重要的,能够写好一段,一定能写好一

篇。"（张志公）

依然以《昆明的雨》为例，教师引导学生具体回顾写昆明菌子的语段：

昆明菌子极多。雨季逛菜市场，随时可以看到各种菌子。最多，也最便宜的是牛肝菌。牛肝菌下来的时候，家家饭馆卖炒牛肝菌，连西南联大食堂的桌子上都可以有一碗。牛肝菌色如牛肝，滑，嫩，鲜，香，很好吃。炒牛肝菌须多放蒜，否则容易使人晕倒。青头菌比牛肝菌略贵。这种菌子炒熟了也还是浅绿色的，格调比牛肝菌高。菌中之王是鸡㙡，味道鲜浓，无可方比。鸡㙡是名贵的山珍，但并不真的贵得惊人。一盘红烧鸡㙡的价钱和一碗黄焖鸡不相上下，因为这东西在云南并不难得。有一个笑话……这笑话用意在说明昆明到呈贡的火车之慢，但也说明鸡㙡随处可见。有一种菌子，中吃不中看，叫做干巴菌……还有一种菌子，中看不中吃，叫鸡油菌……

引导学生分析，语段第一句"昆明菌子极多"为段中心句，接下来的"随时可以看到各种菌子"提示后面的文字将围绕着昆明雨后各种各样的菌子展开描写，文段也做到了话题的前后统一。

【分析】在这个步骤中，教学重点是通过回顾所学文章理解从全篇到语段"话题前后统一"的重要性，就所学提炼知识点，学生容易接受。

（二）改文段，明策略

教师展示学生习作中的部分语段：

伴着放学铃声的响起，我背起书包，抓起棉衣，急急忙忙走出了学校。天空湛蓝，路边与往常一样挤满了放学的学生。我连走带跑地往家赶，因为今天是很重要的日子——我的生日。虽然我对蛋糕和礼物的盼望，已经不像小时候那么急切，但我仍希望，爸爸妈妈可以给我一个惊喜。回到家，深吸一口气——好香啊，都是我喜欢的菜，还有妈妈做的好吃的排骨！

晚饭后，妈妈笑着对我说："赶快洗手，去房间看你的生日礼物。"我心下一喜，三两下洗好手，一边在裤子上抹着手上的水珠，一边跑进房间，只见一个包装精美的长方形纸盒躺在桌子上。我从铅笔盒里拿出剪刀，小心地拆开包装，一束鲜花便呈现在我面前了。

我先闻到了尤加利叶的气味，那种味道就像揉碎了的薄荷叶的香气，又像是初春的青草和新锯开的木桩混合的气息。拨开这一层墨绿厚实的尤加利叶，可以看到洋桔梗紫色的花瓣,半透明的,比纱还要薄,层层叠叠,像油画中贵妇的裙摆,高贵优雅。还有紫罗兰,一朵朵开得密密麻麻,散发出独特的花香。又有几枝澳梅,长着松针一样的叶子和粉红的小花,最底下是粉色的郁金香,花朵还没有完全开放,有几个花苞鼓鼓的,像挂在枝头的海棠果。

——《爱在鲜花里》作文片段(原稿)

教师引导学生就文章与语段的话题前后统一对以上学生习作片段做分析,并提出修改策略:

一是巧设中心句,明确写作话题;

二是删改与话题没有关系或关系不大的语句;

三是增添与话题密切相关内容的描写,充分展现话题。

修改后:

伴着放学铃声的响起,我背起书包,抓起棉衣,连走带跑地往家赶,因为今天是很重要的日子——我的生日。虽然我对蛋糕和礼物的盼望,已经不像小时候那么急切,但我仍希望,爸爸妈妈可以给我一个惊喜。"赶快洗手,去房间看你的生日礼物。"晚饭后,妈妈笑着对我说。我心下一喜,三两下洗好手,跑进房间,只见一个包装精美的长方形纸盒躺在桌子上。我拿出剪刀,拆开包装,一束鲜花便呈现在我面前了。

教师分析:这一段删去了与主题无关的语句,通过动作和心理的描写突出了"我"对生日礼物的渴望。

我先闻到了尤加利叶的气味,那种味道就像揉碎了的薄荷叶的香气,又像是初春的青草和新锯开的木桩混合的气息。这种香气闯入鼻腔的那一刻,顿时感觉仿佛来到了清新静谧的大森林,让人心旷神怡,怪不得妈妈说尤加利放在房间里可以提神醒脑呢!拨开这一层墨绿厚实的尤加利叶,可以看到洋桔梗紫色的花瓣,半透明的,比纱还要薄,层层叠叠,像油画中贵妇的裙摆,高贵优雅。还有紫罗兰,一朵朵开得密密麻麻,散发出独特的花香。原来妈妈一直记得我最喜欢紫色,这几枝紫色的花儿带着梦幻般的神秘,我着实喜欢。深深浅浅的紫色中点缀着几枝开着粉红小花的澳梅,再加上几枝含苞待放的粉色的郁金香……一束花使得整个房间充满了温馨。望着满脸笑意看着我的妈妈,我深深地沉浸在这充满花香的爱里。

教师分析:"这种香气闯入鼻腔的那一刻,顿时感觉仿佛来到了清新静谧的大森林,让人心旷神怡,怪不得妈妈说尤加利放在房间里可以提神醒脑呢!""原来妈妈一直记得我最喜欢紫色,这几枝紫色的花儿带着梦幻般的神秘,我着实喜欢。""一束花使得整个房间充满了温馨。"这些句子的加入不仅表达了"我"对鲜花的喜爱,也传达了妈妈的爱。"望着满脸笑意看着我的妈妈,我深深地沉浸在这充满花香的爱里。"这句话突出了整个段落的情感表达。修改后的语段从"盼惊喜""见惊喜"到"感惊喜"都紧扣"爱在鲜花里"这一主题。

【分析】针对学生习作就话题前后统一这个知识点进行分析解构,并提出极具指导意义的修改方向,这能让学生迅速调整写作方向,修改到位。

三、任务二:分析经典,写作要言之有序

引入:"思想是有一条路的,一句一句、一段一段都是有路的,好文章的作者是绝不乱走的。"(叶圣陶)

(一)选一选,细揣摩

我必须是近旁的一株木棉,作为树的形象和你站在一起。_____每一阵风过,我们都互相致意。

①叶,相触在云里;根,紧握在地下。

②根,紧握在地下;叶,相触在云里。

教师分析:注意前后文描述的对象要一致。

(二)品经典,拓思路

感　谢

汪国真

让我怎样感谢你,当我走向你的时候

我原想收获一缕春风,你却给了我整个春天

让我怎样感谢你,当我走向你的时候

我原想捧起一簇浪花,你却给了我整个海洋

让我怎样感谢你,当我走向你的时候

我原想撷取一枚红叶,你却给了我整个枫林

让我怎样感谢你,当我走向你的时候

我原想亲吻一朵雪花,你却给了我银色的世界教师分析:诗中"春风""浪花""红叶""雪花"等意象,让读者既感受到诗人通过春、夏、秋、冬时序的轮转变化表达感谢之情,也能读出少年意气、两鬓微霜的人生变迁。

桃树、杏树、梨树,你不让我,我不让你,都开满了花赶趟儿。红的像火,粉的像霞,白的像雪。花里带着甜味儿;闭了眼,树上仿佛已经满是桃儿、杏儿、梨儿。花下成千成百的蜜蜂嗡嗡地闹着,大小的蝴蝶飞来飞去。野花遍地是:杂样儿,有名字的,没名字的,散在草丛里,像眼睛,像星星,还眨啊眨的。

——朱自清《春》

教师分析:从枝头繁花写到花下的蜜蜂,再到遍地的野花,以空间为顺序,层次井然,语言连贯,一幅生机盎然的春花图如在眼前一般。

月亮上来了。是一轮灿烂的满月。它像一面光辉四射的银盘似的,从那平静的大海里涌了出来。大海里,闪烁着一片鱼鳞似的银波。沙滩上,也突然明亮了起来,一片片坐着、卧着、走着的人影,看得清清楚楚了。啊!海滩上,居然有这么多的人在乘凉。说话声、欢笑声、唱歌声、嬉闹声,响遍了整个的海滩。

月亮升得很高了。它是那么皎洁,那么明亮。夜已经深了。沙滩上的人,有的躺在那软绵绵的沙滩上睡着了,有的还在谈笑。凉爽的风轻轻地吹拂着,皎洁的月光照耀着。让这些英雄的人们,在这自由的天幕下,干净的沙滩上,海阔天空地尽情谈笑吧,酣畅地休憩吧。

——峻青《海滨仲夏夜》

教师分析:这段文字描写了一幅静谧、美好的生活图景,写到了月亮、大海、海滩和海滩上的人们,涉及的内容繁多,但是人、事、物、景、情恰到好处地融合在一起,语言自然连贯,这得益于作者讲究章法,言之有序:从"月亮上来了"到"月亮升得很高了",再到"夜已经深了",暗示出时间顺序;从空中的满月到闪着银波的大海,到沙滩上的人们,体现出空间顺序;因灿烂的满月有了明亮的沙滩,因沙滩明亮了,才看清楚了沙滩上乘凉的人们,因而才有了对生活的感悟,由因到果、由情到景,这又体现出内在的逻辑顺序。

【分析】这个环节从对经典作品的分析入手,让学生透过名家的笔法理解时间、空间、逻辑等顺序能让语言的表达言之有序,这是进一步在理论上帮助学生加深了认识。

（三）学以致用

题目：《最美的一角》

要求：（1）适当运用时间、空间或逻辑顺序；（2）叙事、写景皆可；（3）200字左右。

学生习作：《最美的一角》

这是一间独特的画室，坐落在鼓楼大街一个不为人知的角落。外观只是朴素庄重的黑灰色砖墙和一扇简单的玻璃推拉门。在晨晖的映衬下，小小的建筑更显典雅。走进它，你会被它的简洁淡雅所吸引，黑色的天花板上点缀着些繁星，更衬出它的静谧。没有繁复的装饰，有的只是墙面上的一幅幅画作，无声地彰显着各自的美丽。

二楼是一间工作室，有几个人正在用画笔点缀着自己的画布，他们沉浸在自己的世界里，描绘着心中美好的画卷。赏画、作画，这样的美好氛围可以让人在这里消磨整日的时光……待到离开时，回望，那繁华都市中黑灰色的一隅，在多彩的霓虹下更显出沉静的美好，使我的心也沉静，是为心中最美的一角。

教师分析：小作者在文段中利用从早到晚的时间顺序，带我们领略了画室清晨和暮后的典雅沉静；利用从外到内的空间顺序，让我们感受到画室从外观到内在的简洁安适；由景到情的逻辑顺序深化了文段主题最美的内涵；写作顺序的恰当运用可以使文章的思路清晰、主题明确。

【分析】前面两个步骤从所学到经典，更多的是从理论上强化对语言连贯知识点的讲解，此步骤明确写作任务后让学生放手习作。"最美的一角"的写作任务也很符合学生的生活实际，学生容易有话可讲，有东西可写。

四、任务三：通过对比，感受写作中的衔接过渡

（一）巧对比，辨优劣

A.我离开仙台之后，多年没有照过相，状况也无聊，说起来无非使他失望，连信也怕敢写了。经过的年月一多，话无从说起，有时想写信，又难以下笔，这样的一直到现在，没有寄过一封信和一张照片。

B.我离开仙台之后，就多年没有照过相，又因为状况也无聊，说起来无非使他失望，便连信也怕敢写了。经过的年月一多，话更无从说起，所以虽然有时想写信，却又难以下笔，这样的一直到现在，竟没有寄过一封信和一张照片。

教师分析:B段一系列关联词的使用更明确地交代出鲁迅离开仙台后没有写信的原因,道出了鲁迅离开仙台后一直没有给藤野先生寄照片和写信件的复杂心理状态和深深的遗憾。相较之下,A段情感表达毫无波澜,句子零散,情感平淡。

句子的连贯就是思想情感的连贯,适当运用关联词可以使语言连贯,从而准确表达情感。

(二)思所学,寻典范

语言连贯还要关注句式结构的衔接与呼应,相同句式紧密衔接,段落结构前后呼应,如《与朱元思书》一文开篇写"奇山异水,天下独绝",接着分别描写了"异水""奇山",总分式的结构充分体现出语段的前后照应和连贯统一。

教师总结:

> 紧扣话题不偏离,中心句法效果奇;
>
> 增删添改有依据,表达先后讲顺序;
>
> 巧设关联过渡语,语言连贯文清晰。

一篇文章怎样才算得"通"?"词"使用得适合,"篇章"组织得调顺,便是"通"。反过来,"词"使用得乖谬,"篇章"组织得错乱,便是"不通"。(叶圣陶)

【分析】在前两个任务实施之后,任务三的设计主要涉及语言逻辑与语言连贯的关联,这一环节教师并没有过多讲解,只是从关联词、过渡句服务于作者表达思想、情感这一层面上略做分析。

【总分析】该写作指导课中,教师就"如何使语言连贯"这一抽象的问题加以细化,从话题要统一、要言之有序、要注意自然衔接与过渡这三个方面对学生加以具体的指导,很好地体现了在教学目标上的细化这一设计要领。同时,在具体的教学过程中,教师从学生习作中存在的问题选取了相应的语段,引导学生在课堂上基于教师的引导加以修改,在学生修改的过程中进一步进行有针对性的指导,体现了过程性指导,并且指导得很具体。另外,教师针对话题要统一、要言之有序、要注意自然衔接与过渡这三个方面来实现语言的连贯,设计了从经典作品、经典语段中找思路、找方法的环节,以此来指导课堂写作。而且,该指导课还设计了《爱在鲜花里》作文片段修改和《最美的一角》200字左右文段写作这样两个课堂写作任务,修改和创作内容符合八年级学生的生活特色。

实践演练

一、下面是一位语文老师针对一位学生作文中存在的问题的实际情况，引导学生在写作讲评课时共同构建了一个有针对性的评价量表，之后，要求该学生依据该评价量表重新修改其作文中的这一个语段。请您就该教师此写作讲评课的相关做法进行评析。

修改前的学生作文《谢谢你，亲爱的王老师》中的一个语段：

王老师看了小张一眼，耐心地回答着。我也上去，也想顺便问问题，可小张一直占用王老师，只好退回去。这个问题一直问到快要上课才解决，小张神采飞扬地摇摆回位子，解决世纪难题的感受好像不错，同学们想。

记叙文人物叙述的要求之评价量表		
等级	表现	
	叙述的人称与视角	叙述的腔调
A+	根据主题、情感表达所需，选用适宜的叙述人称、视角；通过角度的选择和控制，引导读者从最佳的角度观照、进入作品的现象世界	叙述腔调有个性特色，切合叙述人身份
A	人物、视角运用对主题、情感表达起到了积极作用	叙述腔调符合人物身份，文中人物言语腔调大体符合人物身份
B	自然状态下运用人称、视角，有部分地方禁不住推敲	叙述腔调学生腔比较严重，人物腔调缺乏个性，大众化
C	缺乏人物、视角运用的意识，人称、视角运用混乱	人物腔调与人物身份不太一致，甚至有叙述腔调混乱不一致的现象，叙述腔调低幼化

学生自我对照评价量表发现其所存在的问题，然后再依据作文中存在的问题，对照评价量表进行修改。学生根据评价量表的各级具体表现对作文加以修改，修改后如下：

王老师瞄了一眼小张，又看了一眼题，讲解起来。这时，我也拿着练习本上去了，可小张一直占用着王老师，不停地问问题，一副不问到上课不罢休的劲头。看他出神地听、认真地问，我自以为比小张差得太多，在这里站着等，实在是不得体，只好灰溜溜地返回到自己的座位上。

小张的问题一直问到上课铃响，问到我的眼睛嫉妒得冒火才解决。小张若有所思,神采飞扬地回到他的座位上。"像他这样一直问下去,不考第一都难。"我郁闷地想着。

二、自找两篇学生作文,以旁批与总批相结合的方式进行批改,并自找两位中学语文老师各不少于1篇学生作文的批改与自己的作文批改进行比较,分析异同,并思考原因。

学习资源单

1.荣维东.写作课程范式研究[D].上海:华东师范大学,2010.

2.周子房.写作学习环境的建构:活动理论的视角[D].上海:华东师范大学,2012.

3.李白坚.21世纪我们怎样教作文:中学版[M].上海:上海教育出版社,2005.

4.王荣生.写作教学教什么[M].上海:华东师范大学出版社,2014.

5.邓彤.写作教学密码:邓彤老师品评写作课[M].上海:华东师范大学出版社,2018.

第二节　口语交际教学设计

学习目标

1.在理解口语交际的本质和把握口语交际的特征的基础上,领悟口语交际教学的特点。

2.明确义务教育阶段和高中阶段的口语交际教学的课程目标与课程内容。

3.在了解口语交际活动类型的基础上,理解反思性、形成性和技巧性三类口语交际教学的课程内容的特点。依据三类课程内容的特性和口语交际教学的主要路径,评析与设计口语交际教学。

内容提要

第二节 口语交际教学设计

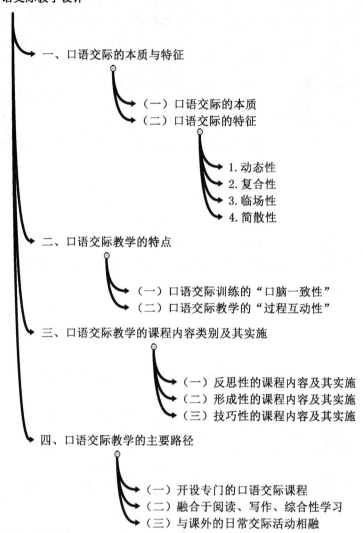

一、口语交际的本质与特征

（一）口语交际的本质

（二）口语交际的特征

1. 动态性
2. 复合性
3. 临场性
4. 简散性

二、口语交际教学的特点

（一）口语交际训练的"口脑一致性"

（二）口语交际教学的"过程互动性"

三、口语交际教学的课程内容类别及其实施

（一）反思性的课程内容及其实施

（二）形成性的课程内容及其实施

（三）技巧性的课程内容及其实施

四、口语交际教学的主要路径

（一）开设专门的口语交际课程

（二）融合于阅读、写作、综合性学习

（三）与课外的日常交际活动相融

一、口语交际的本质与特征

（一）口语交际的本质

广义的口语交际是以口语为载体,实现人与人之间的交往的活动。狭义的口语交际是交际双方为了特定的目的,在特定的环境里,运用口头语言和适当的表达方式进行思想感情的双向互动的一种言语活动。口语交际是人与人之间的交流和沟通,它是一个交际双方双向互动的过程,而非听和说的简单相加。相应地,"口语交际能力"是一种类化了的口语交际经验在特定场景中活生生的显现。在口语交际过程中,一方面,交际双方需具备交际互动过程中的基本素养,这表现为人际交往的文明态度和语言修养,如自信心、勇气、诚恳、尊重对方、有主见、谈吐文雅等。另一方面,口语交际能力与交际主体的思维水平密切相关:发话者思维的敏捷性、灵活性、深刻性、广阔性、批判性在很大程度上影响着说话的条理性、延展性及随机应变的能力;而受话人在听话时也并非一味被动地接受,而是主动地对信息进行分析、综合、比较、分类、预测等认知加工。另外,在口语交际过程中,观察力、注意力、记忆力、情绪调控、联想与想象等能力要素也贯穿始终。

口语交际能力的培养和提高重在实践,重在参与,要在交际中学会交际。课程标准强调以贴近生活的话题或情境来开展口语交际活动,重视日常生活中口语交际能力的培养,而不仅仅是传授口语交际知识。小学阶段侧重听人讲话、听故事、复述、讲述、转述等,初中阶段侧重即席讲话和主题演讲、课堂讨论、应对能力等,高中阶段侧重讨论、辩论、访谈、戏剧表演等,三个学段所涉及的相关口语交际活动都注重口语交际实践能力的培养。

(二)口语交际的特征

与单向的"说话""听话"相比,强调人际互动的"口语交际"具有如下特征。

1. 动态性

口语交际不仅包括单向表述,还包括双向交流。在单向表述时,说话人不仅要考虑如何出口成章、言之有理,还要注意根据听话人的反应调整话题。于是,话题在交互式的交流中,在双方的配合下被逐步推进。

2. 复合性

这体现在两个方面。第一,对于言语行为个体来说,在交际过程中他是发话者,同时也极可能是受话者。第二,对于言语行为来说,完成口语交际必须有多种系统参与,如思维、语言、情感、态势、语境等各种系统互相配合、协调一致才能完成交际任务。

3. 临场性

所有口语交际活动都是面对特定的对象,在特定的语言环境中进行的,因此交际时必须考虑两个方面。第一,要根据具体语境进行言语交流,说话要看对象、地点、时间,合乎分寸。第二,交流过程中根据不同的反馈信息,要善于灵活采用各种交际策略,如解释、重复、停顿、迂回、猜测、转换话题等。

4.简散性

"简"为用语简略,"散"为结构松散。在口语交际尤其是双向交流活动中,这两点尤为明显。其原因,一方面是受时空限制,交际者来不及组织结构复杂的长句;另一方面,在特定的情境中,交际双方往往可以依赖体态、表情、语境等因素会意,无须多费口舌。

二、口语交际教学的特点

(一)口语交际训练的"口脑一致性"

口脑一致性,也就是指言语表达与思维结果的同步性。在口语交际中,人们对听到的外部信息必须快速思考加以处理,并采取合适的方式做出反应。在这一过程中,时间显然比书面交际紧迫得多,对交际双方快速反应能力的要求也高得多。语言是思维的再现形式,思维的训练无法摆脱语言训练而单独完成。"口语交际"教学除了训练学生成功地进行日常口语交际,对思维的全面训练以及充分整合左右脑的思维活动也许是口语交际隐含的最终目的之一。

(二)口语交际教学的"过程互动性"

口语交际是一种能动的、涉及听说双方的言语行为过程,是一个既受主观条件支配又受客观条件支配的动态过程,是一个始终互动的、充满变数和应对技巧的过程。是否"成功地实现了交际意图"是口语交际教学效果的首要衡量尺度。交际者不仅要学习可以使用的言语手段,也要学习言语外的各种交际方式。口语交际这种强调行为过程和意图实现的独特性,即"过程互动性"。口语交际教学在关注一般性语言能力训练的同时还要加强语用能力的培养。

三、口语交际教学的课程内容类别及其实施

按照王荣生老师的观点①②,口语交际活动大致可以区分为"日常生活中的口语交际活动"、"组织中的口语交际活动"和"书面语的有声表达"这三个大类。这三类在课程内容上有差异,日常生活中的口语交际活动,其课程内容主要是"反思性"的;组织中的口语交际活动,其课程内容主要是"形成性"的;而

---

① 王荣生.口语交际的课程内容及活动设计(上)[J].语文学习,2004(11):30 - 32.
② 王荣生.口语交际的课程内容及活动设计(下)[J].语文学习,2004(12):19 - 22.

书面语的有声表达,其课程内容主要是"技巧性"的。反思性的课程内容好比"亡羊补牢";形成性的课程内容好比"雪中送炭";技巧性的课程内容好比"锦上添花"。这三个大类,它们的课程内容和活动设计也各不相同。

(一)反思性的课程内容及其实施

在母语的环境中,学生日夜浸润在口语交际当中。在日常的生活中、在以往的语文学习中,学生形成了一定的口语交际能力,足以应付基本的口语交际活动。然而,他们的日常口语交际可能存在一些缺憾,或多或少地影响了交际的效果。而且,他们对自身存在的缺憾未能意识到,甚至还误以为缺憾是完美。日常的口语交际好比走路,一个乱穿马路的人,并不是不会走路,而是认识不到乱穿马路的错误和危害,甚至还以为走人行道没有必要,乱穿马路理所当然。同样,一个在公共场所高声喧哗的人,并不是因为他不具备轻声说话的技能,而是因为他认识不到轻声说话的必要性和重要性,还以为音量的放大是天生自然。人际沟通中的问题,可能绝大部分是这种情况。学生在日常口语交际中的种种缺憾,是自然养成的,某种缺憾也往往不为某人所独有,而带有相当的普遍性。因而,对大多数人来说,也不太可能在日常口语交际中自然地得到改善。换句话说,是需要在语文课程里"教"的。学生在日常口语交际中的种种缺憾,并不是因为缺乏实践,相反,由于过多地实践了"乱穿马路",乃至习以为常。因而,对于反思性的课程内容来说,应侧重唤醒缺憾的意识,突出反思性。对此,我们可从以下几方面来加以努力,提升其实效。

一是"陌生化"处理。口语交际教学中的活动,原则上不应该是日常生活的简单搬移,而应与日常生活拉开一定的距离,从而使习以为常的生活"陌生化"。

二是讲故事。讲曾经发生过的与学生生活经验能沟通的真实故事,也包括学生讲述(反思)自己生活中的相关经历。故事的主题应该是不成功的交际,或者现在回想起来有缺憾的经历,而不应该是"高人"的"交际艺术"。比如问候和赞美别人,学生在问候时的缺憾并不是不会问候,而是他们没有意识到有些场合需要问候;学生在生活中缺少赞美别人的举动,不是他们不懂得赞美,而是缺少赞美别人的意识。母语课程的日常口语交际教学,不应该去教学生在生活中原本已经学会的东西,而是要教学生还未学会的东西。反思性的课程内容就是要唤醒问候、赞美别人的意识。

三是观看真实生活中交际实情的教学录像,别人的或自己的。由于当前我们缺少此类资源,也缺乏合法获取这种资源的手段,一个可以变通的方法是有意制造一个事端,让学生信以为真,然后观察(原貌记录)学生的交际活动,作为教学中的分析对象;也可以有意识地观察(原貌记录)学生课中、课间、课后的交际活动,选出可以作为教学分析对象的材料。日常生活对学生来说,主要是学校生活,比如"如何让更多的学生参与校报工作""如何使我们的告示板更富吸引力"等等,都是口语交际教学的真实话题。

一般来说,越是日常的口语交际,越需要反思性的课程内容;越是高年级(已经学会了某种类型的口语交际),就越需要反思性的课程内容。但反思性的课程内容,一般只需用较少的课时,主要在于让学生因此而刻骨铭心,即使学生故态复萌,一般也只需提醒即可。

(二)形成性的课程内容及其实施

如果说反思性的课程内容所面对的是像"走路"这样的日常行为,那么形成性的课程内容所面对的,就是"开汽车"那样的在目前还没有成为日常的行为。可以树立这样一个原则,凡是学生新接触的口语交际类型,或者在"质地"上与学生所熟悉的日常生活有较大差异的口语交际活动,都需要形成性的课程内容。一般来说,组织中的口语交际活动,比如讨论、辩论、采访、演讲等,学生在母语的自然浸润中是学不到的或学得不像样的,因而在语文课程中是需要专门"教"的。形成性课程内容所面对的主要是组织中的口语交际,或正式场合的口语交际,以"开汽车"来类比,不会开汽车,是因为缺乏相应的知识和技能。与此类似,不会进行正式的讨论,是因为日常生活中缺少这种讨论的环境,人们很难自然地形成所必需的知识和技能。最能满足形成性课程内容教学需要的活动,可能是"即席表演"。在口语交际实践中,有不少教师"教"采访的办法,是让学生模拟性采访,比如让学生去"采访"某位任课教师。这也不是一个好主意。模拟性的采访最好"戏剧化",也就是说,学生扮演采访者,而那被采访的教师也需要进入"扮演"的角色,比如有意地答非所问、拒绝回答问题反而态度傲慢地教训采访的学生、喋喋不休地自顾自讲述等等。这样,学生才能够进入某种特定的情境,从采访的模拟中学到怎么采访。

形成性的课程内容往往是复杂的,可能由多项技能构成,因而学习需要花费较长的时间,对技能也需要做适当的分解。语文口语交际教学实践中,似乎想将诸如讨论、辩论、采访、演讲等复杂的口语交际类型只通过一次囫囵吞枣的活动就解决掉,这是不太妥当的。

(三)技巧性的课程内容及其实施

如果说形成性的课程内容所面对的是"开汽车"那样的事,那么技巧性的课程内容所面对的,就类似于"登台亮相"了。一方面,登台亮相具有自然性,几乎人人都会,并不像开汽车那样不专门学习就驾驶不了;另一方面,登台亮相又与走路不同,很少有人始终意识到自己是怎样走路的,但几乎人人都能感觉到登台亮相的紧张、窘迫。许多人对自己登台亮相的举止感到不满意,感到需要学一些技巧。为达到满意效果而学习的一些技巧,就是口语交际技巧性的课程内容。

一般来说,需要技巧的口语交际活动,往往是一些比较特殊的活动,或者有特殊的场合,或者有特殊的要求,要达到满意的效果往往要付出特意去"做"的努力。典型的代表是作为"书面语有声表达"的诵读和戏剧表演。在组织中的口语交际活动,有些类型也会有技巧性的一面,比如谈判、推销(实用性目的的劝说)等。"演讲"就其本意来说,是影响公众的一种行为,所以国外叫"公共演讲"。但另一方面,演讲有时也会带有表演的色彩,为达到满意的程度、为取得某些特殊的效果,有时候也需要"做"一"做"。作为中学语文课程一个领域的口语交际,演讲的教学,课程内容的主体无疑应该放在形成性上,虽然有时也可能会附带一些技巧性的东西。人际沟通和组织中的沟通,为了获取某种特定的效果,也需要技巧,但作为中小学语文课程一个独立领域的口语交际,一般不宜将这些技巧的传授作为课程内容,尽管有时会附带一些技巧性的成分。

与技巧性课程内容最相适应的活动,是"实战"。比如戏剧表演,那必须是一场真正的演出;比如诵读,让学生录音并参加评比,或参加朗诵比赛,效果会显著提高。还有"介绍",如果追求的是满意的效果,那必须是一次真正的介绍,比如向参观学校的贵宾介绍班级的情况,向参加家长会的家长们介绍班级本学期的学习情况等。有许多教师参加过"普通话考试",那一定明白掌握标准"普通话"的技巧需要什么样的活动。参加过"公开课"比赛的教师,也一定明白什么样的活动最能提高"上课"的"技巧"。只有"实战",才能激发技巧上精益求精的欲望,才能"发现"那些看起来细小而实际上影响效果的因素,才能感受到满意技巧所带来的成功喜悦,才会痛感技巧的疏忽所造成的不愉快结果。在口语交际教学中被采用的"演讲比赛""辩论赛",其实就是不自觉地在实践着"实战"的原则。谋求技巧改善的口语交际教学,有许多缺乏课程意识的教师往往一味采用"模仿"的办法,比如节目主持、诵读。对于有感情地朗读,是需要技巧设计的,比如情调的把握、语速的控制、音色的变化、轻重音的体现、停顿和延续等等,不从这些技巧入手而只一味地模仿,学生可能永远也学不会"读出感情来"。

四、口语交际教学的主要路径[①]

在国内语文学习领域,口语交际教学还有许多值得探讨的问题,相关教材编制、教学资源开发、教学评价方法等还处于探索阶段。语文课程中开展口语交际教学,可以通过下面三种途径:

(一)开设专门的口语交际课程

通过开设专门的课程,使口语交际教学进入课程计划,通过有序的教学实现口语交际的课程目标。开设口语交际课程就是把口语交际教学纳入既定课程计划,开发专门的教材,设立专门课时,进行专项训练和评估。要做到这一点,必须完成编制课程、编撰教材、评价标准制定等一系列工作。由于我国在这方面的探索还不够成熟,当前比较现实的做法是在语文教材中设立专门的口语交际教学单元,在不改变原有课程框架的基础上增加口语交际教学的内容。

比较理想的课程建设及教学内容开发路径应该是这样的:

(1)列出口语交际所需要的主要能力框架,制订课程计划;

(2)以精选的具体的口语交际能力点为依托,安排教学点;

(3)围绕这些教学点,设计有针对性的训练内容、步骤清晰的活动过程,提高学生在口语交际中应该具备的技能、解决可能遇到的问题。

口语交际修养、胆量、听力、应对技巧等内容,都可以设计成专门的训练,在口语课上逐项训练。比如口语交际中的胆量训练,可以列成若干分类项目标,这里以初中阶段为例。

---

① 郑桂华.中学语文教学设计[M].北京:高等教育出版社,2019:297-299.

初一：能在小组内自然表达，介绍见闻，表达感情，如讲述一段故事。

初二：能面对全班自然表达，描述现象，提出自己的看法，陈述理由。

初三：能在陌生环境下面对成年人自由发言，表达意见，回答他人提问。

根据不同阶段的内容和要求，教师应为学生设计合适的学习活动，如小组自由讨论、班级指定发言、辩论赛、一对一交谈、模拟情境下的表演等，使学生熟悉不同交际场合的氛围，克服怯场心理，积累口语交际经验。当然，口语交际的胆量训练既可以做单项训练，也可以与其他目标结合起来进行训练，也列入学习评价项目中，达到一定的标准即为合格。

（二）融合于阅读、写作、综合性学习

在平时的阅读、写作及语文综合性学习教学中融入口语交际教学的内容，在实现其他学习目标的过程中达成口语交际教学的目标。为此，可以在读写以及语文综合性学习活动中，适当融入口语交际的内容。例如，借助小组讨论、班级讨论、课堂提问、口头练说等形式，有意识地锻炼学生的口语表达能力。当然，将口语交际教学与读写教学相融，这需要教师有意识地落实口语教学内容，适当从口语交际的角度组织教学活动，评价学生的发言，矫正不当的言行表现，潜移默化地提高学生的口语表达与交际能力。此外，教师还应该在许多方面创造条件，并采用灵活得当的方法来促进学生的口语表达。

（三）与课外的日常交际活动相融

面对有限的课堂教学时间，对于口语交际能力这种需要大量实践才能得到提升的习得性很强的能力，口语交际教学还要重视将学生日常口语交际活动与正式的课程学习相结合。课外口语训练计划取得成效的关键要注意以下几点：一是认识一致。师生首先要达成共识，并取得家长的配合。二是计划细致，训练方法具体可行。可制订每周的训练内容、方法与要求。如胆量训练，可以制订这类训练计划：每天与本校的一位陌生同学打招呼；每月到较大的公共场合（如操场、主席台、大商场）走一次；每学期做一次志愿者。三是多借助日常生活资源训练口语表达能力。如：鼓励学生参加社团活动；每天放学后向父母介绍学校里发生的新鲜事；通过电话讨论学习中遇到的问题；等等。四是反思与评估。如写训练日记，记录自己在口语交际方面的努力与变化。

案例分析

接 待 客 人①

【教学目标】

1.在情境交际中,初步学习有礼貌、热情地接待客人。

2.掌握接待客人的礼貌用语,做到态度热情大方。

3.培养认真、礼貌地听话、说话的习惯。

【教学过程】

一、创设情境、激发兴趣

1.同学们,今天我和大家一起来学习,欢迎我吗? 想对我说些什么呢?

2.如果把你的座位当作你的家的话,欢迎我到那个小小的"家"拜访吗? 假如我到你们家拜访,你们该怎样欢迎我呢? 你们是不是先商量商量,然后找个合作伙伴练一练。

3.学生以组为单位商量练习。

二、分段点拨、学习待客

迎客

1.练习好了吗? 现在王老师可要敲你的门了,请你准备好。

分别表演以下情景:

◎师敲门,学生开门(拍手欢迎)。

生:王老师请进!

◎师敲门,学生开门。

生:王老师,您怎么来了,快请进!

◎师敲门,学生开门。

生:王老师,是什么风把您吹来了? 快请进!

◎师举手欲敲门。

生:王老师,门开着呢,请您快进来。

2.刚才,王老师敲了四位小朋友的门,你们说说看,王老师该进哪家的门? 在这几位小朋友中,你最喜欢哪一位? 为什么? 请把你的想法大胆地、清楚地

---

① 本案例改编自:王志凯,王荣生. 口语交际教例剖析与教案研制[M]. 南宁:广西教育出版社,2004:105 - 107.

说给大家听。

3.看来,迎客并不像我们想象的那样简单,现在,你们知道怎样迎接客人到家了吗? 想不想再练练? 那就开始吧!

待客

1.客人来到你家,你该怎样接待客人呢? 把你平常接待客人的情况互相说一说。

2.仅仅停留在口头上是不行的,要拿出行动来。待会儿,王老师要到各家转转,看看谁说得好,做得更好。所以,你们要抓紧时间,赶快练练。

3.现在,老师要到这家做客了。大家要认真听、仔细看,注意他是怎样接待我的。如果你觉得他哪些地方还可以更热情、更周到一些,请你及时告诉他。

4.谁和他接待客人的方式不一样? 谁愿意当一回客人,或当一回主人? 演一演你是怎样接待客人的。

送客

1.同学们,看到你们都能热情、大方、周到、有礼貌地接待客人,我真为你们感到高兴。现在时间不早了,客人已站起身要告辞了,你们会送他吗? 谁来送送客人?

2.小结怎样送客。

三、联系生活实际、延伸拓展

在下列情况下,我们该怎样接待客人呢? 先议一议,再演一演。

1.敲门的客人不是自己的同学或朋友,是一位陌生人,而家里又只有你一个人。

2.客人不是自己的同学或朋友,而是找你爸爸、妈妈的叔叔或阿姨。

3.客人来时,还带来了一位年龄与你差不多的孩子。

四、课堂总结、引入生活

我们待客要热情大方,礼貌周到,做客也如此。学习待客是生活的需要,也是待人处世的需要。

【分析】

上述课例中的口语交际教学设计采用典型的情境式教学,以引导学生学习"迎客""待客""送客"为主题,精心营造"家"这一交际环境,有一定的生活情趣,容易引起学生的兴趣。这一节口语交际的训练具体化、生活化,具有一定指导性和实践性。不过,从教师本人具备的口语交际知识的角度看,本节课仍存在不少问题。比如,在"迎客"环节中,要学生根据设计的几个情境判断哪种招呼客人的方式好。事实上,它们之间不存在根本上的好、差之分,教师在这点上误导了学生,忽视了口语交际中年龄这一因素。对学生来说,热情大方地说话、待客固然是重要的,但要把握尺度与分寸,注重得体。"王老师,是什么风把您吹来了? 快请进!"这样的话不适合学生与老师交际的场合。从学习的内容看,学习待客这一交际行为不仅仅是学习说几句客套话,还包括与客人之间的实际谈话,诸如为了不让客人因冷场而觉得尴尬,找客人熟悉或感兴趣的话题聊聊等,这在待客中可能还更重要。

实践演练

一、请根据教学要求设计一堂关于"寒暄和攀谈"的口语交际教学活动。

寒暄与攀谈

寒暄与攀谈是口语交际中最常用的一种形式,是人际关系的润滑剂,能够在不知不觉中沟通双方的思想感情,传递各种各样的信息。生活中人人都需要寒暄与攀谈,但并不是人人都善于寒暄与攀谈。无论是寒暄还是攀谈,都要看具体场合和交际对象,看对方的年龄、地域、职业、兴趣、爱好、经历、处境等。因此,在口语交际教学中,教师应在这些方面加强对学生的引导。

【教学要求】通过创设生活情境,让学生了解什么是寒暄,学会和别人攀谈,掌握寒暄在交际中的重要性,提高攀谈的能力。注意引导学生交际时要看具体场合和交际对象。

二、请根据教学要求设计一次以"要不要开生日会"为主题的辩论的口语交际教学活动。

辩论,也称论辩,它是指持不同立场和观点的双方就某一论题展开针锋相对的论争。它是一种特殊的言语交流形式,以驳倒对方的观点、树立自己的观点为目的。辩论,不仅可以辩驳谬误,区分是非,发现真理,对辩论者来说,它还可以磨砺思想,锻炼口才,训练思维的敏捷性、灵活性和应变性,增强批判的能力。辩论是一种培养训练学生口语交际能力的有效途径。

【教学要求】

(1)创设交际氛围,在情境中交际,提高辨别是非的能力,正确对待生活中出现的一些新现象。

（2）通过各种形式,调动学生与人交往的积极性,培养良好的听说能力和语言习惯。

学习资源单

1.张鸿苓.中国当代听说理论与听说教学[M].成都:四川教育出版社,1998.

2.王志凯,王荣生.口语交际教例剖析与教案研制[M].南宁:广西教育出版社,2004.

3.王林发.语文口语交际教学设计方案 40 例[M].北京:中国轻工业出版社,2012.

4.王荣生.语文综合性学习教什么[M].上海:华东师范大学出版社,2014.

第十章 语文综合性学习教学设计

学习目标

1. 理解语文综合性学习的本质与意义。

2. 在理解语文综合性学习的特征与设计要领的基础上,设计语文综合性学习教学方案。

3. 初步具有整合语文不同学习内容的意识。

内容提要

第十章 语文综合性学习教学设计

- 一、语文综合性学习的本质
- 二、语文综合性学习与听说读写的关系
- 三、语文综合性学习的意义
  - (一) 基于语言学视角的"习得"效率高
  - (二) 基于教育学视角的"知行合一"效果好
- 四、语文综合性学习的特征
  - (一) 综合性
  - (二) 语文性
  - (三) 情境性
  - (四) 实践性
  - (五) 开放性
  - (六) 自主性
- 五、语文综合性学习教学设计要领
  - (一) 选择有"味"的话题
  - (二) 创设逼真的情境
  - (三) 设计多元的活动
  - (四) 提供有效的支架
  - (五) 构建可行的评价

一、语文综合性学习的本质

什么是语文综合性学习？北京师范大学郑国民教授认为,语文综合性学习是一种立足于语文课程基础之上,通过学生自主开展语文实践活动,以促进其语文素养的整体提升与协调发展的学习方式。学者申宣成认为,语文综合性学习是在真实或接近真实的情境中开展的、整合了听说读写中两种或两种以上的言语实践活动。两位专家对语文综合性学习的概念界定虽然在表述上有一定的差异,但在实质上都强调:语文综合性学习是以实践活动的方式来开展,其在本质上是一种学习方式,从目的上来说旨在提升语文素养,从手段上来说是借助实践活动,从学科归属上来说属于语文课程。在我国基础教育课程体系中,综合性的课程有以下三类:一是综合实践活动课程。其为一门高度综合、基于生活实践而非学科领域的课程。二是综合学科课程。其强调不同学科间的相互整合,如科学课程(综合理科)、艺术课程(音乐与美术)等综合课程。三是学科内的综合。其强调的是从目标指向上限定了具体某一学科,但涉及的内容、载体等则可以是学科内的,也可以是跨学科的。"语文综合性学习"属于第三类,其根本指向是"语文性"。

自 2001 年《全日制义务教育语文课程标准(实验稿)》开始,"课程目标"部分就以"识字与写字""阅读""写作""口语交际""综合性学习"这样的顺序呈现,但并不意味着语文综合性学习是与前四者并列的。写作、阅读和口语交际教学是从言语行为方式的角度来定义的,是语文的学科形态,有如物理学科中的电学、热学、力学那样,是显性的;而语文综合性学习则是从语文学习方式角度来定义的,属于教学形态。"语文综合性学习是基于学生的直接经验,密切联系学生自身生活和社会生活,体现对语文知识的综合运用的学习形态。"①伴随着课程改革进入核心素养时代,以活动为载体,以任务为导向的语文综合性学习活动已经摆脱了在语文课程中的边缘化位置,转而变成语文课程的主流学习方式。我们要清晰地认识到一点,语文综合性学习虽然注重综合,但不管我们的学习活动涉及哪个领域或学科,最终的落脚点都应是"致力于学生语文素养的形成和发展"。

二、语文综合性学习与听说读写的关系

基于言语的视角,从最宽泛的意义上来说,语文课程的内容大体可分为三

---

① 王文彦,蔡明.语文课程与教学论[M].北京:高等教育出版社,2002:185.

大部分。第一部分是听说读写的单项训练,偏向的是相对静态性的语文知识学习,其目的在于为言语的运用提供最基础性的材料;第二部分是由听说读写四个领域整合而成的言语实践活动,其主要是真实交际情境中的语言应用,目的在于引导学生在言语实践中提升言语能力;第三部分是语言赖以发生的根基——文化,目的在于为言语实践提供环境。在这三个部分的语文课程内容中,第二部分即基于真实交际情境中的言语实践活动,是核心部分。第一部分即单项训练,主要是积累言语实践所需的言语材料,掌握语言的规则,因而是必不可少的。不过,其根本目的不在于让学生成为语言学家,也不在于让学生记忆一些语法规则,而是期望学生在听说读写的这些言语实践中理解内化语言规则,具有语言运用的能力。第三部分,文化学习目的不在于让学生成为文化学者,而是旨在发现作者是如何运用语言来承载和传递文化的,进而促进学生能够更好地融入文化和运用语言。

语文综合性学习属于第二部分,其为综合性的语文实践活动,与听说读写之间不是并列也不是对立的关系,而是统领融合的关系。2022 年之前的义务教育语文课程标准在"语文课程目标"或"课程目标与内容"部分把语文综合性学习与听说读写并列呈现,意在强调和突显综合性学习。不可因为这种呈现方式而产生如下误解:将语文综合性学习视为与听说读写并列的一个领域,视之为听说读写之外的与之不相干的活动,进而在语文教学中,将语文综合性学习与听说读写割裂开来,这是不合理的。综合性学习的理念不仅应始终贯穿于语文学习的整个过程,而且要渗透于语文学习的全部。

三、语文综合性学习的意义

(一)基于语言学视角的"习得"效率高

语文核心素养的四个方面中,语言建构与运用是最为核心也最为基础的,思维发展与提升、审美鉴赏与创造、文化传承与发展这三个方面的培育与提升是以语言建构与应用为途径的,其依托的是体现语文课程独特性的相关言语知识、言语材料和言语经验。语言学者认为,学习语言有"习得"和"学得"两种方式,习得代表的是"做中学"的学习方式。而生活性、趣味性和应用性是语言学习效率提高的关键。语文综合性学习强调学生在自主参与实践与体验的过程中提升语文素养,这种体现了"做中学"的学习方式能够更好地提高学生语文学习的效率。

（二）基于教育学视角的"知行合一"效果好

语文综合性学习强调通过各种综合性的实践活动方式来加以实施。在实践活动中，学生的语文学习不再是被动地听教师讲授或被动地刷着诸多没有具体实质目的指向和特定情境的题海。学生参与的实践活动总是指向于完成有着具体情境的特定任务，学生需要将所学的知识与所具的能力基于具体任务的完成而活用与重构。在语文综合性学习活动中，学生通过实践练习与知识学习的内在关联，实现知与行的内在相融，所知应用于具体情境之中，所行促进所知的切实运用。

四、语文综合性学习的特征

（一）综合性

综合性是语文综合性学习最显性的特征。语文综合性学习的综合性，包含三个层面的内容：一是语文学科内部的综合。即语文学科知识的综合运用，以及听说读写的综合。二是语文学科与其他学科之间的综合。这种综合是以跨学科为突出特点的，突破各学科之间的封闭状态。但其他学科主要是为语文综合性学习提供内容或活动的载体或平台，最终指向的是语文核心素养的提升。三是语文学科与生活的综合。生活是语文的"源头活水"，语文综合性学习在依托文本的基础上联系生活，开拓身边丰富的生活资源，调动学生参与探究的主动性，促进学生语文学科知识与技能的掌握，帮助他们树立探究意识，开拓思维，提高创新能力。概括地说，即语文综合性学习不是单项技能的训练，而是整合了多种技能的训练在内，其涉及多个维度、多个领域。

（二）语文性

语文综合性学习最重要的特征是语文性。语文综合性学习的过程中各项活动会涉及其他学科，但不可泛化和避免非语文化。对于学科间的综合和语文学科与生活的综合都应指向的是语文，要强调其语文性。但作为语文的一种学习方式，语文综合性学习归根结底是综合地学习语文，而非学习其他学科，其最终指向的是语文。例如，以战争为话题的语文综合性学习活动中，我们可以把语文和历史两个学科相关的内容进行综合。但这种跨学科的综合只是以战争这一话题为中介和载体，最终要指向的是学生语文相关的能力与素养的提高。为此，我们可以找到一个适宜的关联点，如可以把叙述手法作为关联点，将文学作品中关于战争的叙述与历史课程中关于战争的叙述加以对比，通过对比理解文学作品叙述手法与历史叙述手法二者的差异,进而把握与理解文学作品中叙述手法的独特性。

(三)情境性

语文综合性学习的开展需要置于一个真实或接近真实的情境中,被一个真实的任务所驱动。具体来说,要以真实的或逼真模拟的言语交际活动为主导框架,即要有真实的言语任务、真实的言语对象、真实的言语环境和真实的言语成果。"真实"尤其强调的是情境中真实的行为与过程。这样才会是情境中的任务驱动性的。很多时候是任务式学习或项目式学习,其需要根据最终的这个任务或项目作为指引来计划与完成整个过程。如听写字词、背诵或默写古诗文,由于缺乏真实的语言运用情境,不是语文综合性学习。如果设置一个任务,为完成任务,学生需要将所背诵的内容以情景剧的形式表演出来或以台词的形式呈现出来,此时才真正地在进行语言的运用。这样才具备了语文综合性学习的特质,才能实现语文学习与生活世界的连接、知与行的合一。

语文综合性学习应以任务教学或项目学习的方式来实施比较好,在任务完成的过程中学语文和用语文。如《在荒岛上》这样一个语文综合性学习活动中,先提供六幅关于岛屿的图画,然后提出以下要求:一是仔细研究所有的信息;二是为每个岛屿列表写出其各自的有利条件和不利因素;三是根据岛屿和自己的条件来选择居住的地方;四是用一段简短的文字说明自己小组选择该岛屿的理由;五是利用所提供的信息,画出表示岛屿的特点,并说明自己的情况。该语文综合性学习活动设计中的这些任务,表面上是选择岛屿,实际旨在训练阅读能力和说明能力,让学生画图画和写文字说明,对其在岛屿上可能遇到的问题加以说明,并对如何解决这些问题等进行讨论,讨论之后再对如何解决进行说明。在这一任务完成过程中,阅读、写作、口语交际以及学生思考问题的条理性、针对性等都得到训练。

(四)实践性

语文综合性学习重在学生自身的体验与参与,重视过程与自主,其是以活动的方式来加以实施的。具体来说,活动的功能实现方式有以下三种情形:

其一,活动本身就是语文学习的内容。如"我为爸爸妈妈写小传"这一语文综合性学习中,设计了以下活动:一是收集资料。收集爸爸妈妈年轻时候乃至恋爱时的照片、视频、情书等。二是进一步通过采访收集资料。对爷爷奶奶、外公外婆进行采访,了解爸爸妈妈小时候的样子和生活、学习等;采访爸爸妈妈的同事与朋友以及同学，了解爸爸妈妈以前的学习、生活以及现在的工作情况等。三是写小传、修改、定稿、排版、打印等。这里，收集资料、采访、写小传这三个活动自身都是学生在语文课程中应该开展的活动和具备的能力。

其二，活动不是语文方面的内容，但蕴含了语文方面的学习。如"绘制名人地图"这样一个语文综合性学习活动中，学生找名人、绘制地图等本身并不是语文课程需要落实的，但学生找名人的活动实际涉及学生搜集资料，都是在做语文的事情。

其三，活动为语文学习搭台阶。活动只是语文学习的一个环节，可以用其他活动来替代已确定的活动。如下面的语文综合性学习活动的设计：一是找一首喜欢的歌，对其进行描述，让别人借助你的语言描述猜出歌名；二是描述一种乐器的声音，借助乐器声音的语言描述猜乐器名；三是全班一起听《二泉映月》或《田园交响曲》后用 800 字左右写听后的感想，感想写好后再读和再听，并边听边改；四是做音乐讲座，由感想写得好的同学组成小组收集资料，再一起讨论讲座的内容，最后选择一个成员在班上开音乐欣赏讲座。这类活动旨在为学生的语文学习搭建台阶，让学生借助这些感兴趣的形式进行听说读写的言语实践活动。

（五）开放性

语文综合性课程贴近于现实生活，不管是内容还是形式，都具有开放性。一方面，学生的学习空间由课堂延伸到社会，家庭、社会和大自然都可以是学习的空间，因为开放的学习空间可以为学生提供多渠道的学习机会。同时，由于语文综合性学习根据主题需求安排开放性空间进行学习活动，因此学习时间便也不受课堂学习时间束缚，学习活动时间可长可短。另一方面，从学习内容上来说，语文综合性学习的内容指向整个生活世界，不局限于语文教材，学生的学习空间拓展到社会生活，在实践中融入多学科知识，知识结构丰富，学生在多学科开放学习中进行语文知识与能力的运用，促进语文素养的全面提高。

（六）自主性

综合性学习实施的主体是学生，其突出学生的自主性，重视学生主动积极地参与。在学习活动中，教师是以指导者、观察者、陪伴者的身份参与学习过程。也就是说，从学习专题的提出、学习内容的确定，到学习方案的设计、学习过程的实施，再到最后学习成果的展示与评价，学生都应拥有更大的自主权，学习的全程都是学生主动地进行自我导向式的学习。而且，由于每个学生的生活经验都具有自身的独特性,学生在以自主的姿态开展相关活动时,还总是结合自己的生活经验和积累的知识与其他伙伴分享,共同合作完成老师布置的学习任务,相互协商,基于相互明确的分工而共同完成指向于共同目标的活动。每个参与者对于自己所承担的分工与责任有着强烈的责任感,自主地努力完成。

五、语文综合性学习教学设计要领

语文综合性学习,旨在改变教师传授学生被动接受的学习方式,通过构建开放多元的学习环境,培养学生综合实践能力和创新精神。语文综合性学习以语文学科为核心,与其他学科以及社会生活紧密联系,以学生的自主探究活动为主要形式,达到促进学生综合能力发展,全面提高学生语文素养的目的。语文综合性学习的教学设计有其自身独特的一些要求。

(一)选择有"味"的话题

首先,话题要有"趣味"。有趣的话题有助于极大地调动学生的好奇心,激发学生解决实际问题的强烈动力。而且也因有趣,学生兴趣强烈,学习动力更足,学生解决问题的创造力更能得到激发。因此,学生对话题有趣的实践活动的参与积极性更强,更愿意主动地整合已学的相关知识和调动已有的言语经验。在完成相关任务的过程中,即使遇到一定的困难与挫折,他们仍然会有着更强的学习毅力,学习与参与的持续性更强。

其次,话题要有"意味"。语文综合性学习活动的设计需要注重"趣味",但不是为有趣而有趣,"趣味"重在其对学生学习动力、学习毅力等方面起到积极作用。但"趣味"的指向却必须要有"意味",即指向于学生语文核心素养的培育,更明确地说,即在顾及"趣味"的同时还要指向于"语文味"。在设计语文综合性学习活动时,教师要努力从其他学科或生活中的相关问题或内容中提炼出语文要素,开发出具有语文元素的相关活动。

(二)创设逼真的情境

所谓情境的逼真,即强调为促进学生学习而需要精心设置能够尽量"真实"再现生活中的各种问题和挑战的场景,其不一定完全与生活情境一致,却是对生活的一种虚拟的仿真。对于逼真情境的创新,大体可以关注以下三个方面①:一

---

① 申宣成.语文综合性学习的课程价值与设计理路:兼论统编高中语文教材活动设计[J].课程·教材·教法,2021(5):72.

是"角色意识"。在活动设计中要努力在情境中赋予学生具体的职业或人物身份,使学生形成一种"身份认同感",因而能够更真切地参与活动,更充分地明确活动的意义,有着更强烈的探究兴趣。如对于重在陈述的相关任务,可以赋予学生"导游""播音员""当事人"等角色;对于编辑性的任务,可以赋予学生"编辑""网页设计者""广告制作人"等角色;对于劝说性的任务,可以赋予学生"演讲者""候选人""推销员"等角色。二是"活动场景"。为假定的学生设置相应具体的工作,让学生切实以一定的身份去完成相关的工作,真切体验工作的过程。如让"记者"身份的学生真实地就某一特定事件或主题采访相关的人员;或让学生以"评委"身份参与班级演讲比赛的评比,对参加演讲同学的表现进行评价。三是"用户意识",也就是为活动成果设定明确的"用户"。如要求"记者"把采访获得的材料写成一则新闻报道,并把这篇报道投给报纸或期刊。由于其活动成果有了具体明确的"用途",学生对于活动的投入以及对投入的意义感将得到加强。

(三)设计多元的活动

语文综合性学习的活动形式丰富,不同形式的活动实现不同的教育功能。活动形式的整合设计在语文综合性学习活动设计中占有重要的地位。在教学设计时可以从学习主体的行为方式上着眼,可设计听、说、读、写的活动形式,也可以通过采编、创作、展示、表达等形式来展开学习。由于语文综合性学习关注自主性学习、合作性学习,教师进行语文综合性学习教学设计时,应把学生的活动形式作为重要议题。例如,以"亲历体验—感悟反思"的思路进行设计,或以"自主探究—小组合作—成果展示"的思路来加以设计。

(四)提供有效的支架

语文综合性学习活动作为综合性的活动,学生顺利完成且取得实效,教师有必要为学生的实践活动提供必要的知识与资源,为活动的开展搭建"支架",包括活动支架、知识支架、思维支架和资源支架。语文综合性学习活动是由一系列子活动构成的"活动链",各个子活动的功能会有所不同。有些子活动为任务的主体,有些则只是起辅助性作用,为作为任务主体的相关子活动提供一些必不可少的知识储备或心理储备。对主体活动起到支撑作用的辅助类活动,即称之为"活动支架"。有时,为使活动顺利开展,需要提供一些有针对性的具体的程序性知识和策略性知识,为活动的顺利推进提供一定的理性指导和知识铺垫,以使活动顺利进行。此类知识即为"知识支架"。还有的时候,为了帮助学生更好地掌握相关的程序性知识和策略性知识,教师需要为学生提供各种"思维工具",即"思维支架"。例如,有时给学生提供一些直观性的漫画或图片,以培养学生的形象思维能力,激发学生的思维,促进学生对知识的理解。或提供一些表格,引导学生在填写表格的过程中提炼自己的思考,这对学生的归类思维和聚合思维起到一定的帮助。或有时为学生提供一定的思维导图,使相关思考直观条理化。为了让学生对相关任务结果是怎样的能够有一个基本的标准,使学生在抽象的评价细则基础上能够直观地感知任务结果的具体形态如何,教师可以为学生提供一些任务结果的样例。这些样例作为资源,为学生的实践提供示范,使抽象的知识或标准变得具体可感。这种样例,即为"资源支架"。

(五)构建可行的评价

语文综合性学习涉及的话题或内容无论是语文学科内的还是跨学科的乃至是与生活相关联的,从语文性的角度而言,其实质即是对听说读写言语实践活动的综合,其根本性目标在于培养和提高学生在真实或接近真实的生活情境中语言运用的能力。这种从语言运用角度来说的听说读写的实践能力,从结果上来说,大体分为两类:一是学生"怎么做"的表现性技能。如做的过程是否合理、做的行为是否得体等,这些都是过程性的表现。二是学生"做得怎样"的创造性作品。如学生写的文章、撰写的调查报告、策划的方案、写的读书札记等质量怎样。无论是表现性技能还是创造性作品,语文综合性学习中学生的学习表现与结果都适宜以表现性评价来加以评价,而不适宜以传统的纸笔测试的评价方式来进行评价。为了有效地在语文综合性学习中开展表现性评价,教师需要掌握表现性评价的一些基本要求。首先需要按表现性评价实施的一般程序来开展评价。评价总是指向于一定的目标,通过评价来判断学生在学习目标上的达成程度,以评判学生学习的成效。因此,教师首先需要基于语文课程标准确定每次语文综合性学习活动的学习目标,然后围绕所确定的学习目标选择合适话题设计达成目标的相关活动,也就是设计学生需要完成的表现性任务。在此基础上,再进一步依据学习目标和学习任务构建评价细则。评价细则将对学生的学习提供一个努力的方向,使学生对活动需提供的成果及其标准在活动前便心中有数,这使学生在活动过程中便有了一个参照的标准,使之成为自己努力的方向与自我审视的标准,有利于学生在活动之后的反思。

案例分析

三峡,我的家乡①
——语文综合性学习"怎样搜集资料"活动设计

学习目标	
知识与能力	通过积累,丰富知识,增长见识,在读书交流活动中,提升听说读写的综合能力
过程与方法	学习搜集资料的3种常用方法,在搜集资料的活动中培养提升自主参与活动的能力、交流与合作的能力,能围绕某一主题采用多种搜集信息的方式,积累各种类型的资料
情感态度与价值观	体会搜集资料对语文学习的重要意义,增强合作意识和探究意识,培养热爱家乡、建设家乡的情感

学习活动

一、筹划安排,明确任务

基本任务	教师活动	学生活动
1. 明确本次综合性学习的主题及主要目的。 2. 了解搜集信息的3种途径(图书馆、调查采访、上网)。 3. 分组明确任务(4个组)。 (1)地质水文自然风光组:搜集关于三峡的水文知识、地质结构、自然风光的相关信息,包括文字、图片、声像等资料,能结合文字、图片等信息用自己的话讲述给别人听,能对所搜集的图片进行描写或配标题、诗词等。 (2)散文名篇诗词歌画组:积累与三峡有关的经典散文、诗词、歌曲和绘画作品;能对这些作品进行欣赏,对散文、诗词、歌曲(歌词)能进行旁批式点评赏析,在阅读赏析中了解文人眼中的三峡。 (3)名人名家三峡工程组:了解三峡名人名家及三峡工程的相关情况和发展建设,并对所得到的这些资料进行梳理后向别人简单明了地介绍三峡的相关信息。 (4)神话传说民间故事组:积累阅读与三峡有关的神话传说、民间故事,能结合目前三峡的部分景点简要讲述1~2个故事,并能发表一点自己的看法	1. 指导学生快捷有效地搜集到自己所需的信息资料; 2. 教师参与搜集资料的活动,及时提供交流所得到的信息; 3. 对小组活动情况做及时的评价指导,及时处理活动过程中遇到的生成性问题; 4. 协调组与组之间的关系,促使其及时地交流各类信息; 5. 对小组或学生在活动中的一些表现和创造给予及时的评价和鼓励	自主选择组别,可兼顾其他组的内容,搜集文字、图片、声像等各种形式的素材

---

① 本案例改编自:胡凤琴. 三峡,我的家乡:综合性学习"怎样搜集资料"活动设计[J].
黑龙江教育,2010(11):7－9.

续表

二、积累丰富,综合阅读

基本任务	教师活动	学生活动
1.搜集并归纳整理资料; 2.分类整理资料并交流; 3.交流反思搜集资料技巧和方法	适机指导	1.分组自主利用图书馆、调查采访、上网 3 种途径搜集资料,并按要求进行相应的归纳整理; 2.对所积累的信息进行分类整理、整合交流(朗读背诵文字资料和歌词、为图片写说明、为画面配音等); 3.交流反思利用 3 种途径搜集资料时有哪些技巧和方法

三、分类整合,交流展示(3 课时)

基本任务:交流各类信息,组织展示欣赏,训练听说读写,侧重读,在充分体验感知后将综合信息整合于写作中

第一课时

活动一:走三峡

活动目标	1.在资料的交流展示中训练听说;2.了解三峡的概况
学习资源	1.三峡地图;2.关于三峡概况的视频

教师活动	学生活动
1.对三峡的地理概况进行交流,适时结合学生的展示呈现三峡地理概况图; 2.出示基本情况介绍的视频资料; 3.组织学生结合地图自己组织语言,介绍说明	1.自主展示介绍; 2.听视频信息,抓住听到的有关三峡概况的主要信息; 3.自主交流展示

活动二:览三峡

活动目标	1.信息资料交流,在交流中应用所搜集的信息; 2.直观感受三峡的迷人风光,领悟三峡景观的诗情画意; 3.在充分感受直观信息资料的同时训练说与写的能力
学习资源	1.赵忠祥解说的《游三峡》片段; 2.一组具有代表性的三峡风光图片,配相应的图片说明; 3.无解说的配乐视频

教师活动	学生活动
1.欣赏总览三峡风光的视频; 2.分类展示相应的风光图片,和学生共同参与图片展示命名活动; 3.提供一段无解说的视频,组织为其配音; 4.教师针对这一过程中学生的表现从多种角度给予评价引导(媒体展示相应素材)	1.抓住解说词里的关键词句,概括三峡景观的特点; 2.自主展示所积累的图片,并说明图片命名的缘由及所展示画面符合三峡的哪一特点; 3.欣赏无配音视频,分组为其配音,并交流展示

续表

第二课时	
活动一：吟三峡	
活动目标	1. 以朗读的方式交流所积累的诗词散文和歌曲等资料； 2. 在交流中指导朗读、指导欣赏，提高学生阅读欣赏水平； 3. 在语言文字的朗读中感受三峡的深厚文化底蕴； 4. 在欣赏中发展学生的思维和审美情趣
学习资源	诗：陆游《三峡歌》、李白《早发白帝城》； 词：毛泽东《水调歌头·游泳》； 散文：刘白羽《长江三日》、方纪《三峡之秋》、余秋雨《三峡》、郦道元《三峡》、江波《雾中过三峡》； 歌曲：《三峡行》《长江之歌》

教师活动	学生活动
1. 组织交流描写三峡的诗词、散文、歌曲，对其所写内容进行简单的归纳； 2. 提供《长江之歌》的朗诵示范； 3. 组织选择所喜爱的篇目或片段进行朗诵比赛(教师推荐《三峡行》《雾中过三峡》《三峡之秋》，具体内容略)，提示采用多种读的形式； 4. 根据朗诵情况适时参与诵读，并对其朗读情况做及时的点评指导	1. 自主选择喜爱的方式交流展示； 2. 欣赏朗读(《长江之歌》)，感受气势和朗读技巧； 3. 读、听《三峡行》，赏析其歌词所涵盖的内容及语言特点； 4. 分组准备朗读内容并对其朗读的内容进行简单赏析； 5. 继续交流展示各组的朗读

活动二：唱三峡	
活动目标	1. 在唱中再次体验感受三峡的"美"； 2. 激发热爱家乡的自豪感，调动建设家乡的热情； 3. 学习从语文欣赏的角度唱歌
学习资源	《三峡人家》歌词、《三峡的孩子爱三峡》MV、《雀尕飞》MV

教师活动	学生活动
1. 指导欣赏歌词和唱歌； 2. 组织听唱歌	1. 欣赏并唱歌曲，结束交流活动，欣赏歌词； 2. 听《三峡人家》感受三峡田园般的风土人情，听唱《三峡的孩子爱三峡》激发热爱家乡之情； 3. 再次欣赏《三峡，我的家乡》

第三课时	
活动一：赞三峡	
活动目标	1. 会写演讲稿； 2. 能写精练的实用小短文； 3. 在写中培养学生热爱家乡、建设家乡的情感； 4. 能够对所搜集的资料进行综合，并将其变成自己写作的素材和源泉

续表

教师活动	学生活动
1. 创设情境; 2. 组织学生完成相关任务	情境:在一年一度的"三峡国际旅游节"中,三峡迎来了四方宾客。三峡的山、三峡的水、三峡的人将向海内外嘉宾一展她的秀丽神奇;巍巍大坝、高峡平湖向我们讲述着又一个美妙动人的故事……她就是我们的家,三峡! 任务: 1. 请你拟一条手机短信,祝"三峡国际旅游节"隆重开幕(60字左右); 2. 旅游节将组织中小学生以"三峡,我的家乡"为主题开展演讲活动,请你写一篇演讲稿; 3. 有很多国内外嘉宾莅临三峡,赏三峡美景,如果你是某景点的小导游,你来为他们解说吧,写出你精彩生动的导游词
四、反思交流,评价反馈	
1. 从不同的角度结合学生多方面的表现给予评价,展示学生的各类成果,激发学生学习语文的兴趣和热情; 2. 交流在本次搜集信息过程中的主要收获,各组完成反思,形成文字总结,并进行交流,教师对学生的交流过程进行适时点拨指导	

【分析】本教学设计是基于胡老师的条目式教学设计而改编的。该教学设计的语文综合性学习活动对应于人教版义务教育课程标准实验教科书语文八年级上册第六单元的综合性学习活动,教材中的此活动旨在让学生学会"怎样搜集资料"。该套教材的"写作""口语交际""综合性学习"三个领域有机融合而成,"写作、口语交际、综合性学习"为一个大板块。该单元阅读教学部分的第一篇文章是郦道元的《三峡》,因而,本语文综合性学习活动与阅读之间建立联系,也能够促进学生对该课文内容进行更进一步的拓展与充实。同时,"三峡"无论是自然景观还是人文景观都享誉海内外,信息资料丰富,此主题的语文综合性学习活动为学生在学习过程中利用多种途径搜集资料奠定了良好的基础。"课程标准"对搜集资料方面有如下要求:"能利用图书馆、网络搜集自己需要的信息和资料。"因此,教材中对该综合性学习明确要求能够引导学生利用图书馆、实地调查采访、上网等途径搜集资料。结合课程标准的要求和教材对该活动的设计,可以明确教材编者的意图大体如下:引导学生了解搜集资料对语文学习的重要性,能对所搜集的资料进行分类处理和融合,培养学生端正的学习态度,在搜集资料的活动中培养学生的自主活动能力、合作与交流、分析与理解能力。而且,教材要求搜集资料并整理后,学生能向教师或同学们介绍,做到简洁生动,和同学一起分享得到新知的快乐,并能发表自己的看法,完成一篇小论文。教材对该活动的这些相关要求正体现了语文综合性学习强调学生在实践

中发展听说读写能力、提高语文综合素养的要求。

综合胡老师这一语文综合性学习的教学设计,首先,我们可以明确其目标定位上体现了鲜明的"语文性":围绕"三峡"这一专题搜集各类资料,丰富阅读积累,并能对资料进行分类整理,简明地向他人表达;并在整合交流过程中训练听说读写能力,提升语文综合素养。特别是交流展示这一环节,师生共同参与,在交流展示中提供各类素材,尽可能让学生动手、动口、动眼、动脑,学生的听说读写能力在这种充分的体验和交流中得到发展。其次,从教学过程的设计来说,其充分地体现了"自主性"与"实践性"。整个活动过程突显学生自我的各种亲历性的实践活动,无论是知识的获得还是能力的训练与提升,都是学生的亲自实践。学生通过多种渠道(读书、采访、上网)来查找相关材料,并通过运用不同的阅读方式(眼读、口读、耳读)与方法(浏览、赏读、朗读等)来面对同一主题的不同形式的这些内容(文字、图片、声音)。这种以不同的方式与方法阅读不同途径所获得的这些不同形式的材料,又体现了"综合性"。而且,不仅是阅读内容的综合、阅读方式的综合、同一主题不同阅读对象的综合,还有读写等的综合,学生在记的基础上,还通过"写"来训练和提升利用信息、综合信息的能力,并充分展示其写的素养。

实践演练

一、请自选现行初中或高中语文教材中的一个语文综合性学习活动进行教学设计。

二、请收集近些年各省市的语文中高考试卷中的综合运用题,比较这些试题的选材、题型、考查内容等,分析这些试题对语文教学的一些启示。

学习资源单

1. 王荣生. 语文综合性学习教什么[M]. 上海:华东师范大学出版社,2014.

2. 靳彤. 语文综合性学习:理论与实践[M]. 北京:中国社会科学出版社,2007.

3. 佐藤学. 静悄悄的革命:创造活动、合作、反思的综合学习课程[M]. 李季湄,译. 长春:长春出版社,2003.

4. 申宣成. 表现性评价在语文综合性学习中的应用[M]. 郑州:大象出版社,2015.

后　记

　　语文教学设计对于师范生和在职教师而言十分重要。随着课程改革的进一步推进,中小学语文课程在提升学生语文核心素养背景下改革力度前所未有。这对于在职老师和师范生而言都是一个新的挑战。国内相关教材不少,但对于师范生的技能训练尤其是语文教学设计与语文教学案例分析方面的能力提升针对性还有待加强,有的过于偏重理论或过于偏重实例;有的或只考虑师范生的课程学习,或只针对教师资格证考试。此外,随着语文核心素养的提出与语文课程改革的深化,当前相关教材的部分内容滞后,难以适应师范生的学习需要以及在职教师的发展需要。综合来看,兼顾理论引领与实践指导、课程学习与资格考试的教材不多。为了更好地满足师范生和在职教师的语文教学设计能力提升需求,我们编著了本书,旨在对师范生和在职教师的语文教学设计以及案例分析能力的提升有所帮助。本书的编著者既有来自高校语文教育的研究者、语文教学设计相关课程的讲授者,又有来自一线有着丰富实践经验的语文特级教师。同时,无论是高校还是一线的这些教师不少都担任过师范生语文教师资格证面试考官,对于师范生在教学设计的教案文本撰写方面以及基于教案开展教学方面存在的一些薄弱点都很了解。本书在内容构成以及相关具体内容的撰写方面既努力体现一线名师们的宝贵经验,又力求满足师范生当前考试需求和未来发展需要,希冀能够在理想与现实间保持一份平衡。

　　本书内容体系上将语文教学设计能力与案例分析能力进行融合,体例上各章节则依照学习目标、内容提要、正文、案例分析、实践演练、学习资源单等项目从先到后的顺序呈现,通过理论性引导与实践性分析的结合,既为师范生的专业成长奠定良好的基础,也为师范生的教师资格考试和教师编制考试提供针对性指导。综合来说,本教材内容的设计上,既从语文教学规律出发,又考虑师范生语文教师资格考试和教师编制考试的需要。通过多维统筹,一方面努力提升师范生语文教学设计的能力,另一方面努力提升师范生的语文教学案例分析能力。

　　本教材既涉及阅读、写作、口语交际和语文综合性学习等的基本理论，又精选一些优秀的教学设计案例。在案例的选择上，既包括完整篇章的教学设计，又包括基于某一教学目标或完成某一学习任务的教学设计，以能更好地依据师范生教师资格与编制考试的特点提供更具有针对性的指导。在案例分析方面，本教材既考虑在教学案例分析时一些通常的原则与基础理论层面的引导，又基于师范生教师资格与编制笔试和面试的特殊性需求提供针对性的指导。各章都涉及理论上的引导和实操上的指导，具体内容既关注中学语文教学设计的通用要领，又重视各个具体项目和各种具体类型的教学设计的个性化要领。

　　本书在结构上每一章或节都设有六个栏目，每一个栏目发挥其不同的功能。具体如下：

　　学习目标：提示对应章或节的核心学习目标，以使学习者明确学习指向，提高学习效果。

　　内容提要：各章或节以思维导图的方式将对应章或节的内容提要直观呈现，使学习者快速明确学习要点，迅速把握章节内容。

　　正文：对于各章或节的具体内容进行阐述，对其相关的核心概念、基本要求、设计要领等从理论与实践两方面加以引领。

　　案例分析：根据各章或节的内容提供一些案例，并利用正文部分的相关理论与实践方面的指导性内容对案例加以分析，促进学习者更深入地理解正文部分的相关阐述，使理论与实践间的融合更为完美。

　　实践演练：为读者更好地掌握相关知识和提升相关的设计能力，各章或节设置了一些实践性的练习，供学习者运用相关知识与设计要领进行自我实践与练习。

　　学习资源单：每章或节最后都提供了一个学习资源单，旨在为读者更全面、更深入地了解相关内容和更进一步的学习提供一些参考文献。

　　语文教学设计是基于多方面因素进行综合考虑的结果。教师与学生作为课堂教学对话的双方，是语文教学设计时在教学目标确定的前提下需要考虑的最为关键的因素，作为主体的人这一因素对于教学设计的预设最终能够实现到怎样的程度起着根本性的制约作用。教学设计的预设性与课堂教学的生成性完美统一的实现，其根本在于教学主体。因而，在一定意义上来说，语文教学设计有如艺术创作一般，作为科学性与艺术性统一的教学设计，作为课堂教学前的一种预设性的工作，我们很多时候更主要的是从科学性角度来关注其质量，而对于其艺术性的一面，有时作为课堂教学实施者的教学设计者自身可能更有发言权，因为其对自身与所面对的学生应比他人更为了解。因此，从这个角度来说，语文教学设计往往很难说存在最好的方案，只能说存在更为适切的方案。本书中的有些阐述是编著者基于自己的理论思考与实践探索两方面的思考与总结，学习者在教学设计实践时需要适当灵活运用，尽量避免生硬套用。

本书编著团队前期通过多次充分的讨论最终确定提纲；编著过程中多次召开会议，持续保持密切沟通，不断相互反馈；统稿过程中又不断地进行打磨，反复修改完善。编著团队的这种努力为的是本书能够更好地满足读者的需要。本书由多人共同合作完成：第一章，第二章，第三章第一节，第四章，第八章第二、三、四节，由刘梅珍撰写；第三章第二节、第八章第一节由黄慧芬撰写；第五、六章由郑建军撰写；第七章、第九章第一节由蔡筱芹撰写；第九章第二节由黄桃红撰写；第十章由刘娟、刘梅珍合写；最后由刘梅珍统稿。

本书借鉴了当前国内相关的教材与著作，编著过程中参阅了相关论著，参考了一些专家、学者的思想、观点、见解，使用了一些语文名师的案例，在此谨向相关的专家、学者、名师们致以真挚的感谢！同时，由于多人参与编著，时间较紧，水平有限，本书定有粗疏之处。在此，我们恳请专家、学者、读者等提出宝贵意见，我们积极吸纳，不断努力，加以改进。

本书为江西省基础教育研究课题《核心素养下高中语文教师评价素养提升研究》（课题编号：SZUJGYW2021-1077，刘梅珍主持）、江西省高等学校教学改革研究课题《认知学徒制视野下的中文高师生教学实践能力培养研究》（课题编号：JXJG-14-9-30，刘梅珍主持）、井冈山大学教学改革研究课题《专业认证背景下基于OBE理念的语文教师教育课程群建设研究》（刘梅珍主持）的阶段性成果。

最后，我们真诚感谢井冈山大学和江西高校出版社为本书的出版所提供的各方面的帮助，感谢井冈山大学人文学院刘晓鑫院长、康永书记等领导为本书出版所提供的各方面的支持。由于他们的帮助与支持，本书才得以顺利出版。

编　者

2022 年 7 月